U1075669

2017

新疆兵团第十师北屯市

XINJIANG BINGTUAN DISHISHI BEITUN SHI

统计年鉴

STATISTICAL YEARBOOK

新疆兵团第十师北屯市统计局
国家统计局兵团第十师调查队 编

新疆兵团第十师北屯市

XINJIANG BINGTUAN DISHISHI BEITUN SHI

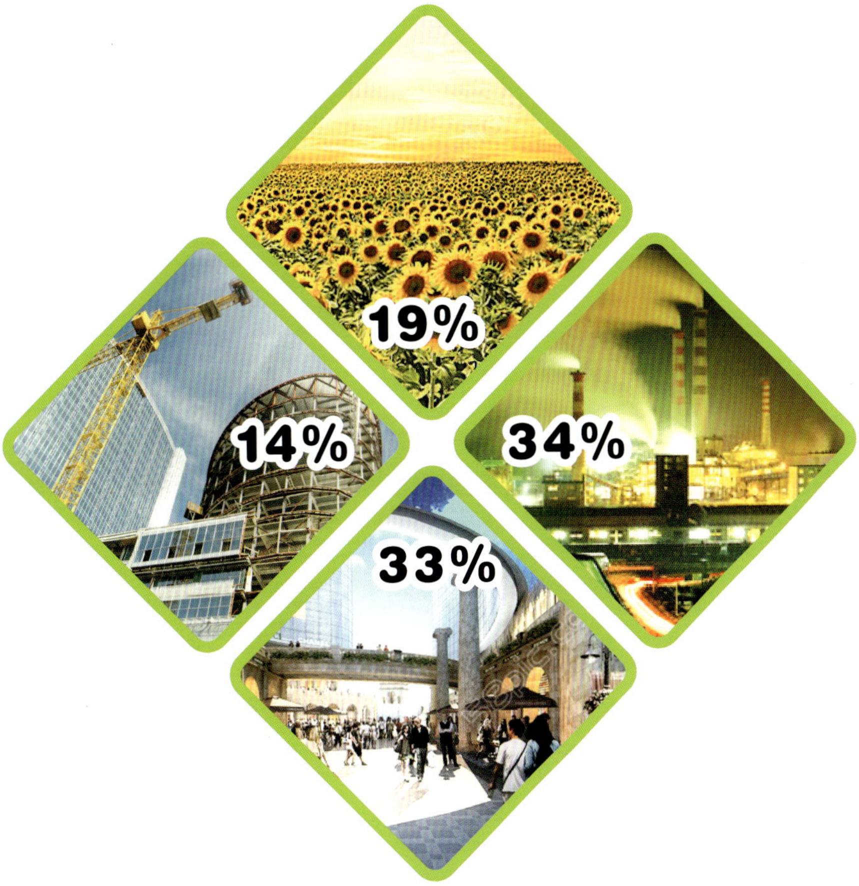

统计年鉴

STATISTICAL YEARBOOK

2017

中国统计出版社
China Statistics Press

©中国统计出版社 2017
版权所有。未经许可，本书的任何部分不得以任何方式在世界任何地区以任何文字翻印、拷贝、仿制或转载。
©2017 China Statistics Press
All rights reserved. No part of the publication may be reproduced or transmitted in any form or by any means, electronic or mechanical, including photocopying, recording, or any information storage and retrieval system, without written permission from the publisher.

图书在版编目（CIP）数据

新疆兵团第十师北屯市统计年鉴. 2017 / 新疆兵团第十师北屯市统计局，国家统计局兵团第十师调查队编
-- 北京 : 中国统计出版社，2017.7
ISBN 978-7-5037-8159-9

Ⅰ. ①新… Ⅱ. ①新… ②国… Ⅲ. ①生产建设兵团－统计资料－北屯市－2017－年鉴 Ⅳ. ①E24-66
中国版本图书馆CIP数据核字(2017)第148862号
兵准印证（2017）YN0019

《新疆兵团第十师北屯市统计年鉴-2017》

作　　者/ 新疆兵团第十师北屯市统计局　国家统计局兵团第十师调查队
责任编辑/ 陈越月
装帧设计/ 郭其中
出版发行/ 中国统计出版社
地　　址/ 北京市丰台区西三环南路甲6号　邮政编码/100073
电　　话/ 邮购(010)63376909　书店(010)68783171
网　　址/ http://csp.stats.gov.cn
印　　刷/ 新疆北屯晟彩印刷有限公司
经　　销/ 新华书店
开　　本/ 890mm×1240mm　1/16
字　　数/ 544千字
印　　张/ 26
版　　别/ 2017年7月第1版
版　　次/ 2017年7月第1次印刷
定　　价/ 210元

如有印装差错，由本社发行部调换。

《新疆兵团第十师北屯市统计年鉴—2017》编辑委员会

主　　任：徐生才

副 主 任：罗志秋

委　　员：（按姓氏笔划为序）

于　华　冯　沁　卢素凡　刘雪峰　何　燕　朱荣强

李　超　苏　宇　周军民　杨云军　宋道辉　张　瑶

吴　畏　张文忠　张玉新　张　勇　张春军　陈　阵

孟　凯　赵开宏　赵传光　侯国防　钱晓滨　黄　丹

黄　波　蔡　震　潘海元

《新疆兵团第十师北屯市统计年鉴—2017》编辑人员

主　　编：陈　阵

副 主 编：蒋俊明

责任编辑：王　婷

编　　辑：（按姓氏笔划为序）

万里兰　王　婷　王　彧　王　贇　王玉霞　牛建光

白莎莎　刘　飞　刘海萍　刑晶晶　李　涛　李　健

李　露　李肇明　杜春红　杜文亮　杨兴文　杨蒙蒙

吴　斌　肖　斐　陈　强　张亚琳　张秋实　武学义

周国庆　赵　辉　赵　凯　徐　刚　钱晓滨　凌　玲

尉建强　蒋俊明　焦寅兰　黎红艳

编 辑 说 明

一、《新疆兵团第十师北屯市统计年鉴－2017》是一部全面反映新疆生产建设兵团第十师北屯市国民经济和社会发展情况的综合性资料年刊，涵盖了第十师北屯市及各团场2016年国民经济和社会发展各方面的主要统计数据、建师以来及主要年份统计数据、兵团主要统计数据、兵团各师主要经济指标排序等资料。

二、全书内容分为五部分：第一部分、特载；第二部分、十师北屯市统计资料；第三部分、北屯市统计资料；第四部分、兵团各师、团场主要经济指标排序；第五部分、附录。

三、《年鉴》中部分相关数据，由于统计口径和计算价格等原因，有的资料不尽相同，我们在表的末端加了注释，使用时请注意。

四、本书中涉及到生产总值、行业增加值、农业总产值和工业总产值总量指标按当年价格计算，发展速度或增长速度按可比价计算。

五、本书中1998年以后的农业数据已按第二次全国农业普查结果调整，1997年以前数据仍用历史数据。

六、《年鉴》根据出版要求，封面标明的2017年为出版年份，正文数据为2016年统计数据。

七、《年鉴》中符号含义的说明：

“……”或“—”表示数据不足本指标最小单位数。

“空格”表示无指标数据；

“#”表示其中的主要项；

八、在统计年鉴编辑过程中，得到了兵团统计局，国家统计局兵团调查总队，阿勒泰地区统计局，师市机关有关部、委、办、局，驻市单位的大力支持与帮助，在此表示衷心的感谢！限于编辑水平，对于《年鉴》中存在的差错和缺点，敬请各级领导、各界人士和各位统计同仁提出宝贵意见。

编 者

二〇一七年七月

目　录

第一部分　特载

新疆生产建设兵团第十师北屯市关于2016年国民经济和社会发展的统计公报 …… 1

第二部分　十师北屯市统计资料

一、自然资源

1-1　人口与自然资源 …… 1
1-2　水库基本资料 …… 1
1-3　平均气温、降水总量、日照时数 …… 2
1-4　无霜期天数 …… 2
　　主要统计指标解释 …… 3

二、综合

2-1　部门机构数 …… 7
2-2　国民经济和社会发展总量指标 …… 8
2-3　国民经济主要结构指标 …… 12
2-4　兵团、阿勒泰地区、十师国民经济主要指标 …… 14
2-5　十师主要指标与兵团、地区比重 …… 15
2-6　十师北屯市主要经济指标完成情况表 …… 16
　　主要统计指标解释 …… 20

三、国民经济核算

3-1　总产出 …… 25
3-2　生产总值 …… 26
3-3　生产总值构成项目 …… 27
3-4　各团场生产总值和构成 …… 28
3-5　分辖区生产总值 …… 29
3-6　历年生产总值 …… 30
3-7　历年生产总值构成 …… 32
3-8　历年不变价生产总值 …… 34
　　主要统计指标解释 …… 36

四、人口与就业

4-1 年末人口数 …… 41
4-2 按单位分年末人口数 …… 42
4-3 按单位分民族人口数 …… 56
4-4 全社会就业人员人数 …… 59
4-5 按行业分非私营单位就业人员人数 …… 61
4-6 按单位、行业分就业人员人数 …… 62
4-7 按行业分在岗职工人数 …… 65
4-8 按行业分女职工人数 …… 66
4-9 按行业分在岗职工平均人数 …… 67
4-10 按行业分在岗职工工资总额 …… 68
4-11 按行业分在岗职工平均工资 …… 69
4-12 按行业分在岗职工人数、平均人数、工资总额、平均工资 …… 70
4-13 历年年末人口数 …… 73
4-14 就业人员人数及工资情况 …… 75
4-15 城镇及连队常住居民人均可支配收入 …… 77
4-16 城镇职工参加基本养老保险人员及缴费情况 …… 78
4-17 城镇居民社会养老保险基本情况表 …… 78
4-18 城镇职工参加基本医疗保险人员及缴费情况 …… 78
4-19 城镇居民基本医疗保险参保人员情况 …… 78
4-20 参加失业保险人员及缴费情况表 …… 79
4-21 参加工伤保险人员及及缴费情况表 …… 79
4-22 参加生育保险人员及缴费情况表 …… 79
4-23 各团场计划生育基本情况 …… 80
4-24 计划生育基本情况 …… 82
主要统计指标解释 …… 83

五、固定资产投资与对口援建

5-1 固定资产投资基本情况 …… 87
5-2 各单位全社会固定资产投资与上年对比情况 …… 90
5-3 各单位按登记类型分全社会固定资产投资完成情况 …… 91
5-4 各单位按行业分全社会固定资产投资完成情况 …… 92
5-5 各单位全社会固定资产投资完成情况 …… 93
5-6 固定资产投资新增生产能力(或效益) …… 96
5-7 历年全社会固定资产投资完成情况 …… 97

5-8　对口援疆项目完成情况 …… 99
主要统计指标解释 …… 100

六、农业

6-1　农业生产情况主要指标 …… 103
6-2　团场补充资料 …… 104
6-3　分团场补充资料 …… 105
6-4　分团场按行业划分农业总产值 …… 107
6-5　分团场按行业划分农业增加值 …… 107
6-6　分团场农业总产值 …… 108
6-7　主要农业机械拥有量 …… 110
6-8　分团场主要农业机械拥有量 …… 111
6-9　农业生产条件 …… 113
6-10　分团场农业生产条件 …… 114
6-11　农作物播种面积、总产量 …… 116
6-12　分团场农作物播种面积 …… 117
6-13　分团场农作物总产量 …… 119
6-14　水果生产情况 …… 121
6-15　水产品生产情况 …… 121
6-16　林业生产情况 …… 122
6-17　畜牧业生产情况 …… 123
6-18　分团场畜牧业生产情况 …… 124
6-19　分团场年末畜禽存栏头数 …… 125
6-20　分团场牛生产情况 …… 126
6-21　分团场猪生产情况 …… 127
6-22　分团场羊生产情况 …… 128
6-23　分团场绵羊生产情况 …… 129
6-24　畜产品产量 …… 130
6-25　分团场畜产品产量 …… 131
6-26　农作物总播种面积 …… 133
6-27　主要农产品产量 …… 135
6-28　主要农产品单位面积产量 …… 137
6-29　畜牧业生产情况 …… 139
主要统计指标解释 …… 141

七、工业与能源

7-1 分单位全部工业增加值增长情况 …… 145
7-2 全部工业企业产值增长情况 …… 146
7-3 工业总产值分类及增长速度 …… 158
7-4 主要工业产品产量 …… 159
7-5 规模以上工业企业主要工业产品产量 …… 160
7-6 分单位工业总产值和增加值 …… 161
7-7 规模以上工业总产值和增加值 …… 162
7-8 规模以上工业增加值分类 …… 164
7-9 按行业分全师工业企业分布情况 …… 165
7-10 按行业分全师工业产值分布情况 …… 167
7-11 工业企业个数 …… 169
7-12 工业总产值及构成 …… 171
7-13 主要工业产品产量 …… 173
7-14 规模以上工业企业能源购进、消费与库存 …… 175
7-15 规模以上工业企业能源消费情况 …… 175
7-16 主要物资、能源消费 …… 176
7-17 单位GDP、工业增加值能耗 …… 176
主要统计指标解释 …… 177

八、建筑业

8-1 建筑业生产情况 …… 183
8-2 资质以上分单位建筑企业生产情况 …… 184
8-3 建筑业分单位施工产值完成情况 …… 185
8-4 建筑业分单位竣工产值完成情况 …… 186
8-5 建筑业分单位生产情况 …… 187
8-6 建筑业产值、施工面积、竣工面积情况 …… 188
主要统计指标解释 …… 189

九、公路运输、邮电业

9-1 公路线路年底到达数 …… 193
9-2 民用车辆拥有量 …… 194
9-3 独立核算运输企业主要经济指标 …… 195
9-4 公路运输基本情况 …… 196
9-5 邮电事业基本情况 …… 198

主要统计指标解释 …… 199

十、批发零售贸易住宿餐饮业、对外贸易

10-1 社会消费品零售总额 …… 203
10-2 分单位社会消费品零售总额完成情况 …… 204
10-3 批发零售贸易业商品销售总额 …… 210
10-4 住宿和餐饮业经营情况 …… 211
10-5 社会消费品销售总额 …… 212
10-6 主要单位对外贸易进出口情况 …… 213
主要统计指标解释 …… 214

十一、财政、税收、金融

11-1 地方财政收支情况 …… 217
11-2 各单位利润净额 …… 218
11-3 国有及国有控股企业财务状况 …… 219
11-4 税收完成情况 …… 220
11-5 税收完成情况前30位单位排序 …… 221
11-6 北屯金融机构人民币信贷收支情况表 …… 223
11-7 北屯城乡居民储蓄存款年末余额 …… 224
主要统计指标解释 …… 225

十二、教育、文化、科技

12-1 普通中学、小学基本情况 …… 229
12-2 广播及电视台基本情况 …… 230
12-3 报纸杂志出版发行情况 …… 231
12-4 国有企事业单位专业技术人员 …… 231
12-5 科技活动经费筹集与使用情况 …… 232
12-6 科技活动机构情况 …… 232
主要统计指标解释 …… 233

十三、卫生、环保、社会福业、其他

13-1 卫生机构、人员、病床情况 …… 239
13-2 “三废”排放和处理情况 …… 240
13-3 社会优抚救济、福利资金和社区建设情况 …… 241

13-4 社会福利院和敬老院基本情况 …… 242
13-5 工会组织情况 …… 242
13-6 律师、公证和法律援助工作基本情况 …… 243
13-7 人民调解工作基本情况 …… 243
13-8 刑事案件立案和结案情况 …… 244
13-9 火灾事故发生情况 …… 244
主要统计指标解释 …… 245

第三部分 北屯市统计资料

1-1 北屯市生产总值 …… 249
2-1 北屯市年末人数 …… 251
2-2 北屯市按单位分年末人口数 …… 252
2-3 北屯市按单位分民族人口数 …… 266
2-4 北屯市全社会就业人员人数 …… 269
2-5 北屯市按行业分非私营单位就业人员人数 …… 271
2-6 北屯市按单位、行业分就业人员人数 …… 272
2-7 北屯市按行业分在岗职工人数 …… 275
2-8 北屯市按行业分女职工人数 …… 276
2-9 北屯市按行业分在岗职工平均人数 …… 277
2-10 北屯市按行业分在岗职工工资总额 …… 278
2-11 北屯市按行业分在岗职工平均工资 …… 279
2-12 北屯市按行业分在岗职工人数、平均人数、平均工资 …… 280
3-1 北屯市500万元以上固定资产投资基本情况 …… 283
3-2 北屯市各单位500万元以上固定资产投资完成情况 …… 286
3-3 北屯市各单位按登记类型分500万元以上固定资产投资完成情况 …… 286
3-4 北屯市各单位按行业分500万元以上固定资产投资完成情况 …… 287
3-5 北屯市各单位500万元以上固定资产投资基本情况 …… 288
4-1 北屯市农业生产情况主要指标 …… 290
4-2 分团场补充资料 …… 291
4-3 北屯市各团场按行业划分农业总产值 …… 292
4-4 北屯市各团场按行业划分农业增加值 …… 292
4-5 北屯市各团场农业总产值 …… 293
4-6 北屯市主要农业机械拥有量 …… 294
4-7 北屯市农业生产条件 …… 295
4-8 北屯市各团场农业生产条件 …… 296

4-9 北屯市各团场农业生产条件 …… 297
4-10 北屯市各团场主要农作物播种面积 …… 298
4-11 北屯市各团场主要农作物总产量 …… 299
4-12 北屯市水果生产情况 …… 300
4-13 北屯市水产品生产情况 …… 300
4-14 北屯市各团场水果面积 …… 301
4-15 北屯市各团场水果产量 …… 301
4-16 北屯市畜牧业生产情况 …… 302
4-17 北屯市各团场畜牧业生产情况 …… 303
4-18 北屯市各团场年末畜禽存栏头数 …… 303
4-19 北屯市各团场牛生产情况 …… 304
4-20 北屯市各团场猪生产情况 …… 304
4-21 北屯市各团场羊生产情况 …… 305
4-22 北屯市各团场绵羊生产情况 …… 305
4-23 北屯市畜产品产量 …… 306
4-24 北屯市各团场畜产品产量 …… 307
5-1 分单位工业总产值和增加值 …… 308
5-2 北屯市全部单位工业总产值 …… 309
5-3 北屯市主要工业产品产量 …… 316
5-4 规模以上工业总产值和增加值 …… 317
5-5 北屯市规模以上工业企业能源购进、消费与库存 …… 318
5-6 北屯市规模以上工业企业能源消费情况 …… 318
6-1 北屯市建筑业生产情况 …… 319
6-2 北屯市资质以上建筑企业生产情况 …… 320
6-3 北屯市建筑业分单位施工产值完成情况 …… 321
6-4 北屯市建筑业分单位竣工产值完成情况 …… 321
6-5 北屯市建筑业分单位生产情况 …… 321
7-1 北屯市民用车辆拥有量 …… 322
7-2 北屯市公路运输业基本情况 …… 323
8-1 北屯市社会消费品零售总额完成情况 …… 324
8-2 北屯市分单位社会消费品零售总额完成情况 …… 325
8-3 北屯市批发零售贸易业商品销售总额 …… 329

第四部分 兵团各师、团场主要指标排序 …… 331

第五部分 附录

常用统计术语 …… 357

《中华人民共和国统计法》 …… 361

《全国经济普查条例》 …… 367
《全国农业普查条例》 …… 372
《全国人口普查条例》 …… 377
《统计违法违纪行为处分规定》 …… 381
《兵团人口界定办法》 …… 384
《国家统计局关于印发统计单位划分及具体处理办法的通知》 …… 386
《统计上地方与兵团统计调查单位界定的规定》 …… 391

第一部分

特　载

新疆生产建设兵团十师北屯市
关于2016年国民经济和社会发展的统计公报

十师北屯市统计局
国家统计局兵团十师调查队

(2017年4月12日)

2016年,师市各级在兵团党委的正确领导下,深入贯彻习近平总书记系列重要讲话特别是在第二次中央新疆工作座谈会上的重要讲话和在新疆、兵团考察调研时的重要讲话精神,全面贯彻落实党的十八届三中、四中、五中、六中全会精神,按照自治区党委和兵团党委会议精神,扎实落实师市党委七届一次全委(扩大)会议精神,紧紧围绕维护社会稳定和长治久安总目标,以推进供给侧结构性改革为主线,引领新发展,开创新局面,经济发展呈现出结构优化、稳中有升、提质增效的良好态势。

2016年师市实现生产总值600487万元,同比增长14.2%(增速按可比价计算,下同),其中第一产业增加值113980万元,同比增长6.3%;第二产业增加值289170万元,同比增长13.1%,其中工业增加值206400万元,同比增长6.0%,建筑业增加值82770万元,同比增长35.9%;第三产业增加值197337万元,同比增长21.1%。

一、二、三产业结构为19:48:33,人均生产总值65690元,同比增长9.4%。

一、二、三产业对经济增长贡献率分别为:8.1%,43.7%,48.2%。

在生产总值中,非公有制经济完成增加值331651万元,占师市经济总量的55.2%,比上年提高11.5个百分点。

一、农　业

农业实现提效。放大"绿色、有机"优势,调整优化农业结构,大力发展绿色种植业、优质畜牧业、高效设施农业、特色林果业。2016年完成农业总产值331445万元,同比增长4.6% (增速按价格指数缩减法计算,下同),其中:种植业总产值202300万元,同比增长1.5%;林业总产值4823万元,同比增长25.9%;牧业总产值70297万元,同比增长6.6%;渔业总产值24378万元,同比增长18.5%;农林牧渔服务业总产值29647万元,同比增长9.8%。农林牧渔及农林牧渔服务业产值比例为61:1:21:7:10。

2016年,师市完成农作物播种面积89.98万亩。粮食面积25.46万亩,比上年减少3.08万亩,同比下降10.8%,其中小麦面积15.7万亩,比上年增加0.2万亩,同比增长1.3%;油料面积9.35万亩,比上年增加1.51万亩,同比增长19.3%;打瓜面积8.4万亩,比上年增长3.4万亩,同比增长68.1%;瓜类面积3.02万亩,比上年减少1.1万亩,同比下降26.7%。

适应市场需求,不断调整种植业结构,粮经草面积分别为25.46万亩、43.1万亩、8.79万亩,粮经草占总播面积的比重分别为28:48:10,社会效益和经济效益全面提高。

主要农产品产量如下

	2016年	同比增长(%)
粮食总产	122627吨	-13.1
小麦总产	70283吨	5.6
单产	448公斤/亩	4.2
玉米总产	46126吨	-33.5
单产	660公斤/亩	-1
豆类总产	6023吨	20
单产	221公斤/亩	14.4
油料总产	21270吨	34.4
单产	227公斤/亩	12.7
瓜类总产	106437吨	-27.5
打瓜总产	12656吨	75.3

全年完成造林面积4125亩。水果总产6180吨,同比增长48.5%。

畜牧业生产以发展高产、优质、高效、生态、安全畜牧业为重点,建立畜禽产品销售网络,探索职工增收、团场增效新途径。年末牲畜存栏34.81万头(只),同比增长3.5%。

主要畜产品产量如下

	2016年	同比增长(%)
肉类	16107吨	6.2
羊毛	798吨	13.2
牛奶	9776吨	2.8
禽蛋	3792吨	7.9

年末牲畜存栏数

	2016年	同比增长(%)
总计	234.81万头(只)	3.5
大牲畜	22.56万头	19.1
猪	23.17万头	2.9
羊	229.08万只	2.4

2016年渔产品总产量10494吨,比上年增加1359吨,同比增长14.9%,其中:养殖产量9889吨,同比增长9.2%,亩水面单产逐年提高。

农业生产条件继续改善。年末拥有农业机械总动力30.13万千瓦,同比增长5.8%,大中型拖拉机4831台,小型手扶拖拉机518台;全年化肥施用32635吨(折纯量),同比增长5.3%;消耗农用塑料薄膜2832吨,同比增长3.2%。

二、工　　业

工业实现提质。全面落实稳增长各项措施，突出抓好重点项目建设，屯富热电、184团40MW光伏、东旭集团20MW分布式光伏等项目实现并网发电，北屯工业园区入驻企业达到99家，产业聚集能力进一步增强，特色农产品精深加工业规模不断扩大，农产品加工比值达到1.07:1。全年完成工业总产值542829万元，同比增长7.1%(价格指数缩减法计算可比价增长速度，下同)，完成轻工业产值246646万元，同比增长20.37%，完成重工业产值296183万元，同比下降1.9%，轻重工业结构为45:55。

主要工业产品产量如下：

	2016年	同比增长(%)
白酒	5045千升	14.7
机制纸	379.0吨	4.3
砖	20461万块	-35.6
发电量	9240万度	1.9
原煤	94.9万吨	-40.8
面粉	0.673万吨	122.1
食用油	1.1437万吨	28.1
混合饲料	49665吨	18.7
鲜、冷藏肉	2008吨	25.4

工业企业在抓紧做好工业生产的同时，积极开拓市场，提高工业产品的品牌和市场知名度，师市规模以上工业企业累计实现产销率91.73%。

三、固定资产投资和建筑业

紧紧围绕国家、自治区和兵团投资导向，紧盯项目申报和衔接工作，主动加强与上级主管部门的沟通对接，加大项目跑办落实力度，争取更多项目列入投资计划。加强部门间协调，进一步优化固定资产投资督办管理方式。

2016年完成全社会固定资产投资702311万元，同比增长9.8%。其中：第一产业78705万元，同比增长6.9%，占总投资的11.2%；第二产业161492万元，同比下降32.7%，占总投资的23%，其中工业156972万元，同比下降31.8%，占总投资的22.4%；第三产业462114万元，同比增长41.7%，占总投资的65.8%。其中：完成500万元以上固定资产投资700130万元，比上年增加78084万元，同比增长12.6%，其中：第一产业77776万元，同比增长16.7%，占总投资的11.1 %；第二产业160588万元，同比下降32.8%，占总投资的22.9%，其中工业156068万元，同比下降31.8%，占总投资的22.3%；第三产业461766万元，同比增长45.9%，占总投资的66%。其中：房地产开发投资62290万元，比上年增长5.7%。商品房销售面积20998平方米，比上年增长33%。其中，住宅335

14平方米，增长204.5%。商品房待售面积73089平方米，增长91.6%。商品房销售额18748万元，下降28%。

2016年国有及国有控股单位投资533121万元，同比增长31.1%，民间投资167190万元，同比下降28.2%。

投资完成总额按国民经济行业划分为：农林牧渔业投资78705万元，同比增长6.9%；工业建筑业投资161492万元，同比下降32.7%；商业运输邮电业投资91606万元，同比下降19.5%；房地产投资78634万元，同比下降9.7%；水利、环境和公共设施管理业投资221667万元，同比增长181.4%；其他投资70207万元，同比增长51.4%。

按资金来源分国家预算内资金167854万元，同比增长36.2%；国内贷款81471万元，同比增长464.4%；自筹资金204139万元，同比下降38.3%；其他资金42730万元，同比增长12.9%；各项应付款合计199314万元，同比增长43.2%。国家预算资金和自筹资金合计占本年资金来源合计的74.7%。

2016年完成建筑业施工产值352215万元，同比增长35.7%，竣工产值192697万元，同比增长29.3%，房屋建筑施工面积147.12万平方米，竣工面积80.87万平方米。施工企业年末自有机械设备总台数389台，总功率15249千瓦。

四、对口援疆

进一步深化对口援疆政策，推动对口援疆工作，明确工作目标，全面落实援疆项目。2016年，对口援建项目年度计划总投资15562万元，当年累计完成14961万元，完成项目计划的96%。其中，援助资金累计到位7000万元。对口援建项目中，改善民生项目累计完成11919万元，支持产业发展项目累计完成950万元，对干部人才队伍培训注入资金190万元，培训师市干部人才500人次。

五、交通运输业

2016年完成货运量693万吨，比上年增加156万吨，同比增长29%，货物周转量163211万吨公里，比上年增加43174 万吨公里，同比增长36%；客运量2699万人，比上年增加246万人，同比增长10%；旅客周转量54362万人公里，比上年增加5033万人公里，同比增长10.2%。运输纯收入72252万元，比上年增加16201万元，同比增长28.9%。年末民用汽车保有量达到7566辆，同比增长12%，其中私人汽车保有量6566辆，同比增长16%。

六、商业和对外贸易

2016年居民消费水平不断增长，全年完成社会消费品零售总额307567万元，同比增长44.4%，其中：批发零售贸易业零售额224475万元，餐饮业零售额83092万元。

2016年完成进出口总额84150万美元，比去年增加13570万美元，同比增长19.2%。其中：出口总额82097万美元，比去年增加13148.5万美元，同比增长19.1%，进口总额2052.7万美元，比去年增加421.1万美元，同比增长25.8%。

七、科技和教育

年末有科学研究与技术开发机构2个，其中企业级研究与开发机构2个。

全年各级科技部门共获得财政（财务）拨款总额445万元。兵团级科技计划项目10项，到位资金307万元;师市本级科技计划项目36项,科技经费138万元,年递增20%。

自治区级高新技术企业1个。兵团级水产科技园区1个。

全年获兵团科技进步二等奖1项,三等奖2项。专利申请量7件,其中申请实用新型专利7件。

全年举办"科技之冬"培训班173期,培训人数1.6万人次,赠送科技书籍1.3万册、科普宣传册1万本、科普光碟500张。为各团场赠送科普画廊科普挂图80套约1000张。通过新技术、实用技术的推广应用和职工全员技术培训工作的开展,进一步增强了干部职工的科技意识,提高了职工队伍的整体素质。

师市教育工作切实践行"为民服务创先争优"活动,全面提高教育质量、全面提升管理水平。2016年在校学生12904人,其中:小学6266人,初中3137人,高中3075人,职校426人。小学、初中教师学历合格率均达到100%,高中教师学历合格率达到100%,本科以上学历占中学专任教师比例的96.7%。普通高考顺利完成,2016年师市参加普通高等院校招生考试人数1051人,高考上线率99.61%,重点率34%,本科率75%。2016年参加中考考生1047人,录取1016人,其中普通高中785人,中职学校231人,600分以上735名。普通高中录取率75 %,高中阶段升学率97%,基本满足广大职工群众子女对高中教育的需求。

八、文化、卫生、人口和体育事业

师市始终坚持发展文化广播电视事业,持续加强公共文化设施和服务体系建设,不断满足职工群众精神文化需求。师市现有团场综合文化活动中心8个,连队综合活动室64个,文化信息共享工程9个,农家书屋98个,年均开展各类活动110多场次,年均受益人数15万余人次。师市有卫星电视收转系统13个,电视台(站)10个,电视综合覆盖率达到98%,数字有线电视用户60000余户,模拟有线电视用户17500余户,网络总长度1200公里。共有调频广播台(站)13座,广播综合覆盖率达到50%。2016年争取国家文化广播电视项目(含基础设施建设)资金2000余万元。师有新闻中心1个,含报社、广播电视台为一体,报纸每周三期(含金山周末副刊),电视为日播。

卫生事业紧紧围绕"保基本,强基层,建机制"的卫生要求,以加强基本公共卫生服务为抓手,努力开展疾病预防控制、卫生监督、食品药品监管、医疗服务等各项卫生工作。师市年末拥有各类医疗卫生机构144个,卫生人员1241人,其中卫生技术人员1054人,床位935张,病床使用率72.12%,总诊疗39.3万人次,入院治疗2.03万人次,治愈率88%。

继续做好人口和计划生育工作,提高出生人口素质,促进人的全面发展。2016年年末总人口94017人,同比增长5.87%。其中,男性48790人,女性45227人,总人口性别比(以女性为100,男性对女性的比例)为107.8。出生人口418人,出生率4.57‰,死亡人口285人,死亡率3.12‰,人口自然增长率1.45‰。

体育事业得到进一步发展。全力以赴打造群众体育品牌项目。联合187团,通过钓鱼协会举办了"丰庆湖"冬捕活动;与师市旅游局联合承办了2016年北屯春季全国钓鱼公开赛暨十师北屯市路亚钓鱼赛事,全国各省市的240名运动员参加了比赛;开展新疆首届中华龙舟大赛的竞赛组织相关工作;举办了师市额河湿地文化节十七届职工篮球赛,阿勒泰地区积极组队参加,交流切磋,提升了水平;调动乒乓球协会的主动性,承办了"玉龙杯"乒乓球邀请赛,来自师市及阿勒泰地区六县一市的49支队伍参加了本次比赛,影响面广,兵地交流交融；师市弘博武术俱乐部参加克拉玛依市西部区域武术邀请赛，获得1金2银3铜，参加金昌国际武术邀请交流赛，获7金2银4铜的较好成绩。选派8名队员参加在哈密举办的兵团职工乒乓球赛，取得第3名的好成绩。举办首届职工篮球甲乙级联赛暨师市首届职工健美操比赛，阿勒泰地区六县一市共同参与。全年约有4万人次参与到师市各类比赛中。

切实抓好学校体育工作。师市代表兵团参加2016年全国青少年“未来之星”冬季阳光体育大会，在全国34个代表队中，雪雕比赛获团体一等奖，雪地拔河比赛取得第三名；参加2016年自治区青少年速度滑冰竞赛，获得3枚金牌、1枚银牌的好成绩；参加兵团第十三届青少年运动会，取得2金6银10铜，两项团体第三名的佳绩。成功举办2016年第十五届中小学生体育节夏季调赛及暑期集训工作。师市秋季校园足球比赛，来自师市10所学校的约450名裁判员、教练员、运动员参加了比赛。

九、人民生活和社会保障

2016年末全社会从业人员3.98万人，增长3.9%，其中：第一产业0.81万人，占年末从业人员的20.3%；第二产业1.13万人，占28.4%；第三产业2.04万人，占51.3%。在岗职工年末人数2.1万人。在岗职工工资总额91846万元，比上年减少687.2万元，同比下降0.7%，在岗职工年平均工资41161元，比上年增加716元，同比增长1.7%。城镇常住居民人均可支配收入33128元，比上年增加2602元，同比增长8.5%。连队常住居民人均可支配收入15538元，比上年增加1511元，同比增长10.8%。

2016年师市社会保障体系不断完善，师市有3.05万人参加了城镇职工基本养老保险，其中企业参保职工1.89万人，个体参保0.8万人，机关事业单位参保0.36万人；参加居民社会养老保险0.14万人；基本医疗保险参保人数7.99 万人；失业保险参保人员2.15万人；工伤保险参保人数2.28 万人；生育保险参保人数2.28万人。

2016年师市城镇居民最低生活保障救济人数2366人，发放最低生活保障资金1314万元，社会化发放率100%，低保覆盖率2.7%。享受国家抚恤补助各类优抚对象61人。师市各类社会福利院7个，床位1180张，每千名老年人拥有床位数达81张。为师市80周岁以上老年人发放高龄补贴2.2万人次，发放生活津贴120万元，发放率100%。对师市3000多户8000多人次困难群体实施临时救助，救助金额555万元。对师市1500人次实施医疗救助，救助资金305万元。为师市1285户2374人低保家庭和580户1670人困难家庭购买了50万元商业医疗保险。残疾人生活和护理两项补贴发放24117人次，累计发放资金289.32万元。

农作物受灾面积11694.53公顷，直接经济损失6948.41万元，分配救灾资金800万元用于灾民生活救助。

十、2016年北屯市国民经济和社会发展情况

北屯市综合：2016年北屯市完成生产总值353143万元，增长12.9%(可比价)，占师市生产总值58.8%，其中：第一产业增加值50189万元，增长6.5 %；第二产业增加值174530万元，增长11.5%，其中：工业增加值127722万元，增长10.7%，建筑业增加值46808万元，增长13.7 %；第三产业增加值128424万元，增长17.9%。三次产业结构比为14:50:36。

一、二、三产业对经济增长贡献率分别为6.8%、42.6%、50.6%；人均生产总值59208元，比上年增加4394

元，同比增长7.4%。

在生产总值中，非公有制经济完成增加值182121万元，占市经济总量的51.6%，比上年提高11.3个百分点。

实现地方财政收入29479万元，其中，一般公共预算收入22709万元，其中：税收收入21331万元。完成地方财政支出41622万元，其中，一般公共预算支出34852万元。

北屯市农业：全年农林牧渔业总产值159656万元，比上年增长4.1%，占师市农林牧渔业总产值48.2%，其中：农业产值85674万元，下降1.9%；林业产值1695万元，增长15.6%；畜牧业产值41775万元，增长9.7%；渔业产值20414万元，增长15.6%；农林牧渔服务业产值10098万元，增长12.2%。全年农作物种植面积35.93万亩，增长8%。其中：粮食种植面积10.24万亩，下降0.3%；全年粮食产量4.5万吨，下降7.5%；水果产量1340吨，增长52.6%。牲畜存栏16.5万头（只），增长1.8%；肉类总产量9446吨，增长7.6%；牛奶产量6909吨，增长8.0%；禽蛋产量3166吨，增长9.0%，水产品产量8225吨，增长15.3%。全年农业机械总动力14.28万千瓦，增长10.3%；全年化肥施用量（折纯）18521吨，比上年增长6.3%，农场用电量2790万千瓦小时，增长5.6%。

北屯市工业：全年实现工业总产值358302万元，比上年增长9.72 %（可比价），占师市工业总产值的66%，其中：轻工业产值170164万元，增长16.66%；重工业产值188138万元，增长4.12%。在总产值中，国有及国有控股工业产值52271万元，下降70%；私营及其他工业产值306031万元，增长100.82%，其中：个体工业产值29498万元，增长14.3%。

主要产品产量完成情况：食用植物油3294吨，增长51.31 %；塑料制品33067吨，增长30.99%；机制纸及纸板379吨，增长4.34%；砖12539万块，下降38.38%；发电3219万千瓦小时，增长14.2%；白酒5000吨，增长13.46%。

北屯市工业园区：2016年北屯市工业园区实现工业产值96661万元，完成工业增加值30402万元。北屯市工业园区入住企业99家，已开工生产76家，在建23家；其中：工业企业30家，建筑企业1家，商业企业45家。

北屯市建筑业：2016年全市实现建筑业产值215770万元，同比增长16.1%，占师市建筑业产值的61.3%，完成施工面积116.4万平方米，竣工面积72.88万平方米。施工企业年末自有机械设备总台数285台，总功率13170千瓦。

北屯市固定资产投资：固定资产投资快速发展。2016年固定资产投资完成570381万元，同比增长10.4%，占师市固定资产投资的81.2%。其中，第一产业41133万元，同比下降11%；第二产业140431万元，同比下降23.6%，其中工业137794万元，同比下降21.5%；第三产业388817万元，同比增长35.7%。三次产业投资之比为7:25:68。在投资总额中：国有及国有控股投资415080万元，增长21.8%；民间投资153301万元，下降12.7%。

北屯市贸易：商贸流通稳步发展，居民购买力提高。完成社会消费品零售总额214845万元，同比增长45.5%，占师市社会消费品零售总额的69.85%，其中：零售额162654万元，增长31.1%；餐饮业52191万元，增长

120.7%。全社会商品销售总额1074326万元，增长85.1%。其中，批发额911672万元，增长99.8%。

北屯市金融：全市各项存款余额1092955万元，增长7.2%，其中：单位存款555774万元，增长4.1%。各项贷款余额717644万元，比上年增长15.2%。

北屯市交通：2016年完成货运量404.3万吨，比上年增加96.1万吨，同比增长31.2%，占师市货运量的58.3%，货物周转量74036.6万吨公里，比上年增加22470.1万吨公里，同比增长43.6%；客运量2500.5万人，比上年增加206万人，同比增长9%，占师市客运量的92.6%，旅客周转量36365万人公里，比上年增加2412.8万人公里，同比增长7.1%。

北屯市教育：2016年，在校生人数10169人，占师市在校生人数的78.8%，其中：小学4474人，初中2194人，高中生3075人，职业学校426人。

教职工882人，其中：专任教师797人。小学专任教师296人，初中专任教师230人，高中专任教师236人，职业学校专任教师35人。

新招生2831人。其中：小学835人，初中748人，高中1046人，职业学校202人。

毕业生2608人。其中：小学691人，初中711人，高中1045人，职业学校161人。

幼儿园6所，在园儿童数2183人，入园人数681人，离园人数560人，班级58个。教职工270人，专任教师133人。

北屯市卫生：北屯市共有医疗卫生机构95所。其中：二级医院1所，一级医院4所，专科医院1所，个体医疗机构38个，连队卫生室47个，疾病预防控制机构4个。执业（助理）医师257人（不含疾控机构），注册护士385人。

北屯市人口就业：年末总人口6.2万人，增长7.67%，占师市总人口65.78%，人口出生率4.48‰，人口死亡率2.82‰。年末全社会从业人员2.44万人，增长4.6%，其中：第一产业0.35万人，占年末从业人员的14.2%；第二产业0.75万人，占年末从业人员的30.6%；第三产业1.34万人，占年末从业人员的55.2%。在岗职工年末人数1.17万人，在岗职工平均工资46018元，下降1.6%。

北屯市社会保障：2016年北屯市参加基本养老保险人数1.94万人；参加失业保险人数1.33万人；参加职工基本医疗保险5.24万人；参加工伤保险人数1.42万人；参加生育保险1.42万人。

北屯市环境：环境保护工作取得新进展。北屯市全年主要工业废水排放总量201.89万吨。工业废水中COD排放量735.19吨 ；氨氮排放量11.33吨；工业烟（粉）尘排放量2201.43吨；工业固体废物产生量4.8026万吨；无工业固体废弃物排放量；工业固体废弃物综合利用量3.78万吨；综合利用率85%。环境空气质量优良率保持100%。

注释：生产总值、各产业增加值绝对数按当年价格计算，增长速度按可比价计算。

农业总产值增速、工业总产值增速按价格指数缩减法计算。

北屯市数据未含北屯镇。

第二部分

十师北屯市统计资料

1

自然资源

1-1 人口与自然资源

指　　标	2016年	指　　标	2016年
人口		造林面积	
总人口(万人)	9.4	当年造林面积(亩)	4124.3
人口密度(人/平方公里)	24.2	水文水利	
土地		水资源年径流量(亿立方米)	133.41
土地总面积(平方公里)	3886.8	地表水资源	15.5
农用地(平方公里)	1895.3	地下水资源	1.01
耕地	631.4	机电井(眼)	361
园地	2.6	淡水面积(万亩)	18
林地	451.9	#可养殖面积	16
牧草地	495.0	#已养殖面积	15
其他农用地	314.4	水利工程	
建设用地(平方公里)	155.6	渠道总长度(公里)	6359.53
未利用地(平方公里)	1835.9	#防渗渠	2171.36
		#干渠	643.24
		支渠	671.38
		斗渠	1513.23
		农渠	3531.68
		水库(座)	16
		水库总库容(万立方米)	24272

1-2 水库基本资料

单位:万立方米

水 库 名 称	建 成 时 间	设 计 库 容	实 际 库 容
阿苇滩水库	1977年11月	5090	5090
红土梁南库	1982年10月	120	120
红土梁北库	1992年10月	740	740
东方红水库	1973年11月	850	850
顶山水库	1975年10月	6000	6000
六号坑水库	1986年05月	2235	2235
阿克达拉水库	1970年04月	4000	4000
二号坑水库	1982年10月	300	300
乌兰陵格水库	1971年10月	250	225
于什盖水库	2001年08月	2200	2200
青年水库	1977年10月	102	102
二排水库	1978年06月	104	104
沙尔梁水库	1981年12月	600	600
南湖水库	1972年10月	611	611
南关水库	1976年10月	720	720
三七八水库	1989年10月	350	350

1-3 平均气温、降水总量、日照时数

（2016年）

地区	1月	2月	3月	4月	5月	6月	7月	8月	9月	10月	11月	12月	全年
平均气温（℃）													
北屯	-16.1	-15.4	1.2	12.5	15.9	23.0	24.6	22.5	18.2	4.1	-8.5	-9.1	6.1
181团	-16.3	-14.7	0.3	11.8	15.2	22.3	23.8	21.2	16.8	3.5	-9.4	-9.6	5.4
182团	-17.6	-16.5	0.7	11.8	14.8	22.4	23.7	21.7	17.1	3.7	-8.2	-10.1	5.3
184团	-16.7	-17.1	2.3	14.4	16.9	24.9	26.0	24.7	20.5	5.4	-6.5	-8.6	7.2
185团	-12.6	-11.5	1.1	11.2	14.8	22.3	23.4	21.1	16.5	3.4	-11.4	-8.2	5.8
降水量（毫米）													
北屯	5.8	3.1	7.3	13.1	9.7	27.1	33.6	5.6	9.4	25.6	15.3	15.5	171.1
181团	6.0	3.5	10.2	6.0	6.6	17.0	22.6	5.0	12.6	22.2	29.0	19.2	159.9
182团	10.7	2.6	3.8	30.9	24.1	60.7	13.1	15.4	9.5	37.0	14.0	15.8	237.6
184团	3	9.9	3.2	8.2	29.1	29.6	39.0	29.7	3.9	7.2	5.8	4.6	172.7
185团	10.9	6.4	25.5	26.9	22.5	14.1	29.7	2.9	10.5	44.3	58.1	43.3	295.1
日照时数（小时）													
北屯	172.4	222.7	240.3	280.4	314.1	317.9	320.2	327.3	272.7	130.6	140.5	56.3	2795.4
181团	152.6	197.8	217.7	272.6	298.3	306.6	310.1	314.0	258.8	134.8	120.3	58.3	2641.9
182团	156.4	185.2	220.0	246.6	276.1	288.9	291.0	308.0	274.4	117.5	115.0	48.4	2527.5
185团	112.4	179.4	174.5	241.3	270.5	257.5	243.1	320.0	254.9	110.3	103.8	54.1	2321.8

1-4 无霜期天数

年份	北屯			181团			182团			184团			185团		
	无霜期天数	终霜日	初霜日	无霜期天数	终霜日	初霜日	无霜期天数	终霜日	初霜日	无霜期天数	终霜日	初霜日	无霜期天数	终霜日	初霜日
	天	日/月	日/月	天	日/月	日/月	天	日/月	日/月	天	日/月	日/月	天	日/月	日/月
2016年	192	28/3	16/10	139	20/5	6/10	219天	14/3	20/10	189	18/3	9/10	138天	20/5	23/9

主要统计指标解释

国土： 指一个主权国家管辖下的领土、领海和领空。

气候： 指地球与大气之间长期能量交换与质量交换所形成的一种自然环境状态，它是多种因素综合作用的结果。气候既是人类生活和生产的环境要素之一，又是供给人类生活和生产的重要资源。气温、降水、湿度等气象要素的多年平均值是用来描述一个地区气候状况的主要参数，而各种气象要素某年、某月的平均值（或总量）则可以反映出该时期天气气候状况的重要特征。

自然资源： 指人类可以直接从自然界获得，并用于生产和生活的物质资源。自然资源一般可以分成可再生资源和非再生资源两大类。可再生资源指在较短时间内可以再生、可以循环利用的资源，包括土地资源、水资源、气候资源、生物资源和海洋资源等。非再生资源指在使用后不能再生的资源，包括矿产资源和地热能源。

土地资源： 土地指陆地的表层部分，它主要由岩石、岩石的风化物和土壤构成。土地资源按利用类型可以分为农用地、建筑用地和未利用地。农用地包括耕地、园地、林地、牧草地和水面。建筑用地包括居民点及工矿用地、交通用地和水利设施用地。未利用地指农用地和建筑用地以外的土地，包括滩涂、荒漠、戈壁、冰川和石山等。

耕地面积： 指种植各种农作物的土地面积，包括灌溉水田、望天田、水浇地、旱地、菜地等。

林业用地面积： 指生长乔木、竹类、灌木、沿海红树林等林木的土地面积，包括有林地、灌木林、疏林地、未成林造林地、迹地、苗圃等。

草地面积： 指牧区和农区用于放牧牲畜或割草，植被盖度在5%以上的草原、草坡、草山等面积。包括天然的和人工种植或改良的草地面积。

森林资源： 指森林、林木、林地以及依托森林、林木、林地生存的野生动物、植物和微生物。林木指树木和竹子。森林指以乔木为主体的植物群落，是集生的乔木及与共同作用的植物、动物、微生物和土壤、气候等的总体。

活立木总蓄积量： 指一定范围内土地上全部树木蓄积的总量，包括森林蓄积、疏林蓄积、散生木蓄积和四旁树蓄积。

森林面积： 指由乔木树种构成，郁闭度０．２以上（含０．２）的林地或冠幅宽度10米以上的林带的面积，即有林地面积。森林面积包括天然起源和人工起源的针叶林面积、阔叶林面积、针阔混交林面积和竹林面积，不包括灌木林地面积和疏林地面积。

森林蓄积量： 指一定森林面积上存在着的林木树干部分的总材积。它是反映一个国家或地区森林资源总规模和水平的基本指标之一，也是反映森林资源的丰富程度、衡量森林生态环境优劣的重要依据。

森林覆盖率： 指一个国家或地区森林面积占土地面积的百分比。在计算森林覆盖率时，森林面积包括郁闭度0.2以上的乔木林地面积和竹林地面积，国家特别规定的灌木林地面积、农田林网以及四旁（村旁、路旁、水旁、宅旁）林木的覆盖面积。

森林覆盖率是反映森林资源的丰富程度和生态平衡状况的重要指标。计算公式为：

森林覆盖率（%）=森林面积／土地总面积×100%

水资源： 水在自然界中以固体、液体和气态三种聚集状态存在，分布于海洋、陆地（包括土壤）以及大气之中，通过水循环形成水资源。水资源包括经人类控制并直接可供灌溉、发电、给水、航运、养殖等用途的地表水和地下水，以及江河、湖泊、井、泉、潮汐、港湾和养殖水域等。水资源是发展国民经济不可缺少的重要自然资源。

地表水和地下水： 陆地上的水因空间分布不同，可以分为地表水和地下水。地表水指分别存在于河流、湖泊、沼泽、冰川和冰盖等水体中水分的总称，又称陆地水。地下水指储存在地面以下饱和岩土孔隙、裂隙及溶洞中的水。

内陆水域总面积： 指江、河、湖泊、池塘、塘堰、水库等各种流水或蓄水的水面占地面积。

径流量： 指在一定时段内通过河流某一过水断面的水量，用以反映一个国家或地区水资源的丰歉程度。计算公式为：

径流量=降水量一蒸发量

矿产资源： 矿产指由地质作用形成，富集于地壳中或出露于地表达到工农业利用要求的有用矿物。矿产是一种重要的自然资源，是社会发展的重要物质基础。从某种意义上讲，一个国家对矿产资源开发利用的广度和深度，可以作为这个国家经济发展水平的标志。

矿产保有储量： 指探明的矿产储量(包括工业储量和远景储量)，扣除已开采部分和地下损失量后的年末实有储量，是反映国家矿产资源现状的重要指标。

气温： 指空气的温度，我国一般以摄氏度(℃)为单位表示。气象观测的温度表是放在离地面约1．5米处通风良好的百叶箱里测量的，因此，通常说的气温指的是离地面1．5米处百叶箱中的温度。

降水量： 指从天空降落到地面的液态或固态(经融化后)水，未经蒸发、渗透、流失而在地面上积聚的深度。

月降水量： 是将全月各日的降水量累加而得。

年降水量； 是将12个月的月降水量累加而得。

日照时数： 指太阳实际照射地面的时间。

水资源总量： 一定区域内的水资源总量指当地降水形成的地表和地下产水量，即地表径流量与降水入渗补给量之和，不包括过境水量。

地表水资源量： 指河流、湖泊、冰川等地表水体中由当地降水形成的、可以逐年更新的动态水量，即天然河川径流量。

地下水资源量： 指当地降水和地表水对饱水岩土层的补给量。

地表水与地下水资源重复计算量： 指地表水和地下水相互转化的部分，即在河川径流量中包括一部分地下水排泄量，地下水补给量中包括一部分来源于地表水的入渗量。

农用地： 指直接用于农业生产的土地，包括耕地、园地、林地、牧草地及其他农用地。

人工林面积： 指由人工播种、植苗或扦插造林形成的生长稳定，(一般造林3—5年后或飞机播种5—7年后)每公顷保存株数大于或等于造林设计植树株数80%或郁闭度0.20以上(含0.20)的林地面积。

造林总面积： 指报告期内在荒山、荒地、沙丘、退耕地等一切可以造林的土地上，采用人工播种、飞机播种、植苗造林、分植造林等方法新植成片乔木林和灌木林，经过检查验收符合《造林技术规程》要求的单位面积株数，并按《中华人民共和国森林法实施条例》规定，成活率达85%以上(含85%，年降雨量在400毫米以下且无浇灌条件的地区造林成活率达70%以上)的总面积。四旁植树如一侧在四行以上，连片面积0.066公顷(一亩)以上，应统计在造林面积内。造林面积，通常按所有制(国有、国有集体合作、集体和个人)、造林方式(人工、飞机播种)、主要林种用途(用材林、经济林、防护林、薪炭林、特种用途林)分组进行统计。

2

综　合

2-1 部门机构数

（2016年）

单位：个

部　门	机构数	部　门	机构数
按国民经济行业分			
一、农林牧渔业	9	水利管理业	5
二、工业	92	公共设施管理业	16
采矿业	3	十三、居民服务、修理和其他服务业	12
制造业	66	居民服务业	4
电力、燃气及水的生产和供应业	23	机动车、电子产品和日用产品修理业	5
三、建筑业	39	其他服务业	3
四、交通运输业	23	十四、教育	12
五、批发、零售业	315	学前教育	3
六、住宿和餐饮业	8	初中教育	1
住宿业	3	高中教育	1
餐饮业	5	其他未列明的教育	7
七、信息传输、软件和信息技术服务业	14	十五、卫生、社会工作	11
八、金融业	12	卫生	8
九、房地产业	55	社会工作	3
十、租赁和商务服务业	95	十六、文化体育和娱乐业	19
租赁	6	新闻和出版业	2
商务服务业	89	广播、电视、电影和影视录音制作业	1
十一、科学研究、技术服务和地质勘查业	41	文化艺术业	5
研究和试验发展	3	娱乐业	10
专业技术服务业	29	十七、公共管理和社会组织	52
科技推广和应用服务业	9	公共管理	48
十二、水利环境和公共设施管理	23	社会保障和社会组织	4

2-2 国民经济和社会发展总量指标

指　　标	2001年	2002年	2003年	2004年	2005年	2006年	2007年	2008年
年末总人口(万人)	7.38	7.85	7.89	7.63	7.79	7.71	7.66	7.64
年末就业人员(万人)	2.86	3.03	2.9	2.68	2.61	2.59	2.59	2.64
#职工人数	2.41	2.53	2.41	2.23	2.13	2.03	2.01	2.01
生产总值(万元)	44868	53937	60832	71539	82323	87518	104064	124937
第一产业	14179	18057	21940	27624	33678	33594	39912	48416
第二产业	13526	16013	16450	19035	22376	24999	30513	37042
工　业	7406	8762	10091	12576	15317	17325	21959	27743
建筑业	6120	7251	6359	6459	7059	7674	8554	9299
第三产业	17163	19867	22442	24880	26269	28925	33639	39479
固定资产投资(万元)	51182	52175	47121	47410	43889	55829	57340	67093
第一产业	16761	15473	12684	11643	11254	16216	24405	24617
第二产业	1859	7015	7088	12125	7565	11436	9638	8701
第三产业	32562	29687	27349	23642	25070	28177	23297	33775
农业								
农业总产值(万元)	39703	48678	65745	66944	78276	91030	105588	127508
农作物播种面积(万亩)	63.39	69.27	74.94	76.94	81.12	69.3	70.87	73.45
#棉花	2	3.86	4.01	6.51	8.02	8.23	9.61	10.88
年末牲畜存栏(万头、万只)	17.41	18.09	17.73	16.17	15.70	14.76	13.13	13.42
主要农产品产量								
粮食(吨)	52855	53820	38004	41852	57866	38287	21854	46570
棉花(吨)	1900	2415	3248	5386	7220	8642	10111	12517
油料(吨)	38796	39054	44667	38880	30675	21799	36150	58432
水果(吨)	2142	2564	1900	1915	2020	1955	2356	2353
肉类(吨)	3983	4101	3997	4040	3901	3635	3718	6400
奶类(吨)	1110	1159	1173	1175	1156	1137	1289	3718
水产品(吨)	207	2117	2031	2158	2467	2722	2723	2818

2-2 续表1

指　　标	2009年	2010年	2011年	2012年	2013年	2014年	2015年	2016年
年末总人口(万人)	7.51	7.48	7.56	8.33	8.41	8.63	8.88	9.4
年末就业人员(万人)	2.69	2.78	2.89	3.37	3.53	3.77	3.84	3.99
#职工人数	2.03	2.07	2.02	2.1	2.1	2.13	2.14	2.1
生产总值(万元)	140631	170177	221823	291933	360918	443716	523398	600487
第一产业	53756	63202	74419	87735	95191	99937	107749	113980
第二产业	46436	62399	94068	137180	175781	220405	255490	289170
工　业	35234	48100	70155	105541	130883	168899	194515	206400
建筑业	11202	14299	23913	31639	44898	51506	60975	82770
第三产业	40439	44576	53336	67018	89946	123374	160159	197337
固定资产投资(万元)	86284	118109	176726	265217	397233	526427	639678	702311
第一产业	16104	19021	20469	26239	38172	61582	73602	78705
第二产业	13589	16619	37669	58371	78250	110095	240012	161492
第三产业	56591	82469	118588	180607	280811	354750	326064	462114
农业								
农业总产值(万元)	151247	174879	204340	241109	260798	294723	317628	331445
农作物播种面积(万亩)	72.31	76.67	77.36	77.1	79.4	82.9	85.2	89.98
#棉花	9.64	9.5	12.05	11.27	10.57	9.56	4.02	
年末牲畜存栏(万头、万只)	18.30	19.74	22	24.6	26.6	31.23	33.63	34.81
主要农产品产量								
粮食(吨)	57136	43179	28942	58432	90648	110530	141133	122627
棉花(吨)	11530	8011	11752	12458	9636	9308	2497	
油料(吨)	40247	38650	38801	37106	33903	21419	15829	21270
水果(吨)	2930	3116	2608	2688	2556	2762	4163	6180
肉类(吨)	13941	13019	14978	12125	13202	14496	15169	16107
奶类(吨)	7307	8018	8828	8677	9752	9754	9506	9776
水产品(吨)	2237	3915	5166	6026	7193	8055	9135	10494

2-2 续表2

指　　标	2001年	2002年	2003年	2004年	2005年	2006年	2007年	2008年
工　业								
工业总产值(万元)	24955.4	30521.2	33712.2	40553.1	50363.4	48986.4	53282.3	67791.1
轻工业	11575.1	14970.6	16336.2	18235.8	21841.4	18841	18360.5	20828.8
重工业	13380.3	15550.6	17376	22317.3	28522	30145.4	34921.8	46962.2
主要工业产品产量								
原煤(吨)	327000	362000	381000	426000	421000	319000	384000	428000
食用植物油(吨)	12174	13158	10208	11769	14437	6563	2327	10916
水泥(吨)	64100	55000	48400	31900	32885	21393	30094	27482
发电量(万千瓦时)	5122	5040	5218	6901	8405	8015.8	8952	9800
建筑业								
施工产值(万元)	29543	30198	25992	24539	28020	30612	33713	36223
房屋施工面积(万平方米)	31.8	25	21.6	22.8	20.6	16.9	20.7	30
公路运输业								
客运量(万人)	295.8	307.4	344.6	369	377.1	321.46	333.35	338.7
旅客周转量(万人公里)	7244.4	7514.8	7827.3	8796	9291	9873	10280.4	11447.2
货运量(万吨)	103.4	116.7	129.6	146	157.4	169.17	190.33	152.7
货物周转量(万吨公里)	17010.9	19736.2	22105.8	24552	26439.2	30354.3	34990.7	35191.1
国内贸易和对外贸易								
社会消费品零售总额(万元)	27964.3	31319.7	36600.1	40696.6	41879.7	44211.4	49805	51941
进出口总额(万美元)	692.45	133.11	292.57	901.2	1917.2	1363	2004.8	12886.3
出口总额	1.17	9.13	130.86	34	19.8	40.2	937.3	12113.3
进口总额	691.28	123.98	161.71	867.2	1897.4	1322.8	1067.5	773

2-2 续表3

指　标	2009年	2010年	2011年	2012年	2013年	2014年	2015年	2016年
工　业								
工业总产值(万元)	86945.2	125555	174717	258462	334457	438778	506832	542829
轻工业	28422.6	38302	56065	78741	128938	194160	204909	246646
重工业	58522.6	87253	118652	179721	205519	244618	301923	296183
主要工业产品产量								
原煤(吨)	721000	1020000	1150000	1350000	1300000	1300000	1601900	948996
食用植物油(吨)	3560	1467	6029	10300	8901	19000	8925	11437
水泥(吨)	18000	40000	55000	66000	78000	83000	83000	495
发电量(万千瓦时)	12124	11859	12189	9837	10809	8661	9069	924
建筑业								
施工产值(万元)	46982	70354	111629	167930	208829	228917	259468	352215
房屋施工面积(万平方米)	40.5	59.1	99.8	118.7	121.5	111.3	194.8	147.1
公路运输业								
客运量(万人)	362.5	370.6	409.2	440	548	2057	2454	2699
旅客周转量(万人公里)	12488.1	13295.2	14556.4	16788	21320	39463	49329	54362
货运量(万吨)	168.2	190.7	205.2	254	355	407	537	693
货物周转量(万吨公里)	39048	41392.6	44691.9	56776	74655	86358	120037	163211
国内贸易和对外贸易								
社会消费品零售总额(万元)	56401	60475	67615	112693	140688	170566	213023	297332
进出口总额(万美元)	20183.73	19053.8	20067.1	19074	14894	37087	70580	84150
出口总额	19792.86	18577.4	19873.7	18857	14021	36725	68948	82097
进口总额	390.87	476.4	193.4	218	873	362	1632	2053

2-3 国民经济主要结构指标

指 标	2001年	2002年	2003年	2004年	2005年	2006年	2007年	2008年
年末就业人员								
第一产业	41.8	41.4	44.2	47.2	46.2	45.8	45.1	43.3
第二产业	29.6	28.2	24.4	20.3	19.3	17.2	17.7	17
第三产业	28.5	30.4	31.4	32.4	34.5	37	37.2	39.7
生产总值								
第一产业	32	33	36	39	41	38	39	39
第二产业	30	30	27	27	27	29	29	30
工 业	16	16	17	18	19	20	21	22
建筑业	14	14	10	9	8	9	8	8
第三产业	38	37	37	34	32	33	32	31
固定资产投资								
第一产业	33	30	27	25	26	29	42	37
第二产业	4	13	15	25	17	21	17	13
第三产业	63	57	58	50	57	50	41	50
农业总产值								
农业	76.3	73	67.9	75.1	78.2	80.5	80	74
林业	3.5	7.5	10.7	4.6	3.8	2.4	2.3	1.9
牧业	17.8	17.1	11.7	10.1	7.8	6.7	7.7	13
渔业	2.4	2.4	2	2	2	1.9	2.1	3
农林牧渔服务业			7.7	8.2	8.2	8.5	7.9	8.1
工业总产值								
轻工业	46.4	49.0	48.5	45.0	43.4	38.5	34.5	30.7
重工业	53.6	51.0	51.5	55.0	56.6	61.5	65.5	69.3
社会消费品零售总额								
批发零售贸易业	76.7	74	85.3	86.8	85.9	85.2	85.9	83.5
住宿餐饮业	11.6	12.5	11.3	11.1	12.1	12.7	12.2	14.5
其他行业	11.7	13.5	3.4	2.1	2	2.1	1.9	2

2-3 续表

指　　标	2009年	2010年	2011年	2012年	2013年	2014年	2015年	2016年
年末就业人员								
第一产业	42.2	41.5	41	35	31	29	27	20
第二产业	17.1	18.4	19.7	21	24	27	27	29
第三产业	40.6	40.1	39.3	44	45	44	46	51
生产总值								
第一产业	38	37	34	30	26	23	20	19
第二产业	33	37	42	47	49	50	49	48
工　业	25	28	31	36	36	38	37	34
建筑业	8	9	11	11	13	12	12	14
第三产业	29	26	24	23	25	27	31	33
固定资产投资								
第一产业	19	16	12	10	10	12	12	11
第二产业	15	14	21	22	20	21	38	23
第三产业	66	70	67	68	70	67	50	66
农业总产值								
农业	65.7	66.9	63.6	64	63	61	64	54
林业	2.1	2.2	2.3	2	2	2	1	1
牧业	23.1	18.8	21.1	20	21	22	20	26
渔业	2.5	3.5	4.3	5	5	6	6	13
农林牧渔服务业	6.6	8.6	8.7	9	9	9	9	6
工业总产值								
轻工业	32.7	30.5	32.1	31	39	44	40	45
重工业	67.3	69.5	67.9	69	61	56	60	55
社会消费品零售总额								
批发零售贸易业	83.5	85	85	84	84	83	80	74
住宿餐饮业	14.4	15	15	16	16	17	20	26
其他行业	2.1							

2-4 兵团、阿勒泰地区、十师国民经济主要指标

(2016年)

指　　标	计量单位	兵　团	阿勒泰地区	十师
一、总人口	万人	283.41	67.20	9.4
二、从业人员	万人	138.1	32.70	3.99
其中:在岗职工	万人	70.5	9.67	2.1
在岗职工平均工资	元	56345	48825	41161
三、生产总值	亿元	2134.33	217.30	60.05
第一产业	亿元	467.87	49.32	11.4
第二产业	亿元	965.58	67.97	28.92
第三产业	亿元	700.88	100.01	19.73
人均生产总值	元	76230	33874.00	65690
四、固定资产投资额	亿元	1721.21	223.07	70.23
五、粮食总产量	万吨	271.3	36.95	12.26
六、油料总产量	万吨	23.43	16.78	2.13
七、水果总产量	万吨	365	0.43	0.62
八、年末牲畜头数	万头	763.85	318.72	34.81
其中：　牛	万头	47.59	58.66	2.44
猪	万口	149.64	1.43	3.17
羊	万只	561.24	241.49	29.08
九、主要畜产品产量				
肉类	吨	411478	84513.69	16107
羊毛	吨	19068	5279.49	798
牛奶	吨	629238	253926.29	9776
禽蛋	吨	94261	5489.40	3792
十、水产品产量	吨	51472	11506.00	10494
十一 、主要工业品产量				
原煤	万吨	1085.2		94.9
发电量	万千瓦时	7517900	461429	9240
十二、社会消费品零售总额	万元	6322942	683070	297332
十三、城镇常住居民人均可支配收入	元	34089	25707	33128
十四、连队常住居民人均可支配收入	元	16401	10162	15538

注:阿勒泰地区指标中,生产总值、总人口数据含十师,其他指标均不含十师。

2-5 十师主要指标与兵团、地区比重

单位:%

指　　标	2016年		2015年	
	占兵团	占地区	占兵团	占地区
一、总人口	3.3	14.0	3.2	13.3
二、从业人员	2.9	10.9	2.8	10.9
其中:在岗职工	3.0	17.8	3.0	18.6
在岗职工平均工资	73.1	84.3	74.1	90.0
三、生产总值	2.8	27.6	2.7	22.6
第一产业	2.4	23.1	2.5	22.5
第二产业	3.0	42.5	2.9	27.8
第三产业	2.8	19.7	2.6	17.4
人均生产总值	86.2	193.9	84.9	163.7
四、固定资产投资额	4.1	23.9	3.6	23.9
五、粮食总产量	4.5	24.9	5.3	17.5
六、油料总产量	9.1	11.3	8.2	14.0
七、水果总产量	0.2	59.0	0.1	
八、年末牲畜头数	4.6	9.8	4.4	9.7
其中:牛	5.1	4.0	4.6	3.7
猪	2.1	68.9	2.1	67.7
羊	5.2	10.7	5.0	10.6
九、主要畜产品产量				
肉类	3.9	16.0	3.9	15.7
羊毛	4.2	13.1	4.0	12.9
牛奶	1.6	3.7	1.5	3.9
禽蛋	4.0	40.9	4.3	40.3
十、水产品产量	20.4	47.7	19.8	47.7
十一　、主要工业品产量				
原煤	8.7		18.8	
发电量	0.1	2.0	0.1	2.7
十二、社会消费品零售总额	4.7	30.3	3.9	26.0
十三、城镇常住居民人均可支配收入	97.2	128.9	97.1	130.0
十四、连队常住居民人均可支配收入	94.7	152.9	93.2	149.6

注:在岗职工平均工资、人均生产总值、城镇常住居民人均可支配收入、连队常住居民人均可支配收入四项指标均为兵团、地区百分比。

2-6 十师北屯市主要经济指标完成情况表

指　　标	计量单位	2005年	"十一五"期间						
			2006年	2007年	2008年	2009年	2010年	累计完成额	年均增长%
一、生产总值	万元	82323	87518	104064	124937	140631	170177	627327	10.1
第一产业	万元	33678	33594	39912	48416	53756	63202	238880	6.7
第二产业	万元	22376	24999	30513	37042	46436	62399	201389	17
其中:工　业	万元	15317	17325	21959	27743	35234	48100	150361	19.9
建筑业	万元	7059	7674	8554	9299	11202	14299	51028	9.7
第三产业	万元	26269	28925	33639	39479	40439	44576	187058	7.3
农业服务业	万元								
运输仓储业	万元	5004	5928	7005	7123	7308	7807	35171	6.1
批发和零售业	万元	4227	4787	5803	7382	6960	7793	32725	8.4
住宿和餐饮业	万元	2810	2409	2586	3179	3392	3931	15497	0.2
金融业	万元								
房地产业	万元	1893	1949	2058	2670	2594	2911	12182	3.9
其他营利性服务业	万元	1468	997	1036	1340	1813	1945	7131	2.7
非营利性服务业	万元	10867	12855	15151	17785	18372	20189	84352	9.9
二、农业总产值	万元	78276	91003	105588	127508	151247	174967	650313	17.5
种植业	万元	61173	73302	84545	94293	99284	117028	468452	13.9
林　业	万元	2993	2188	2451	2366	3173	3888	14066	5.4
牧　业	万元	6102	6034	8131	16645	34949	32895	98654	40.1
渔　业	万元	1567	1772	2166	3838	3846	6048	17670	31
农林牧渔服务业	万元	6441	7707	8295	10366	9995	15108	51471	18.6
牲畜存栏	万头(只)	15.7	14.76	13.13	13.42	18.3	19.74		4.7
其中:牛	万头	1.73	0.72	0.65	0.81	1.26	1.41		-4
猪	万头	1.35	1.21	1.08	2.69	3.14	3.58		21.5
羊	万只	13.69	12.83	11.4	9.92	13.9	14.7		1.4
肉类产量	吨	11956	3635	3718	6400	13941	13019	40713	1.7

2-6 续表1

指　　标	计量单位	2005年	“十一五”期间						
			2006年	2007年	2008年	2009年	2010年	累计完成额	年均增长%
牛奶产量	吨	1156	1137	1289	3718	7307	8018	21469	47.3
禽蛋产量	吨	1021	980	977	951	1282	1894	6084	13.2
三、工业总产值	万元	48665	47305	53282	67791	86945	125555	380878	20.9
其中:规模以上	万元			10959	12183	15275	38940	77357	52.6
四、建筑业施工产值	万元	28020	30612	33713	36223	46982	70354	217884	20.2
施工面积	万平方米	21	17	21	30	41	59		23.5
竣工面积	万平方米	17	14	12	20	27	44	117	21
五、客运量	万人	377.1	321.46	333.35	339	363	370.6	1726.6	-0.3
旅客周转量	万人公里	9291.7	9873	10280	11447	12488	13295	57384	7.4
货运量	万吨	157.4	169.17	190.33	153	168	190.7	871.1	3.9
货物周转量	万吨公里	26439.2	30354	34991	35191	39049	41393	180977	9.4
混合周转量	万吨公里	27368	31342	36019	36336	40297	42722	186716	9.3
六、全社会固定资产投资完成额	万元	43889	55829	57340	67093	86284	118109	384655	21.9
其中:500万以上投资完成额	万元								
七、社会消费品零售总额	万元	41880	44211	49805	51941	56401	60475	262833	7.6
商品销售总额	万元	44044	46899	53674	69666	85910	97784	353933	17.3
住宿餐饮业营业收入	万元	5730	6510	6930	8502	10099	10089	42130	12
八、人口和劳动工资									
年末总人口	人	77868	77119	76634	76381	75141	74809		-0.8
年末从业人员数	人	26063	25854	25863	26397	26850	27800		1.3
在岗职工人数	人	21261	20322	20117	20100	20290	20667		-0.6
在岗职工工资总额	万元	26558	28785	32153	35243	40934	47491		12.3
在岗职工平均工资	元	11114	12101	13955	15471	17785	20540		13.1
城镇常住居民人均可支配收入	元	8165	9687	10555	10922	12263	13651		10.8
连队常住居民人均可支配收入	元	5505	5272	5841	6151	6882	7777		7.2

2-6续表2

指　　标	计量单位	"十二五"期间							"十二五"累计完成为"十一五"期间倍数
		2011年	2012年	2013年	2014年	2015年	累计完成额	年均增长%	
一、生产总值	万元	221823	291933	360918	443716	523398	1841788	19.7	2.9
第一产业	万元	74419	87735	95191	99937	107749	465031	5.2	1.9
第二产业	万元	94068	137180	175781	220405	255490	882924	29.5	4.4
其中:工　业	万元	70155	105541	130883	168899	194515	669993	31.1	4.5
建筑业	万元	23913	31639	44898	51506	60975	212931	23	4.2
第三产业	万元	53336	67018	89946	123374	160159	493833	19.7	2.6
农业服务业	万元				7636	8009	15645	2.5	
运输仓储业	万元	8317	10473	14564	17767	24686	75807	13.2	2.2
批发和零售业	万元	10160	13283	18390	27355	41227	110415	31.9	3.4
住宿和餐饮业	万元	4273	6026	7578	10720	14008	42605	15.6	2.7
金融业	万元		2567	5475	9375	11898	29315	61.4	
房地产业	万元	3226	2964	4028	6853	5587	22658	5.7	1.9
其他营利性服务业	万元	2009	2314	4252	5808	7930	22313	9.8	3.1
非营利性服务业	万元	25351	29391	35659	37859	46814	175074	10.7	2.1
二、农业总产值	万元	204340	241109	260798	294723	317628	1318598	12.7	2
种植业	万元	129869	154922	164872	182395	202890	834948	11.6	1.8
林　业	万元	4715	5522	4466	4528	4136	23367	1.2	1.7
牧　业	万元	43135	47016	53850	65724	64182	273907	14.3	2.8
渔　业	万元	8750	11254	13961	16973	20094	71032	27.1	4
农林牧渔服务业	万元	17871	22395	23649	25103	26326	115344	11.7	2.2
牲畜存栏	万头(只)	22	24.59	26.6	31.23	33.63		11.2	
其中:牛	万头	1.54	1.8	1.9	2.08	2.15		8.8	
猪	万头	3.53	2.62	2.71	3.01	3.08		-3	
羊	万只	16.89	20.17	21.95	26.13	28.4		14.1	
肉类产量	吨	10735	12128	13202	14496	15169	65730	3.1	1.6

2-6 续表3

指　　标	计量单位	“十二五”期间							“十二五”累计完成为“十一五”期间倍数
		2011年	2012年	2013年	2014年	2015年	累计完成额	年均增长%	
牛奶产量	吨	8828	8677	9752	9754	9506	46517	3.5	2.2
禽蛋产量	吨	2575	2505	2651	3378	3514	14623	13.2	2.4
三、工业总产值	万元	174717	258462	334457	438778	506832	1713246	32.2	4.5
其中:规模以上	万元	100435	121326	141173	185530	204215	752679	39.3	9.7
四、建筑业施工产值	万元	111629	167930	208829	228917	259468	976773	29.8	4.5
施工面积	万平方米	100	119	122	111	195		27	
竣工面积	万平方米	31	78	81	59	56	305	5	2.6
五、客运量	万人	409	440	548	2057	2454	5908	45.9	3.4
旅客周转量	万人公里	14556	16788	21320	39463	49329	141456	30	2.5
货运量	万吨	205	254	355	407	537	1758	23	2
货物周转量	万吨公里	44692	56776	74655	86358	120037	382518	23.7	2.1
混合周转量	万吨公里	46148	58455	76787	90304	124970	396664	23.9	2.1
六、全社会固定资产投资完成额	万元	176726	265217	397233	526427	639678	2005281	40.2	5.2
其中:500万以上投资完成额	万元	166772	243855	380302	512077	622046	1925052	39	
七、社会消费品零售总额	万元	67615	112693	140688	170566	213023	704585	28.6	2.7
商品销售总额	万元	119767	198829	272144	395151	717403	1703294	49	4.8
住宿业餐饮业营业收入	万元	11399	19623	24371	32218	45538	133149	35.2	3.2
八、人口和劳动工资									
年末总人口	人	75567	83280	84216	86335	88805		3.5	
年末从业人员数	人	28930	33743	35256	37652	38372		6.7	
在岗职工人数	人	20174	21032	21146	21313	21246		0.6	
在岗职工工资总额	万元	53426	68331	71552	85725	92533		14.3	
在岗职工平均工资	元	23707	28292	30583	35120	40444		14.5	
城镇常住居民人均可支配收入	元	15329	17637	23578	26251	30526		17.5	
连队常住居民人均可支配收入	元	8854	11018	11353	12871	14027		12.5	

主要统计指标解释

企业(单位)登记注册类型: 是以在工商行政管理机关登记注册的各类企业为划分对象,以工商行政管理部门对企业登记注册的类型为依据,将企业登记注册类型分为内资企业、港澳台商投资企业和外商投资企业三大类。内资企业包括国有企业、集体企业、股份合作企业、联营企业、有限责任公司、股份有限公司、私营公司和其他企业;港澳台商投资企业和外商投资企业分别包括合资经营企业、合作经营企业、独资经营企业和股份有限公司。对不在工商行政管理部门进行登记注册的行政机关、事业单位和社会团体,主要按其经费来源和管理方式进行划分。

国有企业: 指企业全部资产归国家所有,并按《中华人民共和国企业法人登记管理条例》规定登记注册的非公司制的经济组织。不包括有限责任公司中的国有独资公司。

集体企业: 指企业资产归集体所有,并按《中华人民共和国企业法人登记管理条例》规定登记注册的经济组织。

股份合作企业: 指以合作制为基础,由企业职工共同出资入股,吸收一定比例的社会资产投资组建,实行自主经营,自负盈亏,共同劳动,民主管理,按劳分配与按股分红相结合的一种集体经济组织。

联营企业: 指两个及两个以上相同或不同所有制性质的企业法人或事业单位法人,按自愿、平等、互利的原则,共同投资组成的经济组织。联营企业包括国有联营企业、集体联营企业、国有与集体联营企业和其他联营企业。

有限责任公司: 指根据《中华人民共和国公司登记管理条例》规定登记注册,由两个以上、五十个以下的股东共同出资,每个股东以其所认缴的出资额对公司承担有限责任,公司以其全部资产对其债务承担责任的经济组织。有限责任公司包括国有独资公司以及其他有限责任公司。

股份有限公司: 指根据《中华人民共和国公司登记管理条例》规定登记注册,其全部注册资本由等额股份构成并通过发行股票筹集资本,股东以其认购的股份对公司承担有限责任,公司以其全部资产对其债务承担责任的经济组织。

私营企业: 指由自然人投资设立或由自然人控股,以雇佣劳动为基础的营利性经济组织。包括按照《公司法》、《合伙企业法》、《私营企业暂行条例》规定登记注册的私营有限责任公司、私营股份有限公司、私营合伙企业和私营独资企业。

其他内资企业: 指上述企业之外的其他内资经济组织。

与港澳台商合资经营企业: 指港澳台地区投资者与内地企业依照《中华人民共和国中外合资经营企业法》及有关法律的规定,按合同规定的比例投资设立、分享利润和分担风险的企业。

与港澳台商合作经营企业: 指港澳台地区投资者与内地企业依照《中华人民共和国中外合作经营企业

法》及有关法律的规定，依照合作合同的约定进行投资或提供条件设立、分配利润和分担风险的企业。

港澳台商独资经营企业： 指依照《中华人民共和国外资企业法》及有关法律的规定，在内地由港澳台地区投资者全额投资设立的企业。

港澳台商投资股份有限公司： 指根据国家有关规定，经外经贸部依法批准设立，其中港、澳、台商的股本占公司注册资本的比例达25%以上的股份有限公司。凡其中港、澳、台商的股本占公司注册资本的比例小于25%的，属于内资企业中的股份有限公司。

中外合资经营企业： 指外国企业或外国人与中国内地企业依照《中华人民共和国中外合资经营企业法》及有关法律的规定，按合同规定的比例投资设立、分享利润和分担风险的企业。

3

国民经济核算

3-1 总产出

单位：万元、%

指　　标	按当年价格计算		按2010年不变价格计算		
	2016年	2015年	2016年	2015年	增长
总产出	1863941	1559279	1854371	1559279	18.9
第一产业	301798	291302	303164	291302	4.1
农　业	202300	202890	203215	202890	0.2
林　业	4823	4136	4845	4136	17.1
牧　业	70297	64182	70617	64182	10.0
渔　业	24378	20094	24488	20094	21.9
第二产业	889211	769456	889007	769456	15.5
工　业	536996	507016	536439	507016	5.8
采矿业	15240	28547	15226	28547	-46.7
制造业	488493	447634	487985	447634	9.0
电力、煤气及水的生产和供应业	33263	30835	33227	30835	7.8
建筑业	352215	262440	352568	262440	34.3
第三产业	672932	498521	662200	498521	32.8
农林牧渔服务业	29647	26326	28904	26326	9.8
交通运输、仓储及邮政业	100148	84331	99594	84331	18.1
批发和零售业	330811	234386	326207	234386	39.2
住宿和餐饮业	84297	40273	81945	40273	103.5
金融业	25059	19813	24568	19813	24.0
房地产业	10611	9758	10538	9758	8.0
租赁和商务服务业	6755	6245	6587	6245	5.5
科学研究、技术服务和地质勘查业	3408	3243	3343	3243	3.1
水利、环境和公共设施管理业	3834	3340	3759	3340	12.6
居民服务和其他服务业	10248	7331	9989	7331	36.3
教　育	16939	15973	16607	15973	4.0
卫生、社会保障和社会福利业	14803	14048	14513	14048	3.3
文化、体育和娱乐业	2557	2115	2494	2115	17.9
公共管理和社会组织	33815	31339	33152	31339	5.8

3-2 生产总值

单位：万元、%

指　　标	按当年价格计算		按可比价格计算		
	2016年	2015年	2016年	2015年	增长
生产总值	600487	523398	597528	523398	14.2
第一产业	113980	107749	114496	107749	6.3
农　业	82897	80972	83272	80972	2.8
林　业	1323	1108	1329	1108	19.9
牧　业	22432	19808	22534	19808	13.8
渔　业	7328	5861	7361	5861	25.6
第二产业	289170	255490	289039	255490	13.1
工　业	206400	194515	206186	194515	6.0
采矿业	7699	14501	7692	14501	-47.0
制造业	184769	167690	184577	167690	10.1
电力、煤气及水的生产和供应业	13932	12324	13917	12324	12.9
建筑业	82770	60975	82853	60975	35.9
第三产业	197337	160159	193993	160159	21.1
农林牧渔服务业	9019	8009	8793	8009	9.8
交通运输、仓储及邮政业	29248	24686	29086	24686	17.8
批发和零售业	55832	41227	55055	41227	33.5
住宿和餐饮业	22077	14008	21461	14008	53.2
金融业	15802	11898	15492	11898	30.2
房地产业	6048	5587	6006	5587	7.5
租赁和商务服务业	3529	3219	3441	3219	6.9
科学研究、技术服务和地质勘查业	1721	1612	1688	1612	4.7
水利、环境和公共设施管理业	1747	1535	1713	1535	11.6
居民服务和其他服务业	4243	3693	4136	3693	12.0
教　育	14168	13744	13890	13744	1.1
卫生、社会保障和社会福利业	12274	11673	12034	11673	3.1
文化、体育和娱乐业	1253	1018	1222	1018	20.0
公共管理和社会组织	20375	18250	19976	18250	9.5

3-3 生产总值构成项目

（2016年，按当年价计算）　　单位：万元

指　　标	增加值	劳动者报酬	生产税净额	固定资产折旧	营业盈余
生产总值	600487	274852	41867	64144	219624
第一产业	113980	79612	28	11224	23116
农　业	82897	56313		10093	16491
林　业	1323	1142	28	153	
牧　业	22432	17157		859	4416
渔　业	7328	5000		119	2209
第二产业	289170	111089	28973	33497	115611
工　业	206400	66663	19215	31521	89001
采矿业	7699	4028	3101	2571	-2001
制造业	184769	56784	17158	20812	90015
电力、煤气及水的生产和供应业	13932	5851	-1044	8138	987
建筑业	82770	44426	9758	1976	26610
第三产业	197337	84151	12866	19423	80897
农林牧渔服务业	9019	4517		1961	2541
交通运输、仓储及邮政业	29248	4412	4587	3637	16612
批发和零售业	55832	13735	4944	3019	34134
住宿和餐饮业	22077	10083	1049	1265	9680
金融业	15802	2670	765	719	11648
房地产业	6048	886	313	3494	1355
租赁和商务服务业	3529	979	839	97	1614
科学研究、技术服务和地质勘查业	1721	1319	160	18	224
水利、环境和公共设施管理业	1748	1914	57	150	-373
居民服务和其他服务业	4242	1273	151	241	2577
教　育	14168	12657		1511	
卫生、社会保障和社会福利业	12274	10728		661	885
文化、体育和娱乐业	1254	1180	1	73	
公共管理和社会组织	20375	17798		2577	

3-4 各团场生产总值和构成

单位：万元、%

单位	2016年				2015年			
	生产总值	第一产业增加值	第二产业增加值	第三产业增加值	生产总值	第一产业增加值	第二产业增加值	第三产业增加值
各团场合计	472772	113940	229011	129821	399202	107669	195129	96404
一八一团	70120	13299	35756	21065	56835	12558	30077	14200
一八二团	35993	9594	16179	10220	27278	9218	9341	8719
一八三团	82195	24568	36642	20985	70044	23049	32742	14253
一八四团	100613	32786	45938	21889	86952	31145	38115	17692
一八五团	16899	5592	2171	9136	13735	5254	1062	7419
一八六团	13715	2520	5702	5493	10438	2243	4864	3331
一八七团	53303	11697	29119	12487	44822	10950	25078	8794
一八八团	99934	13884	57504	28546	89098	13252	53850	21996

单位	2016年				2015年			
	生产总值构成	第一产业	第二产业	第三产业	生产总值构成	第一产业	第二产业	第三产业
各团场合计	100	24	48	28	100	27	49	24
一八一团	100	19	51	30	100	22	53	25
一八二团	100	27	45	28	100	34	34	32
一八三团	100	30	45	25	100	33	47	20
一八四团	100	32	46	22	100	36	44	20
一八五团	100	33	13	54	100	38	8	54
一八六团	100	18	42	40	100	21	47	32
一八七团	100	22	55	23	100	24	56	20
一八八团	100	14	57	29	100	15	60	25

3-5 分辖区生产总值

（2016年，当年价） 单位：万元

单　　位	生产总值	第一产业	第二产业	工业	建筑业	第三产业
总　计	600487	113980	289170	206400	82770	197337
一、北屯市（含3个团场）	353143	50189	174530	127722	46808	128424
北屯市（不含3个团场）	117711	40	51265	30592	20673	66406
天骄街道办	15029		3492	631	2861	11537
龙疆街道办	72777	40	33361	15966	17395	39376
军垦街道办	29905		14412	13995	417	15493
二、团场小计	472772	113940	229011	166914	62097	129821
一八一团	70120	13299	35756	26770	8986	21065
一八二团	35993	9594	16179	11116	5063	10220
一八三团	82195	24568	36642	27842	8800	20985
一八四团	100613	32786	45938	27000	18938	21889
一八五团	16899	5592	2171	1125	1046	9136
一八六团	13715	2520	5702	3773	1929	5493
一八七团	53303	11697	29119	20785	8334	12487
一八八团	99934	13884	57504	48503	9001	28546
三、屯南社区	10004		8894	8894		1110

3-6 历年生产总值

（按当年价计算）

单位：万元

年 份	生产总值	第一产业	第二产业			第三产业
				工 业	建筑业	
1953	42	32	6	6		4
1954	72	57	10	8	2	5
1955	94	63	21	16	5	10
1956	149	103	37	25	12	9
1957	162	101	53	36	17	8
1958	155	76	69	51	18	10
1959	272	40	215	190	25	17
1960	459	39	392	355	37	28
1961	378	62	262	214	48	54
1962	312	72	155	88	67	85
1963	503	113	240	149	91	150
1964	576	143	271	183	88	162
1965	1041	586	263	155	108	192
1966	1049	587	283	167	116	179
1967	916	464	268	155	113	184
1968	938	450	270	150	120	218
1969	1031	606	211	84	127	214
1970	1258	736	296	163	133	226
1971	1234	696	298	174	124	240
1972	1327	776	300	197	103	251
1973	1193	560	371	282	89	262
1974	1268	381	511	435	76	376
1975	1333	525	457	399	58	351
1976	1385	554	412	366	46	419
1977	1495	658	324	286	38	513
1978	2830	826	1460	1276	184	544
1979	3023	861	1617	1415	202	545
1980	3220	948	1634	1259	375	638
1981	3500	1167	1708	1440	268	625
1982	4279	1679	1813	1388	425	787
1983	4706	1655	2135	1751	384	916
1984	5669	2065	2372	1704	668	1232

3-6续表

单位:万元

年　份	生产总值	第一产业	第二产业			第三产业
				工　业	建筑业	
1985	5891	1745	2619	2114	505	1527
1986	6998	2376	2658	2162	496	1964
1987	7567	2793	2801	2203	598	1973
1988	9760	3934	3257	2493	764	2569
1989	10788	4178	3793	2978	815	2817
1990	10515	4227	3376	2503	873	2912
1991	10992	3663	3898	2852	1046	3431
1992	11896	3448	4553	3216	1337	3895
1993	12861	3858	4195	3362	833	4808
1994	17647	5221	6106	4893	1213	6320
1995	22122	7875	6635	5049	1586	7612
1996	22659	7782	7312	5579	1733	7565
1997	24344	9478	7126	5414	1712	7740
1998	27730	10879	7887	5936	1951	8964
1999	31134	10563	9570	6238	3332	11001
2000	34152	11739	10642	6453	4189	11771
2001	44868	14179	13526	7406	6120	17163
2002	53937	18057	16013	8762	7251	19867
2003	60832	21940	16450	10091	6359	22442
2004	71539	27624	19035	12576	6459	24880
2005	82323	33678	22376	15317	7059	26269
2006	87518	33594	24999	17325	7674	28925
2007	104064	39912	30513	21959	8554	33639
2008	124937	48416	37042	27743	9299	39479
2009	140631	53756	46436	35234	11202	40439
2010	170177	63202	62399	48100	14299	44576
2011	221823	74419	94068	70155	23913	53336
2012	291933	87735	137180	105541	31639	67018
2013	360918	95191	175781	130883	44898	89946
2014	443716	99937	220405	168899	51506	123374
2015	523398	107749	255490	194515	60975	160159
2016	600487	113980	289170	206400	82770	197337

3-7 历年生产总值构成

(按当年价计算)

单位:%

年 份	生产总值	第一产业	第二产业	工 业	建筑业	第三产业
1953	100	76	14	100		10
1954	100	79	14	80	20	7
1955	100	67	22	76	24	11
1956	100	69	25	68	32	6
1957	100	62	33	68	32	5
1958	100	49	45	74	26	6
1959	100	15	79	88	12	6
1960	100	8	85	91	9	6
1961	100	16	69	82	18	14
1962	100	23	50	57	43	27
1963	100	22	48	62	38	30
1964	100	25	47	68	32	28
1965	100	56	25	59	41	19
1966	100	56	27	59	41	17
1967	100	51	29	58	42	20
1968	100	48	29	56	44	23
1969	100	59	20	40	60	21
1970	100	59	24	55	45	18
1971	100	56	24	58	42	19
1972	100	58	23	66	34	19
1973	100	47	31	76	24	22
1974	100	30	40	85	15	30
1975	100	39	34	87	13	26
1976	100	40	30	89	11	30
1977	100	44	22	88	12	34
1978	100	29	52	87	13	19
1979	100	29	53	88	12	18
1980	100	29	51	77	23	20
1981	100	33	49	84	16	18
1982	100	39	43	77	23	18
1983	100	35	45	82	18	20
1984	100	36	42	72	28	22

3-7续表

单位:%

年　份	生产总值	第一产业	第二产业			第三产业
				工　业	建筑业	
1985	100	30	44	81	19	26
1986	100	34	38	81	19	28
1987	100	37	37	79	21	26
1988	100	40	34	77	23	26
1989	100	39	35	79	21	26
1990	100	40	32	74	26	28
1991	100	33	36	73	27	31
1992	100	29	38	71	29	33
1993	100	30	33	80	20	37
1994	100	29	35	80	20	36
1995	100	36	30	76	24	34
1996	100	34	32	76	24	34
1997	100	39	29	76	24	32
1998	100	39	28	75	25	33
1999	100	34	31	65	35	35
2000	100	34	31	61	39	35
2001	100	32	30	55	45	38
2002	100	33	30	55	45	37
2003	100	36	27	61	39	37
2004	100	39	27	66	34	34
2005	100	41	27	68	32	32
2006	100	38	29	69	31	33
2007	100	39	29	72	28	32
2008	100	39	30	75	25	31
2009	100	38	33	76	24	29
2010	100	37	37	77	23	26
2011	100	34	42	75	25	24
2012	100	30	47	77	23	23
2013	100	26	49	74	26	25
2014	100	23	50	77	23	27
2015	100	20	49	76	24	31
2016	100	19	48	71	29	33

3-8 历年不变价生产总值

单位:万元

年 份	生产总值	第一产业	第二产业	工 业	建筑业	第三产业
1953	85	70	9	9		6
1954	150	126	16	13	3	8
1955	188	139	33	26	7	16
1956	299	227	58	40	18	14
1957	318	223	83	58	25	12
1958	270	157	99	75	24	14
1959	307	45	243	217	26	19
1960	363	42	290	251	39	31
1961	326	66	201	151	50	59
1962	303	77	132	62	70	94
1963	487	121	200	105	95	166
1964	554	154	221	129	92	179
1965	1850	1214	371	228	143	265
1966	1861	1216	398	245	153	247
1967	1591	961	377	228	149	253
1968	1612	932	380	221	159	300
1969	1840	1255	291	123	168	294
1970	1924	1211	406	230	176	307
1971	1880	1145	409	245	164	326
1972	2029	1276	413	277	136	340
1973	1790	921	514	397	117	355
1974	1849	626	713	613	100	510
1975	1978	863	639	563	76	476
1976	2056	911	576	516	60	569
1977	2231	1082	453	403	50	696
1978	4127	1571	1928	1706	222	628
1979	4404	1638	2136	1892	244	630
1980	4641	1908	2062	1684	378	671
1981	5374	2522	2195	1925	270	657
1982	6028	3049	2152	1724	428	827
1983	6575	3006	2561	2174	387	1008
1984	7883	3713	2790	2116	674	1380

3-8续表1

单位:万元

年　份	生产总值	第一产业	第二产业			第三产业
				工　业	建筑业	
1985	8231	3170	3260	2750	510	1801
1986	9509	4005	3315	2817	498	2189
1987	10158	4374	3586	2986	600	2198
1988	11085	4569	3643	2878	765	2873
1989	11599	4753	4044	3227	817	2802
1990	11386	4809	3665	2792	873	2912
1991	10906	4004	3814	2923	891	3088
1992	11553	3514	4875	3221	1654	3164
1993	11099	3514	3928	3255	673	3657
1994	12159	3565	4733	3922	811	3861
1995	13161	4313	4455	3402	1053	4393
1996	12899	4040	4953	3871	1082	3906
1997	13194	4827	4269	3419	850	4098
1998	14627	5534	4566	3589	977	4527
1999	17097	5874	5678	3998	1680	5545
2000	19859	6512	6949	4574	2375	6398
2001	23721	7388	8449	5336	3113	7884
2002	27605	8467	9344	5964	3380	9794
2003	31374	10108	9876	6596	3280	11390
2004	34768	11118	11169	7995	3174	12481
2005	38158	12670	13045	9674	3371	12443
2006	39929	12464	14079	10492	3587	13386
2007	43802	13623	15191	11400	3791	14988
2008	48401	15257	16527	13075	3616	16531
2009	54015	16675	20873	17363	3510	16467
2010	62063	17542	28617	23857	4760	17257
2011	74476	18734	40555	33113	7216	18706
2012	94361	20307	58561	49338	9409	22428
2013	108986	21302	71386	60883	10980	25725
2014	129802	23155	89089	78721	11847	30098
2015	152776	24937	104055	92575	13422	38706
2016	174470	26508	117686	98129	18240	46872

注:1990可比价计算,仅限用于计算增长速度。

主要统计指标解释

国内生产总值(GDP)： 指按市场价格计算的一个国家(或地区)所有常住单位在一定时期内生产活动的最终成果。国内生产总值有三种表现形态,即价值形态、收入形态和产品形态。从价值形态看,它是所有常住单位在一定时期内生产的全部货物和服务价值超过同期投入的全部非固定资产货物和服务价值的差额,即所有常住单位的增加值之和;从收入形态看,它是所有常住单位在一定时期内创造并分配给常住单位和非常住单位的初次收入之和;从产品形态看,它是所有常住单位在一定时期内最终使用的货物和服务价值减去货物和服务进口价值。在实际核算中,国内生产总值有三种计算方法,即生产法、收入法和支出法。三种方法分别从不同的方面反映国内生产总值及其构成。

按生产法核算,生产总值等于三次产业增加值(总产出-中间投入)之和。按支出法核算,包括最终消费、资本形成总额及货物和服务进出口三部分。按收入法核算,包括劳动者报酬、生产税净额、固定资产折旧和营业盈余四部分。

三次产业： 三次产业的划分是世界上较为常用的产业结构分类,但各国的划分不尽一致。我国的三次产业划分是:

第一产业是指农、林、牧、渔业。

第二产业是指采矿业、制造业、电力、煤气及水的生产和供应业,建筑业。

第三产业是指除第一、二产业以外的其他行业。

生产总值的核算方法： 生产总值的三种表现形态在实际核算中形成了不同的核算方法,即生产法、收入法、支出法。按生产法核算,生产总值等于三次产业增加值(总产出-中间投入)之和。按支出法核算,包括最终消费、资本形成总额及货物和服务进出口三部分。按收入法核算,包括劳动者报酬、生产税净额、固定资产折旧和营业盈余四部分。

劳动者报酬： 指劳动者因从事生产活动所获得的全部报酬。包括劳动者获得的各种形式的工资、奖金和津贴,既包括货币形式的,也包括实物形式的,还包括劳动者所享受的公费医疗和医药卫生费、上下班交通补贴、单位支付的社会保险费、住房公积金等。对于个体经济来说,其所有者获得的劳动报酬和经营利润不易区分,这两部分统一作为劳动者报酬处理。

生产税净额： 指生产税减生产补贴后的余额。生产税指政府对生产单位从事生产、销售和经营活动以及因从事生产活动使用某些生产要素(如固定资产、土地、劳动力)所征收的各种税、附加费和规费。生产补贴与生产税相反,指政府对生产单位的单方面转移支出,因此视为负生产税,包括政策亏损补贴、价格补贴等。

固定资产折旧： 指一定时期内为弥补固定资产损耗按照规定的固定资产折旧率提取的固定资产折旧,或按国民经济核算统一规定的折旧率虚拟计算的固定资产折旧。它反映了固定资产在当期生产中的转移价值。各类企业和企业化管理的事业单位的固定资产折旧是指实际计提的折旧费;不计提折旧的政府机关、非企业化管理的事业单位和居民住房的固定资产折旧是按照统一规定的折旧率和固定资产原值计算的虚拟折旧。原则上,固定资产折旧应按固定资产当期的重置价值计算,但是目前我国尚不具备对全社会固定资产进行重估价的基础,所以暂时只能采用上述办法。

营业盈余: 指常住单位创造的增加值扣除劳动者报酬、生产税净额和固定资产折旧后的余额。它相当于企业的营业利润加上生产补贴,但要扣除从利润中开支的工资和福利等。

当年价格: 又叫现价,指报告期的实际价格,如工厂的出厂价格,农产品的收购价格,商业的零售价格等。按当年价格计算,是指一些以货币表现的物量指标,按照当年的实际价格来计算总量。使用当年价格,是为了使国民经济各项指标互相衔接,便于考察当年社会经济效益,便于对生产和流通、生产和分配、生产和消费进行经济核算和综合平衡。

可比价格: 指在不同时期的价值指标对比时,扣除了价格变动的因素,以确切表示物量的变化。按可比价格计算有两种方法:一是直接按产品产量乘其不变价格计算;一种是用物价指数换算。

发展速度: 是表明社会经济现象发展程度的相对指标,它是根据两个不同时期发展水平对比而得,说明报告期水平已发展到(或增加到)基期水平的若干倍(或百分之几)。其计算公式为:

发展速度=报告期水平/基期水平

增长速度: 是表明社会现象增长程度的相对指标,它可以根据增长量与其基期水平对比求得,说明报告期水平比基期水平增加了若干倍(或百分之几)。其计算公式为:

增长速度=增长量/基期水平

或:增长速度=发展速度-1(或100%)

平均增长速度: 我国计算平均增长速度有两种方法:一种是习惯上经常使用的"水平法",又称几何平均法,是以间隔期最后一年的水平同基期水平对比来计算平均每年增长(或下降)速度;另一种是"累计法",又称代数平均法或方程法,是以间隔期内各年水平的总和同基期水平对比来计算平均每年增长(或下降)速度。在一般正常情况下,两种方法计算的平均每年增长速度比较接近;但在经济发展不平衡、出现大起大落时,两种方法计算的结果差别较大。

贡献率: 是分析经济效益的一个指标。它是指有效或有用成果数量与资源消耗及占用量之比,即产出量与投入量之比,或所得量与所费量之比。计算公式为:

贡献率=贡献量(产出量,所得量)/投入量(消耗量,占用量)×100%

贡献率也用于分析经济增长中各因素作用大小的程度。计算方法是:

贡献率=某因素贡献量(增量或增长程度)/总贡献量(总增量或增长程度)×100%

上式实际上是指某因素的增长量(程度)占总增长量(程度)的比重。举例说明如下:

总资产贡献率=(利润总额+税金总额+利息支出)/平均资产总额×100%

社会贡献率=社会贡献总额/平均资产总额×100%

社会贡献总额包括工资、劳保退休统筹及其他社会福利支出、利息支出净额、应交增值税、产品销售税金及附加、应交所得税及其他税、净利润等。为了反映企业对国家所作贡献的程度,可按上述原则计算贡献率。

企业对国家的贡献率=(税金总额+上缴利润)/社会贡献总额×100%

技术进步对产出增长速度的贡献率=技术进步速度/产出增长速度×100%

上式贡献率越大则表明技术进步对经济增长的贡献和作用就越大,反之则小。

各产业贡献率: 第一、二、三产业增量与国内生产总值增量之比,即为各产业的贡献率。

如:第三产业贡献率=第三产业当年增量/国内生产总值当年增量×100%

应该注意的是,计算各产业贡献率时应剔除价格变动因素,分子、分母均用可比价格的增量计算。

4

人口与就业

4-1 年末人口数

单位:户、人、%

指　标	2016年	2015年	2016年比2015年增长
总户数	36075	34778	3.7
总人口	94017	88805	5.9
按性别分			
男	48790	46303	5.4
女	45227	42502	6.4
按农业、非农业分			
农业人口	19331	20150	-4.1
非农业人口	74686	68655	8.8
按民族分			
汉族	91332	86180	6.0
维吾尔族	146	137	6.6
哈萨克族	741	704	5.3
回族	1298	1296	0.2
蒙古族	99	103	-3.9
其他民族	401	385	4.2
出生人口	418	314	33.1
死亡人口	285	277	2.9
迁入人口	9606	10024	-4.2
省内迁入	7378	8010	-7.9
省外迁入	2228	2014	10.6
迁出人口	4527	7591	-40.4
迁到省内	4032	7302	-44.8
迁到省外	495	289	71.3
人口出生率(‰)	4.57	3.59	—
#汉　族	4.48	3.47	—
人口死亡率(‰)	3.12	3.16	—
#汉　族	3.12	3.1	—
人口自然增率(‰)	1.45	0.42	—
#汉　族	1.36	0.38	—

4-2 按单位分年末人口数

（2016年） 单位：户、人、%

单位	总户数	总人口			性别比（女性=100）
		合计	男	女	
总计	36075	94017	48790	45227	107.9
一八一团	3509	10263	5329	4934	108.0
一八二团	1895	5151	2760	2391	115.4
一八三团	3171	8393	4424	3969	111.5
一八四团	2471	7107	3841	3266	117.6
一八五团	1140	3256	1809	1447	125.0
一八六团	957	2556	1369	1187	115.3
一八七团	2380	6358	3432	2926	117.3
一八八团	3981	10513	5178	5335	97.1
新疆屯南煤业有限责任公司	678	1503	876	627	139.7
北屯矿业有限责任公司	3	20	19	1	1900.0
第十师膨润土有限责任公司	111	220	153	67	228.4
新疆乔尔玛食品有限责任公司	1	5	3	2	150.0
北屯正大农牧业有限责任公司	6	18	12	6	200.0
北屯汇祥油脂工贸有限责任公司	6	10	5	5	100.0
新疆北屯油脂化工有限责任公司	135	230	145	85	170.6
北屯市鑫昌盛油脂化工有限公司	9	21	10	11	90.9
北屯额河草原食品有限责任公司	169	257	108	149	72.5
北屯市海波渔业有限公司	1	4	2	2	100.0
新疆大罗素马铃薯制品有限公司	75	166	70	96	72.9
新疆金葛天然生物科技有限公司	4	13	7	6	116.7
好丽友（北屯）农业科技发展有限公司	73	251	125	126	99.2
新疆汇祥农业发展有限公司	86	400	216	184	117.4
北屯市阿山家园农副产品专业合作社	1	5	2	3	66.7
新疆北屯市海川葵庄食品有限责任公司	6	17	8	9	88.9
北屯市双华挂面有限责任公司	1	2	1	1	100.0
北屯市南湖湾食品有限公司	2	5	2	3	66.7
北屯市蒙可乳业有限公司	2	5	3	2	150.0
北屯市惠通农业食品加工有限公司	2	5	2	3	66.7
北屯市金驼绒业制品有限公司	2	6	3	3	100.0
新疆阿勒泰市北屯皮革有限责任公司	1	3	1	2	50.0
北屯市新佳辉皮革有限公司		4	2	2	100.0
北屯市苇业有限责任公司	47	71	34	37	91.9
北屯弘扬造纸厂	1	5	2	3	66.7
新疆海之蓝包装有限公司	2	5	1	4	25.0

4-2续表1 单位:户、人、%

单位	总户数	总人口			性别比（女性=100）
		合计	男	女	
北屯方正包装有限责任公司	1	3	1	2	50.0
北屯晟彩印刷有限公司	31	75	38	37	102.7
新疆润之珠宝有限责任公司	2	4	2	2	100.0
阿勒泰晨牛旅游工艺品有限公司	21	40	20	20	100.0
北屯市丰庆精艺手工制作专业合作社	2	5	2	3	66.7
新疆北屯慧尔肥业有限责任公司	12	32	15	17	88.2
北屯市保地循环经济有限公司		6	4	2	200.0
北屯好德丽新材料科技有限公司	10	27	19	8	237.5
北屯市恒沣节水设备有限公司	2	8	5	3	166.7
北屯水韵华节水有限公司	10	22	13	9	144.4
北屯市金宝源建材有限公司	2	7	5	2	250.0
北屯金桦林节水设备有限公司	10	32	18	14	128.6
北屯市天川建材有限责任公司	21	52	27	25	108.0
北屯国俊塑业有限公司	6	13	5	8	62.5
北屯市顺峰建材有限公司	1	3	1	2	50.0
北屯市七彩建材有限公司	5	12	6	6	100.0
新疆大屯北业商品混凝土有限责任公司	3	8	4	4	100.0
北屯青松南岗建材有限责任公司		7	6	1	600.0
新疆屯鑫建材有限责任公司	5	15	8	7	114.3
北屯市剑强建材有限责任公司	10	17	12	5	240.0
北屯玉龙商品混凝土有限公司	1	8	6	2	300.0
北屯市天石混凝土有限责任公司	2	5	2	3	66.7
北屯市亚通科技发展有限责任公司	5	12	8	4	200.0
北屯市海天轻质隔墙板有限公司	2	6	3	3	100.0
北屯市阳光科技建材有限公司	1	7	5	2	250.0
北屯市廷刚新型建材有限公司	1	6	4	2	200.0
北屯市新康美义齿技术有限公司	1	4	2	2	100.0
北屯利德云母制品厂	2	7	4	3	133.3
北屯市中新石英石有限公司	2	4	2	2	100.0
北屯市蜀森金属制品有限公司	2	9	6	3	200.0
北屯市帅通管业有限公司	4	11	6	5	120.0
北屯市光辉建材有限责任公司	2	7	3	4	75.0
新疆双亚昇农业植保科技发展有限公司	1	4	2	2	100.0
北屯金璞机械制造有限公司	5	14	8	6	133.3
北屯市腾云节水设备有限公司	7	20	12	8	150.0

4-2续表2

单位:户、人、%

单　　位	总户数	总人口			性别比(女性=100)
		合　计	男	女	
阿勒泰新华能电气有限公司	40	53	28	25	112.0
北屯市中奥灯具有限公司	2	6	3	3	100.0
中机国能北屯发电有限公司		6	6		
新疆兵团农十师屯鑫能源开发有限公司	93	202	145	57	254.4
北屯市得仁供热有限公司	12	58	38	20	190.0
新疆北屯电力工业有限公司	210	678	357	321	111.2
北屯市虹大风力发电有限公司	8	13	9	4	225.0
北屯市友源风力发电有限公司	3	8	4	4	100.0
北屯市枫煜风能开发有限公司	5	12	8	4	200.0
北屯市高科新能源科技有限公司	8	22	13	9	144.4
北屯市丝路新能源有限公司	2	7	7		
北屯市天宇新能源有限公司	3	9	4	5	80.0
北屯市恒基光能新能源投资有限公司	3	10	5	5	100.0
北屯市天一新能源开发投资有限公司	2	4	2	2	100.0
北屯聚能光电有限公司	1	3	1	2	50.0
中广核太阳能北屯有限公司	1	2	1	1	100.0
北屯恒昇光电有限公司	1	3	1	2	50.0
北屯市乾阳新能源有限公司	2	3	1	2	50.0
北屯市旭蓝新能源科技有限公司	1	3	2	1	200.0
新疆屯富热电有限责任公司	105	240	167	73	228.8
北屯热力有限责任公司	13	44	23	21	109.5
北屯西区供热有限责任公司	36	71	42	29	144.8
北屯市北燃天然气有限公司	1	3	2	1	200.0
北屯市广捷鑫泽然气有限公司	2	8	5	3	166.7
十师北屯绿环供排水公司	89	202	102	100	102.0
新疆北屯第一建筑安装工程有限责任公司	63	226	130	96	135.4
新疆新泰鸿基建设工程有限公司	2	7	3	4	75.0
新疆金盛元建设工程有限公司	4	23	19	4	475.0
北屯利龙建筑安装有限责任公司	100	226	114	112	101.8
北屯万佳建筑安装有限责任公司	83	201	101	100	101.0
新疆中泰德盈建筑工程有限公司	4	10	5	5	100.0
北屯市天佑市政工程有限公司	40	88	52	36	144.4
新疆德汇源建设工程有限公司	1	5	3	2	150.0
新疆水源地市政工程有限公司	6	20	11	9	122.2
北屯市安庆市政工程建设有限责任公司	2	6	3	3	100.0

4-2续表3

单位:户、人、%

单　　位	总户数	总人口			性别比（女性=100）
		合　计	男	女	
北屯交通建设有限公司	40	85	72	13	553.8
新疆屯中市政工程有限公司	2	8	5	3	166.7
北屯市北新路桥城市建设发展有限公司	3	8	4	4	100.0
新疆禹王工建筑工程有限公司	31	80	40	40	100.0
北屯市昌盛水利工程有限责任公司	2	4	2	2	100.0
北屯山河工程机械有限公司	6	15	7	8	87.5
北屯电力工程安装有限责任公司	38	69	43	26	165.4
北屯农十师工程安装公司	2	5	2	3	66.7
北屯市得仁工程安装有限公司	1	3	1	2	50.0
北屯市振铠安装有限责任公司	1	4	3	1	300.0
北屯市传富工程安装有限公司	9	28	17	11	154.5
新疆北行工程建设有限公司	3	6	2	4	50.0
北屯市红苹果装饰有限责任公司	3	8	3	5	60.0
北屯市鼎尚装饰有限责任公司	3	8	3	5	60.0
北屯市嘉林装饰设计有限公司	3	7	3	4	75.0
北屯市绿草地装修设计有限责任公司	9	25	12	13	92.3
北屯市正杰装饰工程有限公司	2	5	3	2	150.0
北屯市鸿佳装饰设计有限公司	1	3	2	1	200.0
北屯市新世纪美星装饰设计有限公司	2	6	3	3	100.0
北屯市中坤装饰工程有限责任公司	1	4	2	2	100.0
北屯市万福装修有限公司	2	5	2	3	66.7
北屯市好兄弟装饰工程有限公司	1	5	2	3	66.7
北屯市金龙建筑工程有限公司	1	4	2	2	100.0
北屯市方城拆迁施工有限公司	1	5	3	2	150.0
北屯市恒瑞渣土有限公司	2	10	7	3	233.3
北屯市吉泰商贸有限责任公司	2	8	5	3	166.7
北屯市秭鑫商贸有限责任公司	1	3	1	2	50.0
北屯创丰农副产品有限责任公司	2	5	2	3	66.7
北屯天韵商贸有限公司	1	9	5	4	125.0
北屯小二农资有限责任公司	1	2	1	1	100.0
北屯丰庆远大农业有限责任公司	1	5	3	2	150.0
北屯明达农贸有限公司	1	3	2	1	200.0
北屯喜农农资有限公司	2	8	5	3	166.7
北屯市天叶农业生产资料有限公司	2	5	3	2	150.0
北屯农十师瑞佳农业科技有限责任公司	5	10	6	4	150.0

4-2续表4

单位:户、人、%

单　　位	总户数	总人口			性别比（女性=100）
		合　计	男	女	
北屯市乐享生活食品有限责任公司	2	5	3	2	150.0
北屯市兆海机械租赁有限公司		4	4		
北屯市惠佳商贸有限责任公司	7	15	8	7	114.3
北屯惠农农副产品农民专业合作社	6	12	7	5	140.0
北屯市惠仁医药有限责任公司	15	48	29	19	152.6
北屯市绿色阳光药材有限公司	2	4	2	2	100.0
北屯市富凯隆商贸有限公司	2	5	1	4	25.0
北屯惠通煤炭销售有限责任公司	6	17	10	7	142.9
北屯市兴峰汽车贸易有限公司		4	2	2	100.0
北屯市玉门商贸有限责任公司	2	9	4	5	80.0
北屯广先矿业发展有限公司	2	5	4	1	400.0
新疆冠群钢铁有限公司	1	5	3	2	150.0
北屯华驰建材有限公司	3	8	5	3	166.7
北屯市得仁建材有限公司	2	8	4	4	100.0
北屯市耀程贸易有限公司	1	3	2	1	200.0
新疆浩宇希望商业投资有限责任公司	2	4	2	2	100.0
新疆久弘钢铁有限公司	13	30	16	14	114.3
北屯市天泰物资有限公司		3	3		
北屯市金磊建材有限责任公司	1	3	2	1	200.0
北屯幸北建材有限公司	2	8	5	3	166.7
新疆亚华贸易有限公司	2	5	2	3	66.7
北屯市利池商贸有限公司		3	2	1	200.0
北屯市益鑫物资有限公司	1	4	2	2	100.0
北屯市翊帆风顺建材租赁有限责任公司	2	5	2	3	66.7
北屯市迎鑫建材有限责任公司	2	4	2	2	100.0
北屯市金土地农业开发有限公司	10	24	13	11	118.2
新疆北屯众信惠民农资有限公司	1	3	3		
供销合作公司	1127	2305	1081	1224	88.3
阿勒泰地区新川肥业有限责任公司	2	8	4	4	100.0
北屯源田农资有限公司	2	8	4	4	100.0
北屯稼佳乐农业开发有限责任公司	3	12	4	8	50.0
北屯华润康农资有限公司	3	15	9	6	150.0
北屯益鸣农资有限责任公司	2	7	3	4	75.0
北屯丰田农资有限责任公司	1	4	2	2	100.0
北屯准噶尔农业生产资料有限责任公司	4	15	5	10	50.0

4-2续表5

单位:户、人、%

单 位	总户数	总人口			性别比（女性=100）
		合 计	男	女	
北屯市新原农业科技有限责任公司		3	2	1	200.0
北屯市国帆农业科技有限责任公司	1	2	1	1	100.0
新疆北屯市农科天翼农林植保专业合作社		3	2	1	200.0
北屯市双亚农牧科技植保专业合作社	2	3	1	2	50.0
北屯市振丰农资有限公司	1	3	1	2	50.0
北屯市锋玥农资有限公司	1	3	2	1	200.0
北屯市惠安农业发展有限公司	2	4	2	2	100.0
北屯市得仁鑫禾丰农业有限责任公司	1	3	1	2	50.0
北屯鑫盛农贸有限责任公司	1	3	2	1	200.0
北屯民乐农业农民专业合作社	2	4	2	2	100.0
北屯恒宇农资有限公司	1	3	1	2	50.0
北屯冠祥农资有限责任公司	1	4	2	2	100.0
北屯市润民农资有限公司	1	3	2	1	200.0
北屯富润农业科技服务有限责任公司	1	3	1	2	50.0
北屯金戈农资农民专业合作社	2	4	3	1	300.0
北屯新希望农资有限责任公司	2	5	3	2	150.0
新疆天地禾农业有限公司	2	5	1	4	25.0
北屯市金山农机专业合作社	1	2	1	1	100.0
北屯胜平农业农民专业合作社	1	4	2	2	100.0
北屯市天行润洁化工科技有限公司	1	3	1	2	50.0
北屯迦南机械商贸有限责任公司	2	6	4	2	200.0
北屯市发达农机有限公司	4	9	5	4	125.0
新疆东方动力商贸有限公司	2	8	4	4	100.0
北屯龙云农机销售有限公司	8	20	10	10	100.0
阿勒泰鸿宇贸易有限公司	3	8	3	5	60.0
北屯北达农机有限责任公司	4	9	5	4	125.0
北屯圣源机械商贸有限责任公司	4	13	8	5	160.0
北屯市通达商贸有限公司	5	18	8	10	80.0
阿勒泰瑞丰机械物资机电有限责任公司	2	6	3	3	100.0
北屯市启航贸易有限公司	10	26	16	10	160.0
北屯市金拓农机有限公司	4	13	7	6	116.7
新疆美丽田野贸易有限公司	6	12	5	7	71.4
北屯北方机械厂	1	5	2	3	66.7
北屯市义弘汽车贸易有限公司	2	4	1	3	33.3
北屯市金盛坤汽车销售服务有限公司	2	7	3	4	75.0

4-2续表6 单位:户、人、%

单位	总户数	总人口			性别比（女性=100）
		合计	男	女	
北屯市盛唐汽车贸易有限公司	3	8	4	4	100.0
阿勒泰地区澳科贸易有限责任公司	8	20	9	11	81.8
北屯市富鸿达汽车贸易有限责任公司	2	6	3	3	100.0
北屯市道阖天擎贸易有限公司	1	4	2	2	100.0
北屯市鑫源商贸有限公司	2	5	2	3	66.7
北屯市迪盛新能源有限公司	2	5	2	3	66.7
北屯市智路达商贸有限公司	3	6	2	4	50.0
北屯中亚商贸有限责任公司	2	10	6	4	150.0
新疆众合兴盛机械设备有限公司	2	4	2	2	100.0
新疆万鸿升国际贸易有限公司	1	3	2	1	200.0
新疆金鑫鑫环保设备有限公司	5	18	10	8	125.0
北屯徐工工程机械有限公司	2	6	3	3	100.0
北屯市力安消防器材有限公司	1	3	2	1	200.0
北屯市博辉安防信息技术有限公司	1	4	2	2	100.0
北屯市容凯供水成套设备有限公司	12	25	12	13	92.3
北屯市德仁现代农业有限公司	5	12	7	5	140.0
北屯市美智外贸有限公司	2	7	4	3	133.3
北屯市北方豪达贸易有限公司	2	4	2	2	100.0
北屯市维度信息科技有限公司	1	3	1	2	50.0
新疆丝路北站电子商务有限责任公司	2	3	1	2	50.0
北屯市万兴国际贸易有限公司	1	3	1	2	50.0
北屯市云汇电子商务有限公司	2	4	2	2	100.0
北屯市快易点电子商务有限责任公司	1	3	2	1	200.0
北屯市北青电子商务有限公司	1	3	1	2	50.0
新疆上合豫新国际贸易有限公司	2	6	3	3	100.0
北屯市旭晟对外经济贸易有限公司	1	4	2	2	100.0
新疆北通道进出口贸易有限公司	2	5	2	3	66.7
北屯市大方外贸有限责任公司	2	4	2	2	100.0
北屯市瑞驰商业投资有限责任公司	2	4	2	2	100.0
新疆中钧供应链有限公司	2	5	2	3	66.7
北屯市宏伟药业有限公司	4	11	6	5	120.0
北屯市边疆锦盛进出口贸易有限公司	1	3	2	1	200.0
北屯市恒润农贸有限公司	14	47	32	15	213.3
北屯市好家园超市有限公司	8	20	10	10	100.0
北屯利佳商行	1	3	2	1	200.0

4-2续表7　　　　单位:户、人、%

单　　　位	总户数	总人口			性别比（女性=100）
		合　计	男	女	
北屯德晟达对外经济贸易有限公司	3	10	7	3	233.3
北屯市万宏贸易有限公司	4	12	7	5	140.0
北屯恒裕沣国际贸易有限公司	10	20	9	11	81.8
北屯市华迅贸易有限公司	1	5	3	2	150.0
北屯市益铭商贸有限公司	1	3	1	2	50.0
北屯新联商贸有限公司	3	8	4	4	100.0
北屯安吉食品批发商行	1	3	2	1	200.0
北屯德利发商行	1	3	1	2	50.0
北屯市好利安商贸有限责任公司	8	25	10	15	66.7
北屯诚信商贸有限责任公司	1	2	1	1	100.0
北屯市永利商贸有限公司	1	4	2	2	100.0
新疆华睿博业国际贸易有限责任公司	2	6	4	2	200.0
北屯市俊发金街商贸有限责任公司	7	26	12	14	85.7
北屯福玲贸易有限公司	1	4	2	2	100.0
北屯市哈吉斯贸易商行	1	2	1	1	100.0
新疆鸿源天浩商贸有限公司		2	2		
北屯市百上恒发商贸有限公司	1	3	1	2	50.0
北屯宝山粮油批发部	2	5	2	3	66.7
北屯市鑫璞蔬菜种植专业合作社	1	3	1	2	50.0
新疆额河明珠商贸有限公司	2	4	2	2	100.0
北屯北冰洋特有鱼类有限责任公司	2	6	3	3	100.0
北屯市东阳商贸有限公司	3	8	5	3	166.7
新疆凯丽时尚商贸有限公司	16	45	18	27	66.7
北屯市风笛服饰店	2	4	1	3	33.3
北屯市福江电子商务贸易有限公司		2	2		
北屯金岩商贸有限责任公司	4	6	3	3	100.0
北屯市北漠旅游开发有限公司	1	3	2	1	200.0
北屯天合汽车贸易有限公司	3	7	3	4	75.0
北屯博远汽车贸易有限公司	1	3	1	2	50.0
阿勒泰辰丰汽车销售服务有限公司	3	8	5	3	166.7
阿勒泰地区新阳光汽车贸易有限公司	5	12	6	6	100.0
北屯市北云峰汽车销售服务有限公司	3	8	5	3	166.7
新疆润信通汽车贸易有限责任公司	7	15	8	7	114.3
神州物流园工程建筑机械有限责任公司	1	3	3		
北屯鑫众和汽车销售有限责任公司	2	5	3	2	150.0

4-2续表8

单位:户、人、%

单　　位	总户数	总人口			性别比（女性=100）
		合　计	男	女	
新疆豫鑫隆汽车贸易有限公司	2	13	5	8	62.5
北屯鑫丰众汇汽车销售有限公司	5	9	4	5	80.0
北屯欣齐燃气有限责任公司	5	10	6	4	150.0
北屯市九洲兴城商贸有限公司	3	9	5	4	125.0
北屯得仁公共交通有限责任公司	102	124	79	45	175.6
阿勒泰海天旅客运输有限公司	200	370	242	128	189.1
北屯旅客运输有限公司	153	380	197	183	107.7
新疆得仁连接物流有限责任公司	8	28	15	13	115.4
公路养护管理所	12	16	7	9	77.8
北屯连接路桥装卸有限公司	5	9	6	3	200.0
新疆北屯宾馆	65	141	60	81	74.1
北屯市阳光商务酒店有限公司	7	12	4	8	50.0
北屯市迅豪国际大酒店有限公司	11	36	24	12	200.0
北屯得仁山大酒店有限责任公司	15	42	20	22	90.9
北屯龙凤餐饮有限公司	12	27	13	14	92.9
新弿北屯饭店	10	25	8	17	47.1
北屯国民村镇银行有限责任公司	54	125	62	63	98.4
北屯农村信用合作联社	65	127	62	65	95.4
北屯市凯宏房地产开发有限公司	5	11	6	5	120.0
北屯苏锡常润房地产开发有限公司	13	33	22	11	200.0
北屯俊发房地产开发有限公司	8	18	9	9	100.0
北屯市新世纪房地产开发有限公司	4	16	7	9	77.8
新疆华旦房地产开发有限公司	18	29	15	14	107.1
新疆正茂源房地产开发有限责任公司	3	8	3	5	60.0
北屯市宏汇百盛房地产开发有限公司	12	30	12	18	66.7
北屯市金山房地产开发有限公司	1	5	4	1	400.0
新疆屯富鸿源房地产开发有限公司	2	5	2	3	66.7
北屯市兴泰房地产开发有限公司	6	20	14	6	233.3
新疆北屯振北房地产开发有限责任公司	4	26	11	15	73.3
北屯九千房地产开发有限责任公司	9	11	4	7	57.1
新疆方大房地产开发有限公司	1	3	1	2	50.0
阿勒泰嘉瑞房地产开发有限责任公司	3	11	4	7	57.1
北屯北方置业房地产开发有限公司	2	2		2	
北屯腾辉物业有限公司	3	15	7	8	87.5
北屯市房屋交易中心	8	14	5	9	55.6

4-2续表9

单位:户、人、%

单位	总户数	总人口			性别比（女性=100）
		合计	男	女	
北屯市海川机械设备发展有限责任公司	2	6	3	3	100.0
北屯市康润机械设备发展有限公司	2	5	3	2	150.0
北屯市五环机械工程有限公司	1	5	3	2	150.0
北屯百顺吊装有限责任公司	2	5	2	3	66.7
新疆双禧投资担保有限公司	4	14	9	5	180.0
北屯市得仁投资管理服务有限公司	2	6	3	3	100.0
北屯市万帮投资有限责任公司	2	4	2	2	100.0
北屯市白沙湖投资有限公司	1	5	3	2	150.0
北屯市祥瑞投资咨询有限公司	2	6	3	3	100.0
北屯市欧亚资产管理有限公司	5	12	5	7	71.4
北屯市双华钱来钱往投资管理有限责任公司	1	3	2	1	200.0
北屯得仁城市建设投资经营有限公司	45	52	29	23	126.1
北屯额河经营发展有限公司	1	3	1	2	50.0
新疆龙江投资有限公司	13	68	46	22	209.1
第十师社会保险事业管理局	70	84	31	53	58.5
第十师国有资产经营有限公司	29	44	24	20	120.0
北屯市国泰能源有限公司	1	3	1	2	50.0
新疆上合豫新投资发展有限公司	1	3	1	2	50.0
驻乌鲁木齐办事处	10	28	14	14	100.0
北屯市金融服务中心有限责任公司	2	4	2	2	100.0
北屯市百上恒发建设投资有限责任公司	2	3	1	2	50.0
北屯市博悦酒店管理有限公司	2	7	3	4	75.0
新疆瑞合律师事务所	2	5	3	2	150.0
新疆北屯律师事务所	3	10	4	6	66.7
新疆兰河律师事务所	8	23	8	15	53.3
北屯得仁中小企业服务中心(有限公司)	1	3	2	1	200.0
北屯市新瑞财务咨询有限公司	2	4	1	3	33.3
北屯得仁会计师事务所(普通合伙)	2	5	2	3	66.7
阿勒泰金诚资产评估有限责任公司	2	4	2	2	100.0
会计核算中心	13	28	8	20	40.0
第十师农牧团场第一审计中心	13	21	8	13	61.5
北屯市汇丰财务服务有限公司	1	3	1	2	50.0
北屯市立帮财务代理服务有限责任公司	1	3	1	2	50.0
北屯市万信达会计服务有限公司	1	2		2	
北屯市金信银通投资理财咨询有限公司	7	21	9	12	75.0

4-2续表10 单位:户、人、%

单　　位	总户数	总人口			性别比（女性=100)
		合　计	男	女	
北屯市融汇网络信息投资咨询有限责任公司	2	5	3	2	150.0
北屯市融信财富管理咨询有限公司	1	5	3	2	150.0
北屯市新起点文化科贸有限公司		2	1	1	100.0
北屯市恒泰商业管理有限公司	1	5	3	2	150.0
北屯市诚信企业服务有限责任公司	1	5	2	3	66.7
北屯金典财富金融咨询服务有限公司	7	18	7	11	63.6
北屯天权文化传媒有限责任公司	2	5	3	2	150.0
北屯得仁文化传媒有限责任公司	10	25	15	10	150.0
北屯额河文化传媒有限责任公司	2	4	2	2	100.0
北屯市华美广告装饰有限责任公司	4	12	7	5	140.0
北屯市致强信息技术有限责任公司	2	6	4	2	200.0
北屯市骋远广告装饰有限责任公司	2	5	3	2	150.0
北屯市盛嘉传媒有限公司	1	3	1	2	50.0
北屯三和广告设计制作有限责任公司	3	6	4	2	200.0
北屯瑞峰广告装饰有限公司	2	5	2	3	66.7
北屯红人广告有限责任公司	1	3	1	2	50.0
北屯艺通广告科技发展有限责任公司	1	3	2	1	200.0
北屯市俊享盛世文化传媒有限公司	2	5	2	3	66.7
新疆联合空间广告传媒有限公司	1	4	3	1	300.0
农十师劳动就业管理服务中心	24	74	36	38	94.7
北屯川北工程建设劳务有限责任公司	3	10	7	3	233.3
职业技能鉴定中心	6	16	10	6	166.7
新疆荣得劳务有限公司	3	6	4	2	200.0
北屯市北方望达劳务有限公司	2	6	4	2	200.0
北屯富元劳务有限公司	1	5	2	3	66.7
北屯市鑫达劳务派遣服务有限责任公司	2	5	2	3	66.7
北屯市安顺劳务承包有限责任公司	2	4	2	2	100.0
北屯龙翔旅游服务有限责任公司		3	2	1	200.0
北屯市红日国际旅行社有限责任公司	2	6	4	2	200.0
北屯市额河旅行社有限责任公司	2	4	1	3	33.3
新疆额河旅游有限责任公司	10	38	24	14	171.4
北屯市得仁马业有限公司	3	8	5	3	166.7
北屯市新纪元保安服务有限公司	10	23	18	5	360.0
公共资源交易中心	10	20	11	9	122.2
北屯广美建材市场管理有限公司	5	16	10	6	166.7

4-2续表11

单位:户、人、%

单位	总户数	总人口			性别比(女性=100)
		合计	男	女	
新疆北屯雪嵘商贸有限责任公司	105	55	24	31	77.4
北屯汇鑫融资担保有限公司	8	22	13	9	144.4
北屯市信达小额贷款有限公司	2	5	3	2	150.0
阿勒泰地区迅豪融资担保有限公司	2	4	2	2	100.0
北屯阳光融资担保有限责任公司	1	4	2	2	100.0
第十师下岗失业人员小额贷款担保管理中心	2	8	3	5	60.0
北屯恒达拍卖有限责任公司	2	6	4	2	200.0
北屯市迅豪典当有限公司	2	5	3	2	150.0
北屯市汇荣投资咨询服务有限公司	2	6	3	3	100.0
北屯新北进出口有限责任公司	2	6	4	2	200.0
北屯市金旺称重计量有限公司	1	4	2	2	100.0
北屯鑫露节水工程设计有限公司	3	9	6	3	200.0
北屯市开心汽车帮卖有限责任公司	1	3	1	2	50.0
农业科学研究所	18	40	21	19	110.5
十师北屯气象站	4	10	6	4	150.0
北屯市共明节能环保评价有限公司	3	8	4	4	100.0
北屯北辰综合检测中心有限公司	10	27	19	8	237.5
北屯市正安安全技术咨询服务有限公司	2	5	3	2	150.0
北屯启汇德建材检测有限责任公司	4	12	5	7	71.4
北屯社会公正称重有限责任公司	1	3	1	2	50.0
北屯安泰综合检测中心有限责任公司	2	5	3	2	150.0
北屯市得仁综合检测有限公司	1	4	2	2	100.0
北屯市德信试验检测有限公司	2	7	4	3	133.3
综合检验检测中心	9	28	17	11	154.5
新疆新秦源矿产地质勘查有限公司	3	7	6	1	600.0
新疆华瑞工程管理咨询公司	36	57	31	26	119.2
北屯海洲工程装饰设计有限公司	4	4	2	2	100.0
北屯市恒丰勘察设计开发有限责任公司	45	122	79	43	183.7
畜牧兽医站	13	42	22	20	110.0
北屯市泰丰农业技术服务有限责任公司	10	38	18	20	90.0
水产技术推广站	3	8	5	3	166.7
林木种苗管理站	4	8	4	4	100.0
新疆实纳环保节能科技发展有限责任公司	2	5	3	2	150.0
水利工程管理处	41	106	80	26	307.7
第十师水利工程质量监督站	2	5	3	2	150.0

4-2续表12

单位:户、人、%

单　　位	总户数	总人口			性别比（女性=100）
		合　计	男	女	
北屯市市政管理处	3	8	4	4	100.0
北屯市恒诚绿化服务有限公司	3	7	4	3	133.3
北屯市长青园林绿化有限公司	2	8	5	3	166.7
绿化委员会办公室	4	8	2	6	33.3
北屯市常景园林绿化有限责任公司	4	14	7	7	100.0
北屯园林绿化环境卫生管理处	89	211	87	124	70.2
北屯市得仁旅游开发有限公司	3	9	5	4	125.0
北屯市万福家政服务有限责任公司	8	20	8	12	66.7
北屯得仁生态园有限责任公司	2	5	3	2	150.0
北屯市天奕盛达商贸有限公司	6	7	4	3	133.3
北屯幼儿园	93	153	33	120	27.5
小红花幼儿园	93	160	64	96	66.7
明珠幼儿园	47	146	65	81	80.2
北屯中学	299	565	144	421	34.2
北屯高级中学	763	2845	1273	1572	81.0
北屯职业技术学校	69	88	47	41	114.6
中共委员会党校	20	34	16	18	88.9
北屯市海川迅豪驾驶员考场服务有限公司	6	16	9	7	128.6
教育技术装备站	8	18	9	9	100.0
新疆市生产建设兵团第十师一八九团医院	49	120	61	59	103.4
北屯医院	430	973	368	605	60.8
北屯博爱综合门诊部	1	6	2	4	50.0
第十师人口和计划生育服务指导中心	3	8	2	6	33.3
老干部休养所	11	20	11	9	122.2
新闻中心	61	116	58	58	100.0
秦剧团	9	13	5	8	62.5
档案馆	1	3	1	2	50.0
文化馆	10	25	17	8	212.5
北屯商贸城网吧	1	5	3	2	150.0
北屯祥乐网吧	2	5	3	2	150.0
北屯三友网吧	1	5	3	2	150.0
北屯水元素网吧	1	5	3	2	150.0
北屯市极速空间网吧	2	5	3	2	150.0
北屯蓝色沸点网吧	1	5	3	2	150.0
阿勒泰地区北屯国家税务局	38	92	44	48	91.7

4-2续表13

单位:户、人、%

单位	总户数	总人口			性别比（女性=100）
		合计	男	女	
新疆维吾尔自治区北屯地方税务局	44	96	47	49	95.9
师机关	210	612	434	178	243.8
人才中心		1	1		
社会经济调查队	3	6	2	4	50.0
公安局	185	388	303	85	356.5
司法局	65	112	67	45	148.9
国土资源局	18	54	42	12	350.0
客运管理所	2	5	3	2	150.0
农机安全监理所	4	10	5	5	100.0
国库集中支付中心	3	9	2	7	28.6
第十师交通基础设施项目建设管理处	1	5	4	1	400.0
北屯工业物流园区管理委员会	8	21	15	6	250.0
信息中心	3	8	5	3	166.7
北屯公墓管理所	2	4	2	2	100.0
第十师残疾人劳动就业服务中心		2	2		
农业技术推广站	2	6	3	3	100.0
北屯工商行政管理局	6	32	20	12	166.7
疾病预防控制中心(新疆生产建	15	33	16	17	94.1
北屯市城市管理综合执法局	2	20	18	2	900.0
第十师商务综合行政执法大队	1	6	3	3	100.0
第十师建设工程质量安全监督站	3	11	8	3	266.7
路政管理局	4	13	9	4	225.0
环境监察支队	6	13	9	4	225.0
卫生局卫生监督所	16	47	26	21	123.8
第十师劳动保障监察支队	3	13	6	7	85.7
环境监测站	3	8	3	5	60.0
第十师安全生产执法监察支队		3	3		
第十师旅游质量监督管理所	2	5	3	2	150.0
中级人民法院	55	181	68	113	60.2
新疆生产建设兵团人民检察院第十师分院	66	133	71	62	114.5
工会	3	6	3	3	100.0
屯南社区	812	1878	982	896	109.6
北屯阳光社区	5972	14847	7489	7358	101.8
北屯幸福社区	262	495	230	265	86.8
师直其他单位	801	2157	1112	1045	106.4

4-3 按单位分民族人口数

（2016年）　　单位:人

单　位	农业人口	一年内流动人口	分民族人口 汉族	维吾尔族	哈萨克族	回族	蒙古	其他
总　计	19331	10073	91332	146	741	1298	99	401
一八一团	2893	169	9638	4	28	467	31	95
一八二团	1849	112	5065		39	34	1	12
一八三团	2154	1065	8175	9	73	77	19	40
一八四团	1832	274	6994	6	21	65	2	19
一八五团	1622	223	3165		37	30		24
一八六团	639	90	2498		19	25	2	12
一八七团	3417	792	6238		31	48	7	34
一八八团	4925	532	10363	6	32	47		65
屯南煤业有限责任公司		226	1491		3	9		
北屯矿业有限责任公司			20					
膨润土有限责任公司			220					
乔尔玛食品有限责任公司			5					
北屯额河草原食品有限责任公司			237		4	16		
汇祥农业发展有限公司			396			1		3
北屯慧尔肥业有限责任公司			32					
兵团第十师屯鑫能源开发有限公司			199	1		1		1
得仁供热有限公司			55			3		
北屯电力工业有限公司			654		13	11		
屯富热电有限责任公司			229	2	7	2		
十师北屯绿环供排水公司			199		3			
北屯交通建设有限公司			81		1	2		1
北屯电力工程安装有限责任公司			69					
北屯第十师工程安装公司			5					
得仁工程安装有限公司			3					
惠仁医药有限责任公司			48					
供销合作公司			2248	14		32		11
北屯得仁公共交通有限责任公司			120		3	1		
北屯旅客运输有限公司			372		3	5		
公路养护管理所			16					
北屯宾馆			141					
北屯国民村镇银行有限责任公司			125					

4-3续表1 单位:人

单位	农业人口	一年内流动人口	分民族人口					
			汉族	维吾尔族	哈萨克族	回族	蒙古	其他
北屯农村信用合作联社			120		6	1		
北屯得仁融资性担保有限责任公司			5					
兆和置业有限公司			39					
房屋交易中心			14					
北屯得仁城市建设投资经营有限公司			49					3
北屯额河经营发展有限公司			3					
龙江投资有限公司			66		2			
国有资产经营有限公司			44					
驻乌鲁木齐办事处			27			1		
会计核算中心			28					
农牧团场第一审计中心			19		1	1		
诚信企业服务有限责任公司			5					
北屯额河文化传媒有限责任公司			4					
第十师劳动就业管理服务中心			74					
第十师职业技能鉴定中心			14	2				
额河旅行社有限责任公司			4					
额河旅游有限责任公司			38					
新纪元保安服务有限公司			15		5	3		
公共资源交易中心			20					
北屯阳光融资担保有限责任公司			4					
第十师农业科学研究所			40					
十师北屯气象站			7					3
得仁综合检测有限公司			4					
综合检验检测中心			28					
新秦源矿产地质勘查有限公司			7					
华瑞工程管理咨询公司			56			1		
畜牧兽医站			40		1			1
水产技术推广站			8					
林木种苗管理站			8					
水利工程管理处			93		3	10		
水利工程质量监督站			5					
市政管理处			8					
绿化委员会办公室			8					

4-3续表2 单位:人

单位	农业人口	一年内流动人口	分民族人口					
			汉族	维吾尔族	哈萨克族	回族	蒙古	其他
北屯园林绿化环境卫生管理处			207	2		2		
北屯幼儿园			148		2	3		
小红花幼儿园			156		3	1		
明珠幼儿园			138	3		5		
北屯中学			549	2	1	7	3	3
北屯高级中学			2689	5	94	27	14	16
北屯职业技术学校			84		3	1		
中共委员会党校			33			1		
市生产建设兵团第十师一八九团医院			115	5				
北屯医院			921	1	23	25		3
新闻中心			109		2	5		
档案馆			1			2		
阿勒泰地区北屯国家税务局			87		5			
维吾尔自治区北屯地方税务局			83		10	1		2
师机关			603		3	4		2
公安局			369		10	5	1	3
司法局			109	1	1			1
北屯工商行政管理局			30			2		
疾病预防控制中心(生产建			32					1
社会保险事业管理局(社			82		1			1
路政管理局			10		1			2
卫生局卫生监督所			46			1		
中级人民法院			176		2	3		
人民检察院第十师分院			129		4			
国土资源局			54					
北屯工业物流园区管理委员会			21					
城市管理综合执法局			20					
老干部休养所			20					
文化馆			25					
屯南社区		370	1826			32		20
北屯阳光社区		6220	14345	78	154	239	13	18
北屯幸福社区			494			1		
其他单位			7616	5	87	38	6	5

4-4 全社会就业人员人数

（2016年）　　　　单位：人

指标	年末人数	在年末从业人数中				#团场从业人员	年平均人数
		非私营单位从业人员	私营单位从业人员	个体从业人员	乡村及其他从业人员		
总计	39873	22103	8021	9749		26441	41318
第一产业	8102	7621	122	359		8036	8471
第二产业	11311	5005	4725	1581		6925	13052
第三产业	20460	9477	3174	7809		11480	19795
农业	5262	5086	26	150		5236	5713
林业	336	328	3	5		334	450
畜牧业	2370	2078	88	204		2337	2172
渔业	134	129	5			129	136
农、林、牧、渔服务业	1441	1262	12	167		1429	1351
采掘业	981	981					1001
制造业	6943	2105	3343	1495		5577	6798
电力、热力、燃气及水生产和供应业	1064	849	185	30		127	1095
建筑业	2323	1070	1197	56		1221	4158
交通运输、仓储和邮政业	2209	611	241	1357		1669	2137
# 道路运输业	1631	191	182	1258		1150	1587
# 城市公共交通业	88			88		88	84
公路旅客运输	205			205		177	188
道路货物运输	905	21	9	875		885	858
航空运输业							
装卸搬运和其他运输服务业	502	401	59	42		443	480
仓储业	63	19		44		63	57
邮政业	13			13		13	13
批发和零售业	5415	251	1739	3425		2477	5251
批发业	2245	128	1345	772		961	2149
零售业	3170	123	394	2653		1516	3102
住宿和餐饮业	2129	209	197	1723		1545	1972
住宿业	368	118	17	233		188	357
餐饮业	1761	91	180	1490		1357	1615
信息传输、计算机服务和软件业	43		43				43

4-4续表1 单位:人

项目	年末人数	在年末从业人数中				#团场从业人员	年平均人数
		非私营单位从业人员	私营单位从业人员	个体从业人员	乡村及其他从业人员		
金融业	181	158	23			18	180
货币金融服务	140	135	5				140
资本市场服务	13		13				13
保险业							
其他金融活动	28	23	5			18	27
房地产业	461	45	416			22	460
租赁和商务服务业	711	351	360				711
租赁业	30		30				30
商务服务业	681	351	330				681
科学研究和技术服务业	220	169	51			46	220
研究与试验发展	94	94					94
专业技术服务业	58	26	32				58
科技交流和推广服务业	68	49	19			46	68
水利、环境和公共设施管理业	382	347	32	3		252	406
水利管理业	128	119	6	3		32	122
生态保护和环境治理业							
公共设施管理业	254	228	26			220	284
居民服务和其他服务业	1926	983	16	927		1765	1796
居民服务业	1171	766	9	396		1035	1075
机动车电子和日用产品修理业	238	93	7	138		231	226
其他服务业	517	124		393		499	495
教育	1601	1567	7	27		788	1599
卫生和社会工作	1171	1117	3	51		522	1180
卫生	1165	1111	3	51		522	1174
社会工作	6	6					6
文化、体育和娱乐业	297	178	30	89		142	290
新闻出版社	106	106				22	111
广播电视电影和影视录音制作	70	70				51	72
文化艺术业	12	2	10			4	8
体育							
娱乐业	109		20	89		65	99
公共管理和社会组织	2273	2229	4	40		805	2199

4-5 按行业分非私营单位就业人员人数

（2016年）

单位:人

指　　标	总　计	国　有	集　体	其　他
总　计	22103	18631	88	3384
按企事业机关分				
企　业	17473	14121		3352
事　业	3561	3441	88	32
机　关	1069	1069		
按经济类型分				
国　有	18631	18631		
集　体	88		88	
其　他	3384			3384
内　资	3258			3258
有限责任公司	3119			3119
股份有限公司	97			97
其　他	42			42
港、澳、台商投资	126			126
外商投资				
按国民经济行业分组				
农林牧渔业	12738	12738		
采掘业	981			981
制造业	1192			1192
电力煤气及水的生产和供应业	766	284		482
建筑业	882	566		316
交通运输、仓储和邮政业	141	11		130
信息传输、计算机服务和软件业				
批发和零售业	138	91		47
住宿和餐饮业	106	106		
金融业	135		88	47
房地产业	113	31		82
租赁和商务服务业	167	92		75
科学研究、技术服务和地质勘查业	243	243		
水利、环境和公共设施管理业	256	256		
居民服务和其他服务业	105	73		32
教　育	1619	1619		
卫生、社会保障和社会福利业	1151	1151		
文化、体育和娱乐业	107	107		
公共管理和社会组织	1263	1263		

4–6 按单位、行业分就业人员人数

（2016年）

单位：人

单　　位	年末人数	分产业就业人员					
		第一产业		第二产业		第三产业	
		单位从业人员	个体劳动者	单位从业人员	个体劳动者	单位从业人员	个体劳动者
总　计	39873	7743	359	9730	1581	12651	7809
一八一团	5032	1898	161	651	115	802	1405
一八二团	2486	782	23	38	486	806	351
一八三团	3293	1155		853	59	676	550
一八四团	3958	958		883	257	755	1105
一八五团	1483	446		84	29	652	272
一八六团	1093	361	9	199	13	249	262
一八七团	3468	905		1332	167	549	515
一八八团	5628	1172	166	1304	455	1125	1406
新疆屯南煤业有限责任公司	741			741			
北屯矿业有限责任公司	20			20			
膨润土有限责任公司	220			220			
新疆乔尔玛食品有限责任公司	4			4			
北屯额河草原食品有限责任公司	98			98			
新疆汇祥农业发展有限公司	400			400			
新疆北屯慧尔肥业有限责任公司	25			25			
新疆兵团农十师屯鑫能源开发有限公司	130			130			
北屯市得仁供热有限公司	25			25			
新疆北屯电力工业有限公司	327			327			
新疆屯富热电有限责任公司	184			184			
十师北屯绿环供排水公司	100			100			
北屯交通建设有限公司	56			56			
北屯电力工程安装有限责任公司	31			31			
北屯市惠仁医药有限责任公司	30					30	
供销合作公司	1510					89	1421
北屯得仁公共交通有限责任公司	74					74	
北屯旅客运输有限公司	86					41	45
公路养护管理所	11					11	
新疆北屯宾馆	80					80	
新疆北屯饭店	20					20	
北屯国民村镇银行有限责任公司	47					47	

4-6 续表1

单位：人

单位	年末人数	分产业就业人员					
		第一产业		第二产业		第三产业	
		单位从业人员	个体劳动者	单位从业人员	个体劳动者	单位从业人员	个体劳动者
北屯农村信用合作联社	88					88	
北屯得仁融资性担保有限责任公司	5					5	
北屯市房屋交易中心	10					10	
北屯得仁城市建设投资经营有限公司	32					32	
新疆龙江投资有限公司	16					16	
国有资产经营有限公司	17					17	
驻乌鲁木齐办事处	6					6	
会计核算中心	17					17	
农牧团场第一审计中心	15					15	
劳动就业管理服务中心	24					24	
职业技能鉴定中心	5					5	
新疆额河旅游有限责任公司	37					37	
公共资源交易中心	11					11	
北屯阳光融资担保有限责任公司	4					4	
农业科学研究所	19					19	
十师北屯气象站	4					4	
北屯市得仁综合检测有限公司	4					4	
综合检验检测中心	21					21	
新疆新秦源矿产地质勘查有限公司	7					7	
新疆华瑞工程管理咨询公司	75					75	
畜牧兽医站	19					19	
水产技术推广站	6					6	
水利工程管理处	87					87	
水利工程建设管理局	6					6	
北屯市市政管理处	8					8	
绿化委员会办公室	8					8	
北屯园林绿化环境卫生管理处	93					93	
北屯幼儿园	82					82	
小红花幼儿园	70					70	
明珠幼儿园	59					59	
北屯中学	299					299	

4-6续表2 单位:人

单位	年末人数	分产业就业人员					
		第一产业		第二产业		第三产业	
		单位从业人员	个体劳动者	单位从业人员	个体劳动者	单位从业人员	个体劳动者
北屯高级中学	318					251	67
北屯职业技术学校	56					56	
中共委员会党校	30					30	
教育技术装备站	9					9	
一八九团医院	51					51	
北屯医院	551					551	
人口和计划生育服务指导中心	4					4	
老干部休养所	6					6	
新闻中心	84					84	
农业技术推广站	4					4	
北屯工商行政管理局	11					11	
疾病预防控制中心	15					15	
社会保险事业管理局	55					55	
北屯市城市管理综合执法局	20					20	
商务综合行政执法大队	6					6	
建设工程质量安全监督站	10					10	
路政管理局	11					11	
环境监察支队	7					7	
卫生局卫生监督所	24					24	
农业建设第十师劳动保障监察支队	5					5	
环境监测站	6					6	
安全生产执法监察支队	3					3	
旅游质量监督管理所	3					3	
中级人民法院	138					138	
人民检察院第十师分院	109					109	
工会	4					4	
屯南社区	345					52	293
北屯阳光社区	149					32	117
北屯幸福社区	19					19	
师直其他单位	6006	66		2025		3915	

4-7 按行业分在岗职工人数

（2016年）

单位：人

指标	总计	国有	集体	其他
总计	21014	17801	82	3131
按企事业机关分				
企业	16940	13826		3114
事业	3264	3165	82	17
机关	810	810		
按经济类型分				
国有	17801	17801		
集体	82		82	
其他	3131			3131
内资	3101			3101
有限责任公司	2977			2977
股份有限公司	97			97
其他	27			27
港、澳、台商投资	30			30
外商投资				
按国民经济行业分组				
农林牧渔业	12488	12488		
采掘业	976			976
制造业	1041			1041
电力煤气及水的生产和供应业	737	273		464
建筑业	878	566		312
交通运输、仓储和邮政业	128	6		122
信息传输、计算机服务和软件业	0			
批发和零售业	136	91		45
住宿和餐饮业	106	106		
金融业	129		82	47
房地产业	63	28		35
租赁和商务服务业	147	75		72
科学研究、技术服务和地质勘查业	208	208		
水利、环境和公共设施管理业	256	256		
居民服务和其他服务业	54	37		17
教育	1571	1571		
卫生、社会保障和社会福利业	1012	1012		
文化、体育和娱乐业	92	92		
公共管理和社会组织	992	992		

4-8 按行业分女职工人数

（2016年）

单位：人

指　　标	总　计	国　有	集 体	其 他
总　计	8532	7448	47	1037
按企事业机关分				
企　业	5957	4943		1014
事　业	2228	2158	47	23
机　关	347	347		
按经济类型分				
国　有	7448	7448		
集　体	47		47	
其　他	1037			1037
内　资	987			987
有限责任公司	918			918
股份有限公司	44			44
其　他	25			25
港、澳、台商投资	50			50
外商投资				
按国民经济行业分组				
农林牧渔业	4370	4370		
采掘业	244			244
制造业	342			342
电力煤气及水的生产和供应业	288	94		194
建筑业	304	215		89
交通运输、仓储和邮政业	38	6		32
信息传输、计算机服务和软件业				
批发和零售业	62	37		25
住宿和餐饮业	65	65		
金融业	72		47	25
房地产业	50	16		34
租赁和商务服务业	86	57		29
科学研究、技术服务和地质勘查业	64	64		
水利、环境和公共设施管理业	93	93		
居民服务和其他服务业	65	42		23
教　育	1120	1120		
卫生、社会保障和社会福利业	791	791		
文化、体育和娱乐业	46	46		
公共管理和社会组织	432	432		

4-9 按行业分在岗职工平均人数

（2016年）

单位:人

指 标	总 计	国 有	集 体	其 他
总 计	22314	17861	82	4371
按企事业机关分				
企 业	18258	13907		4351
事 业	3246	3144	82	20
机 关	810	810		
按经济类型分				
国 有	17861	17861		
集 体	82		82	
其 他	4371			4371
内 资	4360			4360
有限责任公司	4203			4203
股份有限公司	127			127
其 他	30			30
港、澳、台商投资				
外商投资				
按国民经济行业分组				
农林牧渔业	12623	12623		
采掘业	996			996
制造业	1063			1063
电力煤气及水的生产和供应业	773	273		500
建筑业	1987	511		1476
交通运输、仓储和邮政业	127	6		121
信息传输、计算机服务和软件业				
批发和零售业	135	92		43
住宿和餐饮业	106	106		
金融业	127		82	45
房地产业	63	28		35
租赁和商务服务业	147	75		72
科学研究、技术服务和地质勘查业	207	207		
水利、环境和公共设施管理业	256	256		
居民服务和其他服务业	57	37		20
教 育	1552	1552		
卫生、社会保障和社会福利业	1022	1022		
文化、体育和娱乐业	92	92		
公共管理和社会组织	981	981		

4-10 按行业分在岗职工工资总额

（2016年）

单位：千元

指 标	总 计	国 有	集 体	其 他
总 计	918457	670032	8200	240225
按企事业机关分				
企 业	648594	409008		239586
事 业	213770	204931	8200	639
机 关	56093	56093		
按经济类型分				
国 有	670032	670032		
集 体	8200		8200	
其 他	240225			240225
内 资	239185			239185
有限责任公司	228736			228736
股份有限公司	9620			9620
其 他	829			829
港、澳、台商投资	1040			1040
外商投资				
按国民经济行业分组				
农林牧渔业	330922	330922		
采掘业	45013			45013
制造业	52659			52659
电力煤气及水的生产和供应业	40366	13600		26766
建筑业	131841	35658		96183
交通运输、仓储和邮政业	6665	464		6201
信息传输、计算机服务和软件业				
批发和零售业	6339	4089		2250
住宿和餐饮业	4128	4128		
金融业	13099		8200	4899
房地产业	2948	1789		1159
租赁和商务服务业	10344	5888		4456
科学研究、技术服务和地质勘查业	14470	14470		
水利、环境和公共设施管理业	13774	13774		
居民服务和其他服务业	2858	2219		639
教 育	94779	94779		
卫生、社会保障和社会福利业	76180	76180		
文化、体育和娱乐业	5121	5121		
公共管理和社会组织	66951	66951		

4-11 按行业分在岗职工平均工资

（2016年）

单位：元

指 标	总 计	国 有	集 体	其 他
总 计	41161	37514	100000	54959
按企事业机关分				
企 业	35524	29410		55065
事 业	65856	65182	100000	31950
机 关	69251	69251		
按经济类型分				
国 有	37514	37514		
集 体	100000		100000	
其 他	54959			54959
内 资	54859			54859
有限责任公司	54422			54422
股份有限公司	75748			75748
其 他	27633			27633
港、澳、台商投资				
外商投资				
按国民经济行业分组				
农林牧渔业	26216	26216		
采掘业	45194			45194
制造业	49538			49538
电力煤气及水的生产和供应业	52220	49817		53532
建筑业	66352	69781		65165
交通运输、仓储和邮政业	52480	77333		51248
信息传输、计算机服务和软件业				
批发和零售业	46956	44446		52326
住宿和餐饮业	38943	38943		
金融业	103142		100000	108867
房地产业	46794	63893		33114
租赁和商务服务业	70367	78507		61889
科学研究、技术服务和地质勘查业	69903	69903		
水利、环境和公共设施管理业	53805	53805		
居民服务和其他服务业	50140	59973		31950
教 育	61069	61069		
卫生、社会保障和社会福利业	74540	74540		
文化、体育和娱乐业	55663	55663		
公共管理和社会组织	68248	68248		

4-12 按单位分在岗职工人数、平均人数、工资总额、平均工资

（2016年）　　　　单位：人、千元、元

单　　位	在岗职工人数	在岗职工平均人数	工资总额	平均工资
总　计	21014	22314	918457	41161
一八一团	2814	3198	116334	36377
一八二团	1527	1521	53553	35209
一八三团	2412	2382	88286	37064
一八四团	1936	2020	62124	30754
一八五团	1141	1461	43729	29931
一八六团	809	809	30861	38147
一八七团	1900	1996	70137	35139
一八八团	2562	3011	101600	33743
新疆屯南煤业有限责任公司	741	761	33706	44292
北屯矿业有限责任公司	15	15	965	64333
膨润土有限责任公司	220	220	10342	47009
北屯额河草原食品有限责任公司	98	92	3765	40924
好丽友（北屯）农业科技	30	11	1040	94545
新疆汇祥农业发展有限公司	400	395	20109	50909
新疆北屯慧尔肥业有限责任公司	25	25	550	22000
屯鑫能源开发有限公司	130	151	6991	46298
北屯市得仁供热有限公司	25	25	1410	56400
新疆北屯电力工业有限公司	309	324	18365	56682
新疆屯富热电有限责任公司	184	184	8438	45859
十师北屯绿环供排水公司	89	89	5162	58000
北屯交通建设有限公司	56	65	2590	39846
北屯电力工程安装有限责任公司	27	27	1805	66852
北屯市惠仁医药有限责任公司	28	26	1731	66577
供销合作公司	89	87	3958	45494
北屯准噶尔农业生产资料有限责任公司	7	7	329	47000
北屯得仁公共交通有限责任公司	74	73	3809	52178

4-12续表1　　　　单位:人、千元、元

单　　位	在岗职工人数	在岗职工平均人数	工资总额	平均工资
北屯旅客运输有限公司	38	38	1250	32895
新疆得仁连接物流有限责任公司	10	10	1142	114200
新疆北屯宾馆	80	80	2836	35450
北屯国民村镇银行有限责任公司	47	45	4899	108867
北屯农村信用合作联社	82	82	8200	100000
北屯市兴泰房地产开发有限公司	11	11	396	36000
新疆兆和置业有限公司	8	8	321	40125
北屯市房屋交易中心	9	9	540	60000
北屯得仁城市建设投资经营有限公司	30	30	2592	86400
新疆龙江投资有限公司	13	13	700	53846
国有资产经营有限公司	17	17	1812	106588
会计核算中心	17	17	1252	73647
农牧团场第一审计中心	15	15	1085	72333
劳动就业管理服务中心	9	9	580	64444
新疆额河旅游有限责任公司	37	37	1405	37973
公共资源交易中心	11	11	991	90091
农业科学研究所	19	19	1433	75421
综合检验检测中心	21	20	1268	63400
新疆华瑞工程管理咨询公司	45	45	2975	66111
新疆兵团农十师勘测设计院	63	63	3916	62159
畜牧兽医站	19	19	1464	77053
水利工程管理处	87	82	5286	64463
北屯市市政管理处	8	8	581	72625
北屯园林绿化环境卫生管理处	93	98	5789	59071
北屯幼儿园	76	76	4448	58526
小红花幼儿园	63	63	3463	54968
明珠幼儿园	59	59	1180	20000
北屯中学	291	270	16470	61000

4-12续表2

单位:人、千元、元

单　　位	在岗职工人数	在岗职工平均人数	工资总额	平均工资
北屯高级中学	240	240	18440	76833
北屯职业技术学校	46	46	3333	72457
中共委员会党校	24	24	1861	77542
教育技术装备站	9	9	963	107000
一八九团医院	25	25	2490	99600
北屯医院	499	499	39317	78792
新闻中心	81	81	4455	55000
文化馆	7	7	389	55571
阿勒泰地区北屯国家税务局	47	47	2844	60511
北屯地方税务局	45	45	3864	85867
师机关	316	316	21488	68000
公安局	193	193	10995	56969
司法局	51	51	4371	85706
国土资源局	37	37	2544	68757
农机安全监理所	7	7	476	68000
北屯工业物流园区管理委员会	13	13	829	63769
阿勒泰地区工商行政管理局北屯分局	11	11	1085	98636
疾病预防控制中心	15	15	1322	88133
社会保险事业管理局	55	50	3174	63480
北屯市城市管理综合执法局	20	20	1115	55750
卫生局卫生监督所	24	18	792	44000
中级人民法院	60	60	4564	76067
人民检察院第十师分院	45	45	4116	91467
人口和计划生育服务指导中心	4	4	210	52500
屯南社区	16	16	1196	74750
北屯阳光社区	17	20	639	31950
北屯幸福社区	19	19	898	47263

4-13 年末人口数

单位:人

年份	年末总人口			在总人口中	
	合计	男性	女性	农业人口	非农业人口
1953	3642	2987	655	3642	
1954	3723	2755	968	3723	
1955	4312	3181	1131	4312	
1956	4657	3436	1221	4657	
1957	6006	4281	1725	6006	
1958	7049	4719	2330	7049	
1959	18422	11974	6448	11249	7173
1960	21642	13851	7791	11902	9740
1961	24706	15318	9388	14124	10582
1962	26070	16155	9915	15753	10317
1963	33030	13794	19236	18602	14428
1964	39986	23901	16085	26359	13627
1965	46536	26791	19745	34954	11582
1966	54365	30252	24113	41816	12549
1967	58512	32262	26250	44581	13931
1968	63164	33679	29485	48014	15150
1969	66851	35696	31155	52444	14407
1970	74660	39802	34858	57796	16864
1971	78603	40874	37729	61670	16933
1972	81094	42014	39080	63305	17789
1973	80581	41825	38756	66144	14437
1974	84650	43876	40774	68600	16050
1975	82216	42095	40121	66600	15616
1976	71428	37025	34403	60700	10728
1977	72599	37735	34864	61700	10899
1978	81617	41657	39960	73008	8609
1979	80771	41053	39718	70242	10529
1980	80237	40951	39286	69470	10767
1981	78187	39835	38352	67160	11027
1982	76659	38732	37927	66076	10583
1983	89240	45110	44130	63786	25454
1984	84261	42216	42045	43293	40968

4-13 续表　　　　　　　　　　　　　　　　　　　　　　　单位:人

年份	年末总人口			在总人口中	
	合计	男性	女性	农业人口	非农业人口
1985	77426	39318	38108	34400	43026
1986	74053	37378	36675	32996	41057
1987	71032	36182	34850	30400	40632
1988	67369	34464	32905	29511	37858
1989	63631	32908	30723	27935	35696
1990	62861	32624	30237	28652	34209
1991	64667	33396	31271	29336	35331
1992	64954	33515	31439	29098	35856
1993	65075	33639	31436	29141	35934
1994	65360	33881	31479	27940	37420
1995	68413	35478	32935	27885	40528
1996	69274	36693	32581	28428	40846
1997	71066	37770	33296	30243	40823
1998	71102	37636	33466	29393	41709
1999	71938	38217	33721	29756	42182
2000	72010	37347	34663	31685	40325
2001	73794	38766	35028	35784	38010
2002	78521	40766	37755	35176	43345
2003	78857	41016	37841	34064	44793
2004	76316	39514	36802	33683	42633
2005	77868	40665	37203	33767	44101
2006	77119	39742	37377	29080	48039
2007	76634	39822	36812	27525	49109
2008	76381	39169	37212	27836	48545
2009	75141	39097	36044	27848	47293
2010	74809	39402	35407	26097	48712
2011	75567	39057	36510	27369	48198
2012	83280	42886	40394	25368	57912
2013	84126	43338	40788	22376	61750
2014	86335	44592	41743	22309	64026
2015	88805	46303	42502	20150	68655
2016	94017	48790	45227	19331	74686

4-14 就业人员人数及工资情况

单位:人、千元、元

年 份	年末全社会就业人员	在岗职工	在岗职工工资总额	在岗职工平均工资
1953	3200	2296	4080	1777
1954	3000	2128	3707	1685
1955	2600	2228	2349	1093
1956	3500	3214	2731	1011
1957	4400	3397	3575	1083
1958	5200	3773	2736	760
1959	13400	12600	6270	498
1960	14400	14200	9196	686
1961	15900	15300	10020	679
1962	13800	13400	10126	705
1963	14400	14100	9740	708
1964	21100	20700	13131	755
1965	24100	23700	15654	705
1966	31400	29200	17817	674
1967	36100	30600	19237	643
1968	38500	30600	18880	617
1969	39200	31400	22092	713
1970	40900	32000	20774	655
1971	43100	34300	22223	670
1972	43200	34200	24614	719
1973	41200	32000	21885	661
1974	39500	33900	26654	809
1975	40500	32300	24165	730
1976	40900	27721	20775	693
1977	38300	27538	21119	765
1978	43500	32220	27566	923
1979	40200	32200	29629	920
1980	40300	32185	33743	1034
1981	38900	31800	34387	1075
1982	39500	32067	35072	1103
1983	39000	36237	43029	1168
1984	37700	35100	39859	1117

4-14 续表　　　　单位:人、千元、元

年　份	年末全社会就业人员	在岗职工	在岗职工工资总额	在岗职工平均工资
1985	35700	32543	36014	1082
1986	36600	33843	46118	1408
1987	34732	32016	46007	1388
1988	34251	30772	50409	1609
1989	32813	29993	52938	1734
1990	33974	30931	53410	1747
1991	34698	32035	56229	1760
1992	35524	32930	57545	1752
1993	33668	31951	55064	1705
1994	33787	33134	79671	2381
1995	33050	32161	103763	3133
1996	30455	29515	110818	3553
1997	31852	30528	116108	3818
1998	26804	23789	105924	4281
1999	27346	24152	117926	4970
2000	27767	23884	134935	5559
2001	28638	24142	175795	6775
2002	30326	25303	206397	7878
2003	28984	24110	225600	8805
2004	26834	22276	237880	9620
2005	26063	21261	265580	11114
2006	25854	20322	287850	12101
2007	25863	20117	321532	13955
2008	26397	20100	352428	15471
2009	26850	20290	409340	17785
2010	27800	20667	474915	20540
2011	28930	20174	534262	23707
2012	33743	21032	683308	28292
2013	35256	21146	715522	30583
2014	37562	21313	857253	35120
2015	38372	21426	925329	40444
2016	39873	21014	918457	41161

4-15 城镇及连队常住居民人均可支配收入

计量单位:元

年 份	团场农牧工家庭		城镇居民家庭	
	人均纯收入	同比增长%	人均可支配收入	同比增长(%)
2001年	3021			
2002年	5400	79	9011	
2003年	3173	-41	9595	6.5
2004年	7932	150	9677	0.9
2005年	5505	-31	8165	-15.6
2006年	5272	-4	9687	18.6
2007年	5841	11	10555	9
2008年	6151	5	10922	3.5
2009年	688	12	12263	12.3
2010年	777	13	13651	11.3
2011年	885	14	15329	12.3
2012年	1101	24.4	17637	15.1

年 份	连队常住居民		城镇常住居民人	
	人均可支配收入	同比增长%	均可支配收入	同比增长%
2013年	11353		23578	
2014年	12871	13.4	26251	11.3
2015年	14027	9	30526	16.3
2016年	15538	10.8	33128	8.5

4-16 城镇职工参加基本养老保险人员及缴费情况

(2016年)　　单位:人、万元

项　目	参保职工		缴费人员		离休、退休、退职人员			本期单位缴费		本期个人缴费	
	期末数	平均数	期末数	平均数	期末数	#离休	#退休	应缴	实缴	应缴	实缴
总计	30532	31452	29093	29935	22146	237	21909	16981	14935	11575	11575
一、企业	18880	19774	18880	19774	15380	237	15143	12718	12718	5263	5263
1. 国有企业	18880	19774	18880	19774	15380	237	15143	12718	12718	5263	5263
2. 集体企业											
3. 其他企业											
4. 港、澳、台及外资企业											
二、事业	2834	2805	2834	2805	1240		1240	3218	1695	1287	1287
三、机关	795	792	795	792	316		316	1045	522	418	418
四、其他人员	8023	8081	6584	6564	5210		5210			4607	4607

4-17 城镇居民社会养老保险基本情况表

(2016年)　　单位:人

项　目	参保缴费情况						
	本期末应参保人数	本期末参保人数	#本期末城镇居民参保人数	#60周岁以上人数	#60周岁以上城镇居民人数	缴费人数	#政府代缴保费人数
合计	2610	1455	1455	141	141	969	

4-18 城镇职工参加基本医疗保险人员及缴费情况

(2016年)　　单位:人、万元

项　目	参保人数							缴费情况			
	合计	实施统帐结合				单建统筹基金		本期应缴		本期实缴	
		职工		退休人员		职工		单位	个人	单位	个人
		期末数	平均数	期末数	平均数	期末数	平均数				
总　计	49120	22946	22847	18151	17949	8023	7338	7500	3212	7500	3212
一、企业	35528	19897	19446	15631	15549			6020	1505	6020	1505
二、事业	3135	2240	2276	895	872			980	245	980	245
三、机关	1100	809	1125	291	298			500	125	500	125
四、其他人员	9357			1334	1230	8023	7338		1337		1337

4-19 城镇居民基本医疗保险参保人员情况

(2016年)　　单位:人

项　目	参保人数										
	合计	成年人				中小学生儿童				大学生	
		小计	#低保	#重残	#低收入老年人	小计	#低保	#重残	#其他困难人员	小计	#困难人员
总计	30781	14632	760	398	21	16119	269	39		30	14

4-20 参加失业保险人员及缴费情况表

(2016年)

单位:人、万元

项目	参保人数	缴费金额			
		应缴额	个人	实缴额	个人
总计	21557	1440	431	1440	431
一、企业	19493	1253	375	1253	375
(一)内资企业	19493	1253	375	1253	375
1、国有企业	19493	1253	375	1253	375
其中:再就业服务中心					
2、集体企业					
3、其他企业					
(二)港澳台及个资企业					
二、事业单位	2064	187	56	187	56
三、其他					

4-21 参加工伤保险人员及及缴费情况表

(2016年)

单位:人、万元

项目	参保人数	缴费人数		缴费金额	
		期末数	平均数	本期应缴	本期实缴
总计	22805	22786	22772	578	578
一、企业	19757	19738	19610	495	495
1. 一类风险企业	481	480	472	8	8
2. 二类风险企业	2492	2490	2442	40	40
3. 三类风险企业	323	323	314	10	10
4. 四类风险企业	14784	14768	14688	333	333
5. 五类风险企业	365	365	363	10	10
6. 六类风险企业	543	543	559	17	17
7. 七类风险企业	23	23	24	1	1
8. 八类风险企业	746	746	748	76	76
二、事业	2245	2245	2221	59	59
三、个体工商户(有雇工的)					
四、其他	803	803	941	24	24

4-22 参加生育保险人员及缴费情况表

(2016年)

单位:人、万元

项目	参保人数		缴费人数	缴费金额	
		#女性		本期应缴	本期实缴
总计	22801	9632	22767	469	469
一、企业	19755	8048	19721	379	379
二、事业	2243	1352	2243	62	62
三、机关	803	232	803	28	28
四、其他人员					

4-23 各团场计划生育情况

（2016年）

单　位	已婚育龄妇女人数（人）	采取各种节育措施人数（人）	计划生育率(%)			综合避孕率(%)		
				汉　族	少数民族		汉　族	少数民族
合　计	10422	9600	100	100	100	92.11	92.09	92.59
181团	1866	1766	100	100	100	94.64	93.92	100.00
182团	978	874	100	100	100	89.37	89.21	95.65
183团	1801	1681	100	100	100	93.34	93.64	83.64
184团	1718	1540	100	100	100	89.64	89.73	86.36
185团	615	596	100	100	100	96.91	96.79	100.00
186团	618	550	100	100	100	89.00	89.58	80.95
187团	1172	1044	100	100	100	89.08	89.14	87.18
188团	1654	1549	100	100	100	93.65	93.95	86.36

4-23续表

单 位	领取独生子女证人数(人)	领取计划生育光荣证人数(人)	领证率(%)			女性初婚人数(人)	晚婚率(%)		
				汉 族	少数民族			汉 族	少数民族
合 计	4270	214	43.02	43.09	41.72	134	94.03	95.08	75.00
181团	1194	89	68.76	72.54	40.45	23	86.96	93.33	75.00
182团	372	23	40.39	38.95	100.00	3	66.67	66.67	
183团	460	30	27.21	26.35	54.55	15	100.00	100.00	
184团	426	42	27.24	25.45	95.45	45	100.00	100.00	100.00
185团	351	6	58.05	59.39	25.00				
186团	224	5	37.06	38.89	11.90	15	100.00	100.00	
187团	428	13	37.63	37.78	33.33	3	100.00	100.00	
188团	815	6	49.64	51.32	9.09	30	86.67	85.71	100.00

4-24 计划生育基本情况

年 份	已婚育龄妇女人数(人)	采取节育措施人数(人)	综合避孕率(%)	晚婚率(%)	计划生育率(%)	独生子女领证率(%)	领取独生子女证人数(人)
1995	12220	11340	92.8	81.2	100	27.4	3351
1996	13023	11398	87.5	91.4	100	30.2	3926
1997	13108	11664	89	95.8	100	31.2	4088
1998	12725	11369	89.3	98.2	100	29.4	3735
1999	13235	11749	88.8	96.7	100	30.2	4001
2000	13913	12399	89.1	99.3	100	33.4	4644
2001	13727	12495	91	88.5	100	32.4	4442
2002	13862	13004	93.8	98.4	100	29.7	4113
2003	14840	13285	89.5	99.6	100	29.7	4401
2004	17944	16391	91.4	98.8	100	25.9	4638
2005	17983	13273	88.3	88.3	100	25.1	4511
2006	15402	15402	88.8	97.1	100	33.3	5133
2007	16124	14701	91.2	96.1	100	31.1	5015
2008	16370	15627	95.5	98.2	100	32.9	5382
2009	16419	15253	92	98	100	36.1	5920
2010	17734	16479	92.9	98.4	100	38.4	6802
2011	17419	16090	92.4	99.4	100	38.8	6755
2012	16778	15626	93.10	100	100	41.5	6962
2013	16274	15219	93.50	100	100	42.7	6954
2014	16207	15121	93.30	100	100	44.1	7155
2015	16680	15347	92.00	100	99	44.9	7497
2016	18454	16978	92.00	92.45	100	51.46	9496

主要统计指标解释

从业人员： 指从事一定社会劳动并取得劳动报酬或经营收入的人员，包括全部职工、再就业的离退休人员、私营业主、个体户主、私营和个体从业人员、乡镇企业从业人员、农村从业人员、其他从业人员（包括民办教师、宗教职业者、现役军人等）。这一指标反映了一定时期内全部劳动力资源的实际利用情况，是研究我国基本国情国力的重要指标。

单位从业人员： 指在各级国家机关、政党机关、社会团体及企业、事业单位中工作，取得工资或其他形式的劳动报酬的全部人员。包括在岗职工、再就业的离退休人员、民办教师以及在各单位中工作的外方人员和港澳台方人员、兼职人员、借用的外单位人员和第二职业者。不包括离开本单位仍保留劳动关系的职工。各单位的从业人员反映了各单位实际参加生产或工作的全部劳动力。

职工： 指在国有经济、城镇集体经济、联营经济、股份制经济、外商和港、澳、台投资经济、其他经济单位及其附属机构工作，并由其支付工资的各类人员，不包括返聘的离退休人员、民办教师、在国有经济单位工作的外方人员和港、澳、台人员（1998年以后的数据均为在岗职工数据，其他相关指标如职工工资总额，职工平均工资等指标也从1998年按此口径进行了相应调整）。

在岗职工： 指在本单位工作并由单位支付工资的人员，以及有工作岗位，但由于学习、病伤产假等原因暂未工作，仍由单位支付工资的人员。

其他从业人员： 各单位其他从业人员是指劳动统计制度规定不作职工统计，但实际参加各单位生产或工作并取得劳动报酬的人员。包括：再就业的离退休人员、兼职、第二职业者以及在各单位中工作的外方人员和港、澳、台方人员。但不包括在各单位中工作并领取劳动报酬的在校学生。单位其他从业人员与在岗职工之和为该单位全部单位从业人员。

出生率(又称粗出生率)： 指在一定时期内（通常为一年）平均每千人所出生的人数的比率，一般用千分率表示。计算公式为：

出生率＝年出生人数／年平均人数×1000‰

式中：出生人数指活产婴儿，即胎儿脱离母体时（不管怀孕月数），有过呼吸或其他生命现象。年平均人数指年初、年底人口数的平均数，也可用年中人口数代替。

死亡率（又称粗死亡率）： 指在一定时期内（通常为一年）一定地区的死亡人数与同期平均人数（或期中人数）之比，一般用千分率表示。计算公式为：

死亡率＝年死亡人数／年平均人数×1000‰

人口自然增长率： 指在一定时期内（通常为一年）人口自然增加数（出生人数减死亡人数）与该时期内平均人数（或期中人数）之比，一般用千分率表示。计算公式为：

人口自然增长率＝（本年出生人数－本年死亡人数）／年平均人数×1000‰＝人口出生率－人口死亡率

职工工资总额： 指各单位在一定时期内直接支付给本单位全部职工的劳动报酬总额。工资总额的计算原则应以直接支付给职工的全部劳动报酬为根据。各单位支付给职工的劳动报酬以及其他根据有关规定支付的工资，不论是计入成本的还是不计入成本的，不论是按国家规定列入计征奖金税项目的，还是未列入计征奖金税项目的，不论是以货币形式支付的还是以实物形式支付的，均包括在工资总额内。工资总额由六

部分构成： 计时工资、计件工资、奖金、津贴和补贴、加班加点工资、特别情况下支付的工资。

团场承包职工工资总额，可按团场承包职工兑现收入，扣除个人或家庭雇工等费用后计算取得。雇工等费用可通过抽样调查方式取得。

职工平均工资： 指企业、事业、机关单位的职工在一定时期内平均每人所得的货币工资额。它表明一定时期职工工资收入的高低程度，是反映职工工资水平的主要指标。计算公式为：

职工平均工资＝报告期实际支付的全部职工工资总额／报告期全部职工平均人数。

5

固定资产投资与对口援建

5-1 固定资产投资基本情况

单位:万元、平方米、个

指标名称	2016年	2015年	2016年比2015年增长%
一、计划投资			
1. 计划总投资	1580667	1637693	-3.5
其中:本年新开工项目	62290	542603	-88.5
2. 自开始建设累计完成投资	1000999	1002252	-0.1
二、自年初累计完成投资	702311	639678	9.8
其中:国有经济控股	533121	406709	31.1
其中:住宅	31844	29549	7.8
1. 按登记注册类型分			
内资企业	699597	629428	11.1
国有企业	509452	389709	30.7
集体企业			
股份合作企业	11141	3128	256.2
有限责任公司	37542	25540	47.0
其他有限责任公司	15503	25540	-39.3
股份有限公司		9000	
私营企业	137042	194481	-29.5
私营独资企业	5688	2700	
私营有限责任公司	131354	191781	-31.5
其他企业	4420	7570	-41.6
港、澳、台商投资企业	2000		
个体经营	714	10250	-93.0
个体户	714	10250	-93.0
个人合伙			
2. 按建设性质分			
(1)新建	535954	451471	18.7
(2)扩建	145169	124491	16.6
(3)改建和技术改造	10847	34804	-68.8
3. 按构成分			
建筑工程	566956	450592	25.8
安装工程	83353	77723	7.2
设备工器具购置	45900	102600	-55.3
其中:用于更新的设备		4761	
其他费用	6102	8763	-30.4
其中:建设用地费	1043	123	748.0
4. 按国民经济行业分			
(一)农、林、牧、渔业	78705	73602	6.9
农业	15560	7873	97.6
林业	680	1546	-56.0

5-1 续表1　　　　　　　　　　　　　　　　　　　　　　　单位:万元、平方米、个

指标名称	2016年	2015年	2016年比2015年增长%
畜牧业	4745	12492	-62
农、林、牧、渔服务业	52252	51691	1.1
(二)采矿业	3070	1460	110.3
煤炭开采和洗选业		1300	
(三)制造业	42086	64533	-34.8
农副食品加工业	14383	9780	47.1
食品制造业	3878	22120	-82.5
造纸和纸制品业		1000	
化学原料和化学制品制造业	5690	6300	-9.7
橡胶和塑料制品业	2428	3133	-22.5
非金属矿物制品业	3011	7500	-59.9
黑色金属冶炼和压延加工业	4118		
金属制品业	520	2200	-76.4
(四)电力、热力、燃气及水生产和供应业	111816	164014	-31.8
电力、热力生产和供应业	47888	144436	-66.8
燃气生产和供应业	715	1400	-48.9
水的生产和供应业	63213	18178	247.7
(五)建筑业	4520	10005	-54.8
土木工程建筑业	4520	8333	-45.8
(六)批发和零售业	18974	31745	-40.2
批发业	9252	18500	-50
零售业	9722	13245	-26.6
(七)交通运输、仓储和邮政业	68738	81255	-15.4
道路运输业	65748	65275	0.7
仓储业	1990	15900	-87.5
(八)住宿和餐饮业	3894	820	374.9
住宿业	520	200	160
餐饮业	3374	620	444.2
(九)信息传输、软件和信息技术服务业	17850		
(十)金融业		1000	
货币金融服务		1000	
(十一)房地产业	78634	87097	-9.7
房地产业	78634	87097	-9.7
(十二) 租赁和商务服务业	4426	1490	197
商务服务业	4426	1490	197
(十三)科学研究和技术服务业	1050	338	210.7
专业技术服务业	1050	338	210.7
(十四)水利、环境和公共设施管理业	221667	78784	181.4

5-1 续表2

单位:万元、平方米、个

指 标 名 称	2016年	2015年	2016年比2015年增长%
水利管理业	71021	18617	281.5
生态保护和环境治理业	516	1986	-74.0
公共设施管理业	150130	58181	158.0
(十五)居民服务、修理和其他服务业	515	1915	-73.1
居民服务业	515	1915	-73.1
(十六)教育	8472	16682	-49.2
教育	8472	16682	-49.2
(十七)卫生和社会工作	17293	7100	143.6
卫生	10793	3950	173.2
社会工作	6500	3150	106.3
(十八)文化、体育和娱乐业	14377	12512	14.9
广播、电视、电影和影视录音制作业	4500	157	2766.2
文化艺术业	9092	7774	17.0
(十九)公共管理、社会保障和社会组织	6224	5326	16.9
国家机构	6224	5326	16.9
三、本年新增固定资产	403079	470550	-14.3
四、项目个数			
1. 施工项目个数	298	293	1.7
其中:本年新开工	216	204	5.9
2. 本年投产项目个数	194	192	1.0
五、房屋建筑面积			
1. 房屋施工面积	946726	1741142	-45.6
其中:住宅	484513	656225	-26.2
2. 本年房屋竣工面积	124477	560600	-77.8
其中:住宅	90787	299326	-69.7
六、本年实际到位资金合计	520511	530227	-1.8
1. 上年末结余资金	22217	22741	-2.3
2. 本年实际到位资金小计	498294	507486	-1.8
(1)国家预算资金	167854	123258	36.2
其中:中央预算资金	86615	78864	9.8
(2)国内贷款	81471	14435	464.4
(3)自筹资金	204139	331344	-38.4
其中:企、事业单位自有资金	134989	131580	2.6
其中:股东投入资金	33735	54475	-38.1
其中:借入资金	16485	78381	-79.0
(4)其他资金来源	44830	38449	16.6
七、各项应付款合计	199314	139672	42.7
其中:工程款	196055	130012	50.8

5-2 各单位全社会固定资产投资与上年对比情况

计量单位:万元

单 位	2016年	2015年	2016年比2015年增长%
总 计	702311	639678	9.8
一八一团	34540	23931	44.3
一八二团	19041	15731	21.0
一八三团	24740	25580	-3.3
一八四团	40470	64552	-37.3
一八五团	22091	6445	242.8
一八六团	14483	7979	81.5
一八七团	20373	18005	13.2
一八八团	53397	44276	20.6
屯南煤业	1305	4550	-71.3
电力公司	19375	7786	148.8
水利工程建管处	47623	18997	150.7
交通局建管处	65358	64972	0.6
工业物流园区	107544	108751	-1.1
城投公司	63914	65871	-3.0
师直其他单位	168057	162252	3.6

5-3 各单位按登记类型分全社会固定资产投资完成情况

（2016年）

计量单位：万元

单　　位	国有经济	其　　他	#房地产投资
总　　计	533121	169190	62290
一八一团	29200	5340	
一八二团	16996	2045	
一八三团	22454	2286	
一八四团	37661	2809	
一八五团	18991	3100	
一八六团	14483		
一八七团	19303	1070	
一八八团	41156	12241	
屯南煤业	710	595	
电力公司	19375		
水利工程建管处	47623		
交通局建管处	65358		
工业物流园区	46170	61374	
城投公司	63914		
师直其他单位	89727	78330	62290

5-4 各单位按行业分全社会固定资产投资完成情况

（2016年）

计量单位：万元

指　　标	总计	181团	182团	183团	184团	185团	186团	187团
总　　计	702311	34540	19041	24740	40470	22091	14483	20373
第一产业	78705	21431	3727	8247	6984	4780	650	3635
农、林、牧、渔业	78705	21431	3727	8247	6984	4780	650	3635
第二产业	161492	2383	233	2286	5709	685	11456	2774
采矿业	3070							
制造业	42086	500	233	486	2809	500	8000	1030
电力、热力、燃气及水的生产和供应业	111816			1800	2900	185	3456	
第三产业	462114	10726	15081	14207	27777	16626	2377	13964
批发和零售业	18974					1000		1188
交通运输、仓储和邮政业	68738							40
住宿和餐饮业	3894		520					134
房地产业	78634	784	1200	3320	2159	442		
租赁和商务服务业						1700		
科学研究和技术服务业	1050							
水利、环境和公共设施管理业	221667	9104	12158	7927	24833	12984	1877	12602
居民服务、修理和其他服务业	515							
教育	8472	838				200		
卫生和社会工作	17293		1203	660				
文化、体育和娱乐业	14377			2300	785	300	500	
公共管理和社会组织	6224							

指　　标	188团	屯南煤业	电力公司	水利工程建管处	交通局建管处	工业物流园区	城投公司	师直其他单位
总　　计	53397	1305	19375	47623	65358	107544	63914	168057
第一产业	29251							
农、林、牧、渔业	29251							
第二产业	6216	595	19375			36337	3200	70243
采矿业						3070		
制造业	5710					22818		
电力、热力、燃气及水的生产和供应业		595	19375			10062	3200	70243
第三产业	17930	710		47623	65358	71207	60714	97814
批发和零售业	1100					15686		
交通运输、仓储和邮政业					65358	2950		390
住宿和餐饮业							2360	880
房地产业	7500	710					229	62290
租赁和商务服务业						17850	1500	1226
科学研究和技术服务业								1050
水利、环境和公共设施管理业	7265			47623		34721	21555	29018
居民服务、修理和其他服务业	515							
教育	1000						6434	
卫生和社会工作							13460	1970
文化、体育和娱乐业	550						9942	
公共管理和社会组织							5234	990

5-5 各单位全社会固定资产投资完成情况

（2016年）

指标名称	总计	181团	182团	183团	184团	185团
全社会固定资产投资总额(万元)	702311	34540	19041	24740	40470	22091
按登记注册类型分						
内资企业	699597	34540	18529	24740	40470	22091
国有企业	509452	29200	16476	22454	37661	18991
私营企业	137042			2286	2809	500
其　他	4420		1820			2600
个体经营	714		512			
按工程构成分						
建筑工程	566956	33977	17120	24740	30723	18628
安装工程	83353		400		3143	1300
设备工器具购置	45900	563	471		4275	1563
其他费用	6102		1050		2329	600
新增固定资产（万元）	403079	39290	13999	25522	11272	11076
本年资金来源合计（万元）	520511	32360	12442	21913	23470	13865
1. 上年末结余资金	22217					
2. 本年资金来源小计	498294	32360	12442	21913	23470	13865
(1)国家预算资金	167854	17784	6955	4750	4360	8425
(2)国内贷款	81471	3600				
(3)自筹资金	204139	10976	3842	15363	19110	5440
(4)其他资金来源	44830		1645	1800		
房屋建筑面积（万元）						
1. 施工面积	946726	8493	13099	111151	48264	
其中:住宅	484513	8493	9544	92239	34000	
2. 竣工面积	124477	8493	13099	68567		
其中:住宅	90787	8493	9544	68567		

5-5 续表1

指标名称	186团	187团	188团	屯南煤业	电力公司
全社会固定资产投资总额(万元)	14483	20373	53397	1305	19375
按登记注册类型分					
内资企业	14483	20373	53397	1305	19375
国有企业	14483	19303	40756		623
私营企业		1070	1100	595	
其　他					
个体经营					
按工程构成分					
建筑工程	8423	14120	52408	1025	750
安装工程	5660	2904	446		6113
设备工器具购置	400	2969	543	280	12512
其他费用		380			
新增固定资产(万元)	1667	19252	46207		16040
本年资金来源合计（万元）	14217	5594	53722	1863	19456
1. 上年末结余资金			1900		
2. 本年资金来源小计	14217	5594	51822	1863	19456
(1)国家预算资金	9250	2075	7600	624	6436
(2)国内贷款			11931		13020
(3)自筹资金	4967	3479	31991	1239	
(4)其他资金来源		40	300		
房屋建筑面积(平方米)					
1. 施工面积			69100	4880	
其中:住宅			48750	4880	
2. 竣工面积					
其中:住宅					

5-5 续表2

指标名称	水利工程建管处	交通局建管处	工业物流园区	城投公司	师直其他单位
全社会固定资产投资总额(万元)	47623	65358	107544	63914	168057
按登记注册类型分					
内资企业	47623	65358	105342	63914	168057
国有企业	47623	65358	46170	63914	86440
私营企业			56372		72310
其　他					
个体经营			202		
按工程构成分					
建筑工程	47623	65358	65402	55544	131115
安装工程			34042	3178	26167
设备工器具购置			8000	5192	9132
其他费用			100		1643
新增固定资产(万元)	18200	36408	70110	56691	37345
本年资金来源合计(万元)	25735	64218	55749	57114	118793
1. 上年末结余资金	7300		500		12517
2. 本年资金来源小计	18435	64218	55249	57114	106276
(1)国家预算资金	8235	21300	17000	47114	5946
(2)国内贷款			21100		31820
(3)自筹资金	10200	42918	17149		37465
(4)其他资金来源				10000	31045
房屋建筑面积(平方米)					
1. 施工面积					691739
其中:住宅					286607
2. 竣工面积					34318
其中:住宅					4183

5-6 固定资产投资新增生产能力(或效益)

(2016年)

指　标	计量单位	本年新增	指　标	计量单位	本年新增
大中型拖拉机	千瓦		水库	座	
	台			万立方米	
小型及手扶拖拉机	千瓦		电话线路	公里	
	台		汽车	辆	
联合收割机	千瓦		其中:载重汽车	辆	
	台		发电	千瓦	270000
机引农具	部		仓库	座	
植保机械	部			平方米	
开荒面积	公顷		其中:粮食仓库	座	
造　林	公顷			万公斤	
果树定植	公顷			平方米	
畜禽生产用房	平方米		高等院校	席位(个)	
草原建设	公顷			平方米	
畜牧机械	部		中等院校	席位(个)	
烘干机	台			平方米	
水泥晒场	平方米		小学校	席位(个)	
有效灌溉面积	公顷			平方米	
其中:喷灌面积	公顷		医院	床位(个)	
新挖灌渠	公里			平方米	
新挖排渠	公里		输电线路	公里	
渠道防渗	公里		其中:11万伏及以上	公里	
新建公路	公里	20	变电设备	万千伏安	
扩建公路	公里			台	
改建公路	公里		其中:11万伏及以上	万千伏安	
住房(砖木结构及其以上)	平方米			台	

5-7 历年全社会固定资产投资完成情况

单位:万元、万平方米

年份	固定资产投资额	其中			房屋竣工面积	
		生产性	非生产性	新增固定资产		住宅面积
1953	18.52			18.52	0.90	0.86
1954	13.40	7.24	6.16	13.40	1.87	0.86
1955	34.83	25.23	9.60	34.21	0.82	0.16
1956	61.26	45.64	15.62	61.26	1.53	0.39
1957	102.95	83.15	19.80	102.95	0.92	0.33
1958	93.70	71.00	22.70	63.71	1.20	0.36
1959	490.34	397.17	93.17	334.31	6.41	2.56
1960	834.23	675.72	158.51	786.60	5.60	2.72
1961	519.21	459.03	60.18	447.90	2.01	0.71
1962	264.20	233.60	30.60	259.90	2.71	1.64
1963	468.49	422.94	45.55	231.74	2.94	1.25
1964	691.40	559.99	131.41	489.89	6.70	3.81
1965	627.12	473.59	153.53	445.25	9.95	6.31
1966	592.94	436.38	156.56	168.70	11.14	8.53
1967	594.09	396.39	197.70	302.40	7.54	7.16
1968	391.70	280.10	111.60	255.00	5.14	4.23
1969	162.20	140.77	21.43	105.59	4.96	3.59
1970	476.50	413.58	62.92	310.20	7.67	5.47
1971	424.93	353.24	71.69	277.15	7.15	4.55
1972	307.58	256.57	51.01	168.20	4.09	2.88
1973	402.55	273.15	129.40	240.05	3.82	2.99
1974	386.68	260.08	126.60	241.71	4.45	3.68
1975	297.18	251.68	45.05	231.42	3.32	3.05
1976	545.60	383.37	162.23	304.59	5.08	4.25
1977	324.43	277.95	46.48	66.33	2.15	1.14
1978	488.19	392.05	96.14	183.16	3.09	2.64
1979	1324.71	1072.08	252.63	738.42	8.57	3.97
1980	1782.59	1479.34	303.25	875.02	6.62	3.79
1981	1529.31	1212.82	316.49	723.96	7.08	3.83

5-7 续表1

单位:万元、万平方米

年份	固定资产投资额	其中				房屋竣工面积	
		生产性	非生产性	私人投资	新增固定资产		住宅面积
1982	1955.72	1622.90	332.82		1473.16	6.79	4.18
1983	1643.37	1253.18	390.19		1006.16	4.74	3.34
1984	1342	1108	234	128	1363	4.50	1.36
1985	1803	1175	628	152	1318	4.59	1.59
1986	1133	792	341	75	1051	3.97	1.54
1987	1036	830	206	54	1016	1.80	0.83
1988	1829	1376	453	144	1932	5.17	2.25
1989	1105	759	346	191	866	2.19	1.30
1990	1973	1275	698	209	1550	5.32	3.42
1991	4806	3506	1300	177	5311	6.45	3.66
1992	4040	2755	1285	176	2933	5.76	3.19
1993	7069	4988	2081	83	5715	5.21	1.31
1994	6956	5856	1100	357	4332	4.71	3.09
1995	9869	7517	2352	299	6057	5.88	2.59
1996	12968	10043	2925	280	9628	9.38	3.29
1997	9434	6207	3227	639	6173	6.18	3.91
1998	14486	9819	4667	920	9059	9.55	6.31
1999	37121	22329	14792	677	28381	21.24	18.99
2000	44522	29158	15364	762	40555	22.29	17.51
2001	51182	26985	24197	1146	44378	33.69	27.63
2002	52175	31657	20518	2026	49280	23.39	15.81
2003	47121	35080	12041	3188	42380	19.53	13.45
2004	47410	36306	11104	3175	46259	18.37	13.33
2005	43889	31621	12268	4371	41582	14.94	7.52
2006	55829	48943	6886	3891	55615	9.49	4.48
2007	57340	47808	9532	4429	54463	12.51	9.26
2008	67093	49504	17589	11981	70981	21.59	17.62
2009	86284	53595	32689	16053	79826	26.89	25.46
2010	118109	54510	63599	31482	118529	44.28	28.19
2011	176726	108461	68265	8665	59651	9.65	1.9

年份	固定资产投资额	其中				房屋竣工面积	
		第一产业	第二产业	第三产业	新增固定资产		住宅面积
2012	265217	26239	58371	180607	182406	60.34	51.9
2013	397233	38172	78250	280811	201397	53.43	36.64
2014	526427	61582	110095	354750	398805	58.49	33.44
2015	639678	73602	240012	326064	470550	55.21	29.37
2016	702311	78705	161492	462114	403079	12.45	9.08

5-8 对口援疆项目完成情况

(2016年)

单位:万元

项目名称	计划总投资	其中援助资金	累计完成投资额	累计到位援助资金
合计	15562	7000	14961	7000
一、改善民生项目				
十师北屯医院住院综合楼及医技综合楼建设项目	11270	3308	11270	3308
一八二团医院医疗康复中心建设项目	600	300	500	300
一八一团、一八三团、一八四团、一八八团及一八团二院医院急救能力建设项目	225	225	149	225
二、教育				
北屯中学教学楼维修改造及设备购置项目	346	346	346	346
各团场学校教育信息化设备购置	510	510	510	510
一八二团中学教学设备购置	25	25	25	25
大学生补助计划	100	100	98	100
三、就业及支持产业发展项目				
十师北屯市就业技能培训项目	250	250	250	250
一八三团龙疆农业设施基地建设项目	1100	800	950	800
四、干部人才培养项目				
引进高端医疗卫生专家项目	50	50	50	50
引进专家团讲座项目	20	20	5	20
师市党政干部人才挂职培训项目	190	190	28	190
引进教育专家	40	40	5	40
五、促进交流交往				
十师北屯市博物馆及文化馆设备购置	305	305	305	305
六、维稳				
各团场反恐维稳设备购置	506	506	470	506
七、规划编制以及预留费用等	25	25		25

主要统计指标解释

固定资产投资统计报表制度规定，基层统计单位均要填报登记注册类型。登记注册类型由从事固定资产投资活动的企业或个体经营单位填报。已在工商行政管理部门登记的，按登记注册类型填报，未登记的，按投资者的登记注册类型或有关文件的规定填报。

计划总投资： 指建设项目或企业、事业单位中的建设工程，按照总体设计规定的内容全部建成计划（或按设计概算或预算）需要的总投资。没有总体设计，分别按年内施工工程的计划总投资合计数填报。单纯购置单位应填报单纯购置的计划总投资。

自开始建设至本年底累计完成投资： 自年初累计完成投资：指从本年1月1日起至报告期末止累计完成的投资。

本年完成投资： 指从本年1月1日起至本年最后一天止完成的全部投资额。

本年完成投资额按构成分：

1. 建筑工程
2. 安装工程
3. 设备工具器具购置
4. 其他费用

本年新增固定资产： 指报告期内交付使用的固定资产价值。包括本年内建成投入生产或交付使用的工程投资和达到固定资产标准的设备、工具、器具的投资及有关应摊入的费用。

属于增加固定资产价值的其他建设费用，应随同交付使用的工程一并计入新增固定资产。

房屋建筑面积及价值

本年施工房屋面积： 指报告期内施工的全部房屋建筑面积。包括本期新开工的面积和上期开工跨入本期继续施工的房屋面积，以及上期已停建在本期复工的房屋面积。本期竣工和本期施工后又停缓建的房屋，其建筑面积仍计入本期施工房屋面积中。

本年竣工房屋面积： 指在报告期内房屋建筑按照设计要求已全部完工，达到住人和使用条件，经验收鉴定合格（或达到竣工验收标准），可正式移交使用的各栋房屋建筑面积的总和。

本年竣工房屋价值： 指在报告期内竣工房屋本身的建造价值。竣工房屋价值按房屋设计和预算规定的内容计算。竣工房屋本身的基础、结构、房屋、装修以及水、电、卫等附属工程的建造价值，也包括作为房屋建筑组成部分而列入房屋建筑工程预算内的设备（如电梯、通风设备等）的购置和安装费用。不包括厂房内的工艺设备、工艺管线的购置和安装，工艺设备基础的建造，室外的水、暖、电、卫、道路工程、挡土墙等环境工程的费用，办公及生活用家具的购置等费用，购置土地的费用，迁移补偿费和场地平整的费用等。

竣工房屋价值一般按结算价格计算。

6

农业

6-1 农业生产情况主要指标

指标	2016年	2015年	2016年比2015年增长%
农林牧渔业总产值(万元)	331445	317628	7.1
农业	202300	202890	9.0
林业	4823	4136	-11.1
牧业	70297	64182	3.3
渔业	24378	20094	12.0
农林牧渔服务业	29647	26326	2.5
农林牧渔业增加值(万元)	122999	115758	7.3
农业	82897	80972	8.5
林业	1323	1108	-11.0
牧业	22432	19808	1.6
渔业	7328	5861	12.0
农林牧渔服务业	9019	8009	2.5
总播种面积(万亩)	89.98	85.19	5.6
粮食	25.46	28.54	-10.8
#小麦	15.71	15.5	1.4
玉米	6.99	10.41	-32.9
棉花		4.02	-100.0
甜菜		1.38	-100.0
油料	9.35	7.84	19.3
苜蓿(万亩)	7.54	5.51	36.8
主要产品产量(吨)			
粮食	122627	141133	-13.1
#小麦	70283	66569	5.6
玉米	46126	69407	-33.5
棉花		2497	-100.0
甜菜		73969	-100.0
油料	21270	15829	34.4
水果	6180	4163	48.5
牲畜年末存栏数(万头(只))	34.81	33.63	3.5
大牲畜	2.56	2.15	19.1
#牛	2.44	2.15	13.5
猪	3.17	3.08	2.9
羊	29.08	28.4	2.4
主要畜产品产量(吨)			
肉类总产量	16107	15169	6.2
羊毛	798	705	13.2
牛奶	9776	9506	2.8
禽蛋	3792	3514	7.9
水产品产量	10494	9135	14.9

6-2 团场补充资料

（2016年）

指标	单位	2016年	2015年	2016年比2015年增长%
团场占地面积	平方公里	3844.75	3844.75	
连队个数	个	103	100	3.0
其中:通自来水的连	个	103	100	3.0
通电话的连	个	102	99	3.0
通有线电视的连	个	102	99	3.0
境内公路里程	公里	806	806	
境内火车站个数	个	1	1	
普通中学数	所	8	8	
小学数	所	8	8	
普通中学专任教师数	人	281	299	-6.0
小学专任教师数	人	288	280	2.9
普通中学在校学生数	人	1654	1932	-14.4
其中:女生	人	779	990	-21.3
小学在校学生数	人	3145	3261	-3.6
其中:女生	人	1454	1596	-8.9
初中升学率	%	98.13	98.38	-0.3
农业科技与服务单位个数	个	21	18	16.7
体育场馆数	个	6	4	50.0
公务图书馆图书总藏量	千册	465	459	1.3
医院、卫生院数	所	8	8	
医院、卫生院床位数	床	445	340	30.9
医院、卫生院技术人员数	人	368	361	1.9
其中:执业(助理)医师	人	147	106	38.7
卫生防疫人员数	人	38	47	-19.1
采棉机	台	13	13	
实际机械采收面积	亩		30000	-100.0
制种玉米面积	亩	35452	45080	-21.4
制种玉米产量	吨	17726	22540	-21.4

6-3 分团场补充资料

（2016年）

指标	单位	十师	一八一团	一八二团	一八三团	一八四团
团场占地面积	平方公里	3844.75	760	357.56	353	724
连队个数	个	103	16	13	17	6
其中：通自来水的连	个	103	16	13	17	6
通电话的连	个	102	16	13	17	5
通有线电视的连	个	102	16	13	17	5
境内公路里程	公里	806	116	143	81	40
境内火车站个数	个	1				
普通中学数	所	8	1	1	1	1
小学数	所	8	1	1	1	1
普通中学专任教师数	人	281	36	28	37	48
小学专任教师数	人	288	29	35	49	37
普通中学在校学生数	人	1654	226	190	288	271
其中：女生	人	779	100	79	132	131
小学在校学生数	人	3145	451	380	556	526
其中：女生	人	1454	206	174	255	244
初中升学率	%	98.13	100	100	100	87
农业科技与服务单位个数	个	21	1	5	1	1
体育场馆数	个	6		1	1	
公务图书馆图书总藏量	千册	465	77	156	62	41
医院、卫生院数	所	8	1	1	1	1
医院、卫生院床位数	床	445	50	25	30	25
医院、卫生院技术人员数	人	368	67	38	44	39
其中：执业（助理）医师	人	147	31	15	18	17
卫生防疫人员数	人	38		5	8	2
采棉机	台	13				13
实际机械采收面积	亩					
制种玉米面积	亩	35452				35452
制种玉米产量	吨	17726				17726

6-3续表 （2016年）

指　　标	单　位	一八五团	一八六团	一八七团	一八八团
团场占地面积	平方公里	908	62.19	290	390
连队个数	个	11	6	15	16
其中:通自来水的连	个	11	6	15	16
通电话的连	个	11	6	15	16
通有线电视的连	个	11	6	15	16
境内公路里程	公里	140	38	115	133
境内火车站个数	个				1
普通中学数	所	1	1	1	1
小学数	所	1	1	1	1
普通中学专任教师数	人	24	17	36	55
小学专任教师数	人	20	19	30	69
普通中学在校学生数	人	84	64	155	376
其中:女生	人	37	28	89	183
小学在校学生数	人	130	150	257	695
其中:女生	人	59	74	117	325
初中升学率	%	100	100	98	100
农业科技与服务单位个数	个	6	1	1	6
体育场馆数	个	1	1		1
公务图书馆图书总藏量	千册	20	13	40	69
医院、卫生院数	所	1	1	1	1
医院、卫生院床位数	床	25	20	35	235
医院、卫生院技术人员数	人	37	21	46	76
其中:执业(助理)医师	人	7	7	17	35
卫生防疫人员数	人	4	5	6	8
采棉机	台				
实际机械采收面积	亩				
制种玉米面积	亩				
制种玉米产量	吨				

6-4 分团场按行业划分农业总产值

（2016年）

单位：万元

单 位	合 计	农 业	林 业	牧 业	渔 业	农林牧渔服务业
十 师	331445	202300	4823	70297	24378	29647
一八一团	46941	24585	463	11756	287	9850
一八二团	26938	18683	503	4259	2438	1055
一八三团	81420	54303	286	11303	9069	6459
一八四团	76191	58767	1374	7132	804	8114
一八五团	15354	9350	614	4686	435	269
一八六团	6365	5241	174	689		261
一八七团	35502	19696	567	8836	4734	1669
一八八团	42106	11675	842	21636	6521	1432

6-5 分团场按行业划分农业增加值

（2016年）

单位：万元

单 位	合 计	农 业	林 业	牧 业	渔 业	农林牧渔服务业
十 师	122999	82897	1323	22432	7328	9019
一八一团	16061	9304	140	3750	105	2762
一八二团	9994	7010	140	1610	834	400
一八三团	25892	19093	75	3414	1986	1324
一八四团	35810	30611	405	1498	272	3024
一八五团	5681	3392	173	1870	157	89
一八六团	2610	2152	46	322		90
一八七团	12319	7080	159	2872	1586	622
一八八团	14400	4255	185	7096	2348	516

6-6 分团场农业总产值

（2016年）　　单位:万元

指　　标	序号	十　师	一八一团	一八二团	一八三团	一八四团
农林牧渔业总产值总计	1	331445	46941	26938	81420	76191
一.农业产值合计	2	202300	24585	18683	54303	58767
(一)谷物及其他作物	3	124138	19064	18228	32181	15849
谷　物	4	31088	3560	5030	5705	8625
#小　麦	5	17433	2685	2391	4902	1436
玉　米	6	12363	693	2359	609	7002
豆　类	7	5113	29		1000	
折粮薯类	8	21	17			
油料作物	9	15135	4822	3174	1136	1627
其他作物	10	72781	10636	10024	24340	5597
#打瓜籽	11	13977	2972	2940	4918	854
苜　蓿	12	9275	4062	1683	245	77
其他饲料作物	13	5124	632	835		
其　他	14	44405	2970	4566	19177	4666
(二)蔬菜园艺作物	15	44490	684	455	3640	36070
#蔬菜	16	44116	350	455	3640	36070
工业用辣椒	17	36029				36029
#花卉园艺	18	374	334			
(三)水果	19	24768	4837		18482	872
(四)中草药材	20	8904				5976
#枸　杞	21	6258				3330
其　他	22	2646				2646
二.林业产值合计	23	4823	463	503	286	1374
#林木的培育和种植	24	4397	161	503	162	1374
林产品	25	424	300		124	
木材采运	26	2	2			
三.牧业产值合计	27	70297	11756	4259	11303	7132
(一)牲畜饲养	28	59470	11338	3748	10763	4611
#牛	29	12916	2445	500	3900	300
羊	30	27490	6803	2160	4447	2205
猪的饲养	31	13331	700	690	1300	1980
其他牲畜饲养	32					
生　奶	33	4899	935	350	1056	93
毛绒产品	34	834	455	48	60	33
(二)家禽的饲养	35	9839	375	341	540	2381
#家禽	36	6315	125	306	380	2280
禽蛋	37	3524	250	35	160	101
(三)其他动物及产品	38	988	43	170		140
#蜂　蜜	39	988	43	170		140
四.渔业产值合计	40	24378	287	2438	9069	804
#鱼　类	41	23549	269	2288	8919	804
虾蟹类	42	829	18	150	150	
五.农林牧渔服务业产值合计	43	29647	9850	1055	6459	8114

6-6续表　　(2016年)　　单位:万元

指　　标	序 号	一八五团	一八六团	一八七团	一八八团
农林牧渔业总产值总计	1	15354	6365	35502	42106
一. 农业产值合计	2	9350	5241	19696	11675
(一)谷物及其他作物	3	6822	4989	17585	9420
谷　物	4	1821	2520	2737	1090
# 小　麦	5	1431	2162	1548	878
玉　米	6	332	183	1079	106
豆　类	7			3434	650
折粮薯类	8	4			
油料作物	9	1249	1591	944	592
其他作物	10	3748	878	10470	7088
#打瓜籽	11	372	485	911	525
苜　蓿	12	1001	182	1549	476
其他饲料作物	13	24	40	3063	530
其　他	14	2351	171	4947	5557
(二)蔬菜园艺作物	15	260	252	1451	1678
#蔬菜	16	220	252	1451	1678
工业用辣椒	17				
#花卉园艺	18	40			
(三)水果	19				577
(四)中草药材	20	2268		660	
#枸　杞	21	2268		660	
其　他	22				
二. 林业产值合计	23	614	174	567	842
#林木的培育和种植	24	614	174	567	842
林产品	25				
木材采运	26				
三. 牧业产值合计	27	4686	689	8836	21636
(一)牲畜饲养	28	4302	600	7897	16211
#牛	29	675		1806	3290
羊	30	2304	350	4959	4262
猪的饲养	31	1170	207	350	6934
其他牲畜饲养	32				
生　奶	33	115	30	720	1600
毛绒产品	34	38	13	62	125
(二)家禽的饲养	35	384	89	504	5225
#家禽	36	169	63	112	2880
禽蛋	37	215	26	392	2345
(三)其他动物及产品	38			435	200
#蜂　蜜	39			435	200
四. 渔业产值合计	40	435		4734	6521
#鱼　类	41	435		4223	6521
虾蟹类	42			511	
五. 农林牧渔服务业产值合计	43	269	261	1669	1432

6-7 主要农业机械拥有量

指标	计量单位	2016年	2015年	2016年比2015年增长%
农业机械总动力	千瓦	301312	264511	13.9
主要机械与设备	千瓦	276401	255447	8.2
#大中型农用拖拉机	台	4831	5271	-8.3
	千瓦	184501	167618	10.1
小型手扶拖拉机	台	518	749	-30.8
	千瓦	7346	9422	-22.0
大中型拖拉机配套农具	部	6982	7856	-11.1
农用排灌动力机械	千瓦	50427	43202	16.7
节水灌溉机械	套	2525	2531	-0.2
联合收割机	台	172	188	-8.5
	千瓦	20565	22975	-10.5
机动脱粒机	台	67	48	39.6
	千瓦	693	1206	-42.5
渔用机动船	艘	50	57	-12.3
	千瓦	349	452	-22.8
农用运输车	辆	358	351	2.0
	千瓦	12520	10102	23.9

6-8　分团场主要农业机械拥有量

（2016年）

项　　目	计量单位	十　师	一八一团	一八二团	一八三团	一八四团
(一)农业机械总动力	千瓦	301312	32947	53036	69480	49696
(二)主要机械与设备	千瓦	276401	30367	50740	58973	49696
#大中型农用拖拉机	台	4831	530	769	941	699
	千瓦	184501	19828	35049	32576	29915
小型手扶拖拉机	台	518	353		130	
	千瓦	7346	5050		1911	
大中型拖拉机配套农具	部	6982	690	936	2625	1041
小型拖拉机配套农具	部	493	308		150	
农用排灌柴油机	台	1421	71	524	452	
农用排灌柴油机	千瓦	26007	817	9148	10500	
农用排灌电动机	台	545	7	46	135	226
农用排灌电动机	千瓦	24420	77	2574	7425	9327
农用水泵	台	1039	290	343		68
节水灌溉机械	套	2525	121	547	560	215
联合收割机	台	172	33	32	12	47
	千瓦	20565	3273	3512	1232	7730
机动脱粒机	台	67	32			
	千瓦	693	537			
渔用机动船	艘	50		3	2	
	千瓦	349		9	29	
农用运输车	辆	358	19	10	42	203
	千瓦	12520	785	448	5300	2724

6-8续表 （2016年）

项　　目	计量单位	一八五团	一八六团	一八七团	一八八团
(一)农业机械总动力	千瓦	16962	5890	37877	35424
(二)主要机械与设备	千瓦	13337	5652	36057	31579
#大中型农用拖拉机	台	265	160	780	687
	千瓦	7959	4796	28811	25567
小型手扶拖拉机	台				35
	千瓦				385
大中型拖拉机配套农具	部	436	156	570	528
小型拖拉机配套农具	部				35
农用排灌柴油机	台			259	115
农用排灌柴油机	千瓦			3426	2116
农用排灌电动机	台	86		26	19
农用排灌电动机	千瓦	3232		1430	355
农用水泵	台	86		252	
节水灌溉机械	套	86	140	474	382
联合收割机	台	6	7	25	10
	千瓦	561	856	2317	1084
机动脱粒机	台				35
	千瓦				156
渔用机动船	艘			5	40
	千瓦			73	238
农用运输车	辆	54			30
	千瓦	1585			1678

6-9 农业生产条件

指　　　标	计量单位	2016年	2015年	2016年比2015年增长%
一. 农业主要能源及物资消耗				
农村用电量	万千瓦小时	6632	6509	1.9
农用化肥施用量				
按实物量计算	吨	73448	70832	3.7
氮　　肥	吨	36912	35614	3.6
磷　　肥	吨	16041	15687	2.3
钾　　肥	吨	6869	6509	5.5
复 合 肥	吨	13626	13022	4.6
按折纯法计算	吨	32635	30980	5.3
氮　　肥	吨	17046	16106	5.8
磷　　肥	吨	6126	5915	3.6
钾　　肥	吨	2880	2696	6.8
复 合 肥	吨	6583	6263	5.1
农用塑料薄膜使用量	吨	2832	2745	3.2
# 地膜使用量	吨	2712	2505	8.3
地膜覆盖面积	亩	683850	634340	7.8
农用柴油使用量	吨	18660	16899	10.4
农药使用量(实物量)	公斤	1218690	1163640	4.7
二. 农田水利建设情况				
有效灌溉面积	亩	941077	937043	0.4
# 高新节水灌溉面积	亩	823295	793259	3.8
旱涝保收面积	亩	888879	880935	0.9
机电排灌面积	亩	823295	793259	3.8
机电井	眼	602	600	

6-10 分团场农业生产条件

（2016年）

指　　标	计量单位	合　计	一八一团	一八二团	一八三团	一八四团
一.农业主要能源及物资消耗						
农村用电量	万千瓦小时	6632	677	700	1125	1976
农用化肥施用量						
按实物量计算	吨	73448	10619	6450	28633	11250
氮　肥	吨	36912	4445	3250	15239	5095
磷　肥	吨	16041	2227	1600	7183	1029
钾　肥	吨	6869	1106	500	3029	842
复合肥	吨	13626	2841	1100	3182	4284
按折纯法计算	吨	32635	4154	3281	12356	5182
氮　肥	吨	17046	2000	1757	6858	2293
磷　肥	吨	6126	735	736	2514	360
钾　肥	吨	2880	254	238	1393	387
复合肥	吨	6583	1165	550	1591	2142
农用塑料薄膜使用量	吨	2832	312	220	566	923
# 地膜使用量	吨	2712	312	220	446	923
地膜覆盖面积	亩	683850	54025	73000	111432	205792
农用柴油使用量	吨	18660	2190	850	5900	2601
农药使用量(实物量)	公斤	1218690	156000	17300	206120	721360
二.农田水利建设情况						
有效灌溉面积	亩	941077	122304	112468	160167	205792
# 高新节水灌溉面积	亩	823295	121400	98000	155000	205792
旱涝保收面积	亩	888879	121400	110000	160167	205792
机电排灌面积	亩	823295	121400	98000	155000	205792
机电井	眼	602				517

6-10续表

（2016年）

指　　标	计量单位	一八五团	一八六团	一八七团	一八八团
一. 农业主要能源及物资消耗					
农村用电量	万千瓦小时	176	313	940	725
农用化肥施用量					
按实物量计算	吨	1710	1492	5924	7370
氮　肥	吨	886	748	3225	4024
磷　肥	吨	535	531	1395	1541
钾　肥	吨	230	213	629	320
复合肥	吨	59		675	1485
按折纯法计算	吨	872	625	2659	3506
氮　肥	吨	504	344	1439	1851
磷　肥	吨	246	202	609	724
钾　肥	吨	92	79	280	157
复合肥	吨	30		331	774
农用塑料薄膜使用量	吨	23	19	266	503
# 地膜使用量	吨	23	19	266	503
地膜覆盖面积	亩	8240	6439	91697	133225
农用柴油使用量	吨	1021	350	508	5240
农药使用量(实物量)	公斤	12960	11104	52518	41328
二. 农田水利建设情况					
有效灌溉面积	亩	58661	38500	131985	111200
# 高新节水灌溉面积	亩	46000	33500	96497	67106
旱涝保收面积	亩	57000	35429	131985	67106
机电排灌面积	亩	46000	33500	96497	67106
机电井	眼	76			9

6-11 农作物播种面积、总产量

(2016年)

指标	正复播播种面积(亩)	正复播总产量(吨)	每亩产量(公斤)	复播面积(亩)
农作物总播种面积	899830			33385
一. 粮食作物合计	254577	122627	3185	
(一) 谷　　物	227032	116507	3055	
#小　麦	157050	70283	3058	
#冬小麦	10967	4913	2676	
春小麦	146083	65370	3502	
玉　米	69872	46126	6082	
(二) 豆类合计	27235	6023	784	
(三) 折粮薯类	310	97	1000	
# 马铃薯	310	97	1000	
二. 油料作物	93523	21270	1741	813
#油　菜　籽	415	46	111	
#葵　花　籽	93108	21224	1746	813
三. 棉　　花				
五. 甜　　菜				
六. 中草药材	36308	3152	292	
# 甘　　草	1764	1764	1000	
枸　　杞	34164	1388	327	
七. 蔬菜及食用菌	90006	241422	26635	305
# 工业用辣椒	84495	219687		
九. 瓜果类	30243	106485	8418	
#甜　瓜	30243	106485	8418	
十. 其他作物	395173	141760	1519	32267
#打瓜籽	84049	12656	1093	30
苜　蓿	75447	66301	6399	150
其他饲料	12452	55550	21654	3900
# 青贮玉米	12452	55550	21654	2361
其它作物	223225	32790	1295	28187

6–12　分团场农作物播种面积

（2016年）　　单位：亩

指　　标	合　计	一八一团	一八二团	一八三团	一八四团
农作物总播种面积	899830	123641	112012	188289	205792
一．粮食作物合计	254577	25210	37012	52585	54952
（一）谷　　物	227032	24710	37012	46072	54952
#小　麦	157050	21200	22012	41000	19500
#冬小麦	10967	2001	2012	1040	2000
春小麦	146083	19199	20000	39960	17500
玉　米	69872	3400	15000	5072	35452
（二）豆类合计	27235	200		6513	
（三）折粮薯类	310	300			
# 马铃薯	310	300			
二．油料作物	93523	31050	15263	8451	7069
#葵　花　籽	93108	31050	15263	8451	7069
三．棉　　花					
五．甜　　菜					
六．中草药材	36308				28845
# 甘　　草	1764				1764
枸　　杞	34164				27081
七．蔬菜及食用菌	90006	325	130	2350	85505
# 工业用辣椒	84495				84495
九．瓜果类	30243	6100		24113	
#甜　瓜	30243	6100		24113	
十．其他作物	395173	60956	59607	100790	29421
#打瓜籽	84049	21000	14000	24103	10297
苜　蓿	75447	26400	12080	5385	1179
其他饲料	12452	2706	4539		
# 青贮玉米	12452	2706	4539		
其它作物	223225	10850	28988	71302	17945

6-12续表　　(2016年)　　单位:亩

指　标	一八五团	一八六团	一八七团	一八八团
农作物总播种面积	63650	35429	103911	67106
一.粮食作物合计	16970	18013	34322	15513
(一)谷　物	16960	18013	19260	10053
#小　麦	14000	16679	13286	9373
#冬小麦	800		3114	
春小麦	13200	16679	10172	9373
玉　米	2960	1334	5974	680
(二)豆类合计			15062	5460
(三)折粮薯类	10			
# 马铃薯	10			
二.油料作物	8679	10981	5472	6558
#葵　花　籽	8264	10981	5472	6558
三.棉　花				
五.甜　菜				
六.中草药材	6300		783	380
# 甘　草				
枸　杞	6300		783	
七.蔬菜及食用菌	110	300	556	730
# 工业用辣椒				
九.瓜果类		30		
#甜　瓜		30		
十.其他作物	31591	6105	62778	43925
#打瓜籽	2698	3105	5031	3815
苜　蓿	11000	1300	13843	4260
其他饲料	328	400	2659	1820
# 青贮玉米	328	400	2659	1820
其它作物	17565	1300	41245	34030

6-13　分团场农作物总产量

（2016年）　　单位:吨

指　　标	合　计	一八一团	一八二团	一八三团	一八四团
一. 粮食作物合计	122627	13421	22716	25131	24254
（一）谷　　物	116507	13293	22716	23894	24254
#小　麦	70283	9640	9966	20090	6528
#冬小麦	4913	1000	966	510	518
春小麦	65370	8640	9000	19580	6010
玉　米	46126	3555	12750	3804	17726
（二）豆类合计	6023	38		1237	
（三）折粮薯类	97	90			
# 马铃薯	97	90			
二. 油料作物	21270	7200	4097	1859	1272
#葵　花　籽	21224	7200	4097	1859	1272
三. 棉　　花					
五. 甜　　菜					
六. 中草药材	3152				2664
# 甘　　草	1764				1764
枸　　杞	1388				900
七. 蔬菜及食用菌	241422	1012	910	11750	219942
# 工业用辣椒	219687				219687
九. 瓜果类	106485	19630		86807	
#甜　瓜	106485	19630		86807	
十. 其他作物	141760	40170	38918		
#打瓜籽	12656	3500	2100	4098	1095
苜　蓿	66301	29020	10200	3500	590
其他饲料	55550	4680	22270		
# 青贮玉米	55550	4680	22270		
其它作物	32790	2970	4348	9269	4666

6-13续表 （2016年） 单位:吨

指　　标	一八五团	一八六团	一八七团	一八八团
一. 粮食作物合计	7966	9280	15025	4834
(一) 谷　　物	7959	9280	11034	4077
#小　麦	5887	8173	6344	3655
#冬小麦	356		1563	
春小麦	5531	8173	4781	3655
玉　米	2072	1107	4690	422
(二) 豆类合计			3991	757
(三) 折粮薯类	7			
# 马铃薯	7			
二. 油料作物	1841	2778	1239	984
#葵　花　籽	1795	2778	1239	984
三. 棉　　花				
五. 甜　　菜				
六. 中草药材	378		110	
# 甘　　草				
枸　　杞	378		110	
七. 蔬菜及食用菌	440	450	2502	4416
# 工业用辣椒				
九. 瓜果类		48		
#甜　瓜		48		
十. 其他作物	10552		33020	19100
#打瓜籽	310	404	729	420
苜　蓿	7700	1300	10327	3664
其他饲料	590	400	17018	10592
# 青贮玉米	590	400	17018	10592
其它作物	1952	215	4946	4424

6-14　水果生产情况

（2016年）　　单位:亩、吨

指　　标	年末实有面积			产　　量
		本年新增面积	结果面积	
合 计	3657	550	2903	6180
苹 果	2873	35	2654	5755
#红富士	1947	35	1821	4340
黄元帅	323		323	550
葡 萄	609	505	104	183
#无核葡萄	537	505	32	78
红提葡萄	72		72	105
桃	175	10	145	242
#蟠桃	145		145	242

6-15　水产品生产情况

（2016年）

指　　标	产量(吨)	养殖面积(亩)	单产(公斤/亩)
一、水产品产量	10494		
(一)淡水捕捞	605		
(二)淡水养殖	9889		
#鱼　类	9263		
虾蟹类	626		
按养殖方式分	9889	150070	66
池塘养殖	188	930	202
水库养殖	3274	58580	56
其它养殖	6427	90560	71

6-16 林业生产情况

（2016年）

项　　目	计量单位	合　计
一、荒山荒(沙)地造林面积	公顷	275
1. 人工造林	公顷	275
#经济林	公顷	87
防护林	公顷	188
二、有林地造林面积	公顷	
三、更新造林	公顷	
四、低产低效林改造面积	公顷	13
五、四旁(零星)植树	公顷	60905
六、年末实有封山(沙)育林面积	公顷	667
七、未成林抚育作业面积	公顷	37018
八、未成林抚育实际面积	公顷	13199
九、成林抚育面积	公顷	21692
# 中、幼龄林抚育面积	公顷	12045
十、当年苗木产量	株	5656501
十一 、育苗面积	公顷	67
# 本年新增育苗面积	公顷	58
十二、主要林产品产量	吨	835
十三、木材采伐	立方米	37

6-17　畜牧业生产情况

（2016年）

单位：万头（只）

指　标	年初数	年内增加数	繁殖成活数	买入数	其他	年内减少数	成、幼畜死亡数
总　计	33.63	42.87	33.8	9.07		41.69	0.17
大牲畜	2.15	2.97	1.65	1.32		2.56	
#实际从事农事劳役							
牛	2.15	2.85	1.65	1.2		2.56	
#奶牛	0.67	0.17	0.13	0.04		0.16	
猪	3.08	6.07	5.32	0.75		5.98	0.01
羊	28.4	33.83	26.83	7		33.15	0.16
山　羊	1.14	0.97	0.76	0.21		1.04	0.02
绵　羊	27.26	32.86	26.07	6.79		32.11	0.14
#细毛羊及改良羊							
家　禽							
#肉鸡							
蛋鸡							

指　标	卖出数	仔畜	自宰自食	其他	年末实有数	能繁殖的母畜	年内仔畜死亡
总　计	40.14	0.07	1.38		34.81	24.58	0.1
大牲畜	2.47		0.09		2.56	1.49	
#实际从事农事劳役							
牛	2.47		0.09		2.44	1.44	
#奶牛	0.16				0.68	0.31	
猪	5.57	0.07	0.4		3.17	0.42	
羊	32.1		0.89		29.08	22.67	0.1
山　羊	0.96		0.06		1.07	0.76	
绵　羊	31.14		0.83		28.01	21.91	0.1
#细毛羊及改良羊							
家　禽	79.27		3.38		38.67		
#肉鸡	58.64		2.53		13.15		
蛋鸡	20.12		0.85		25.06		

6-18 分团场畜牧业生产情况

（2016年）　　单位：万头（只）

指标	年初数	年内增加数	繁殖成活数	买入数	其他	年内减少数	成、幼畜死亡数
十师	33.63	42.87	33.8	9.07		41.69	0.17
一八一团	9.04	9.71	7.69	2.02		9.23	0.01
一八二团	3.22	3.05	2.72	0.33		2.7	
一八三团	4.78	6.32	4.66	1.66		6.02	0.1
一八四团	2.3	3.52	2.74	0.78		3.72	0.02
一八五团	2.34	3.78	3.55	0.23		3.56	
一八六团	0.52	0.52	0.5	0.02		0.48	
一八七团	3.95	6.28	3.45	2.83		6.75	
一八八团	7.48	9.69	8.49	1.2		9.23	0.04

指标	卖出数	仔畜	自宰自食	其他	年末实有数	能繁殖的母畜	年内仔畜死亡
十师	40.14	0.07	1.38		34.81	24.58	0.1
一八一团	9.2		0.02		9.52	6.93	
一八二团	2.37		0.33		3.57	2.56	
一八三团	5.58		0.34		5.08	3.91	0.09
一八四团	3.69		0.01		2.1	2.02	0.01
一八五团	3.22		0.34		2.56	1.66	
一八六团	0.39		0.09		0.56	0.44	
一八七团	6.62		0.13		3.48	2.87	
一八八团	9.07	0.07	0.12		7.94	4.19	

6-19 分团场年末畜禽存栏头数

（2016年）

单位：万头（只）

单　位	总　计	大牲畜	牛	奶　牛	驴
十　师	34.81	2.56	2.44	0.68	
一八一团	9.52	0.79	0.67	0.18	
一八二团	3.57	0.16	0.16	0.03	
一八三团	5.08	0.5	0.5	0.11	
一八四团	2.1	0.03	0.03	0.01	
一八五团	2.56	0.34	0.34	0.02	
一八六团	0.56	0.03	0.03	0.02	
一八七团	3.48	0.2	0.2	0.15	
一八八团	7.94	0.51	0.51	0.16	

单　位	猪	羊	山　羊	绵　羊	家　禽
十　师	3.17	29.08	1.07	28.01	38.67
一八一团	0.1	8.63	0.14	8.49	2.27
一八二团	0.11	3.3		3.3	1.3
一八三团	0.35	4.23	0.23	4	2.25
一八四团	0.09	1.98	0.05	1.93	1.15
一八五团	0.26	1.96		1.96	0.38
一八六团	0.06	0.47		0.47	0.65
一八七团	0.2	3.08		3.08	3.5
一八八团	2	5.43	0.65	4.78	27.17

6-20 分团场牛生产情况

（2016年）

单位:万头

指标	年初数	年内增加数	繁殖成活数	买入数	其他	年内减少数	成、幼畜死亡数
十师	2.15	2.85	1.65	1.2		2.56	
一八一团	0.44	0.7	0.34	0.36		0.47	
一八二团	0.11	0.15	0.06	0.09		0.1	
一八三团	0.45	0.7	0.24	0.46		0.65	
一八四团	0.03	0.06	0.03	0.03		0.06	
一八五团	0.36	0.13	0.13			0.15	
一八六团	0.02	0.01	0.01				
一八七团	0.21	0.42	0.22	0.2		0.43	
一八八团	0.53	0.68	0.62	0.06		0.7	

指标	卖出数	仔畜	自宰自食	其他	年末实有数	能繁殖的母畜	年内仔畜死亡
十师	2.47		0.09		2.44	1.44	
一八一团	0.47				0.67	0.35	
一八二团	0.08		0.02		0.16	0.08	
一八三团	0.63		0.02		0.5	0.27	
一八四团	0.06				0.03	0.03	
一八五团	0.12		0.03		0.34	0.17	
一八六团					0.03	0.01	
一八七团	0.41		0.02		0.2	0.18	
一八八团	0.7				0.51	0.35	

6-21　分团场猪生产情况

（2016年）

单位：万头

指　标	年初数	年内增加数	繁殖成活数	买入数	其他	年内减少数	成、幼畜死亡数
十师	3.08	6.07	5.32	0.75		5.98	0.01
一八一团	0.12	0.33	0.27	0.06		0.35	
一八二团	0.11	0.3	0.26	0.04		0.3	
一八三团	0.32	0.55	0.5	0.05		0.52	
一八四团	0.22	0.78	0.56	0.22		0.91	0.01
一八五团	0.18	0.65	0.6	0.05		0.57	
一八六团	0.05	0.1	0.08	0.02		0.09	
一八七团	0.21	0.19	0.16	0.03		0.2	
一八八团	1.87	3.17	2.89	0.28		3.04	

指　标	卖出数	仔畜	自宰自食	其他	年末实有数	能繁殖的母畜	年内仔畜死亡
十师	5.57	0.07	0.4		3.17	0.42	
一八一团	0.34		0.01		0.1	0.03	
一八二团	0.24		0.06		0.11	0.02	
一八三团	0.46		0.06		0.35	0.04	
一八四团	0.9				0.09	0.03	
一八五团	0.4		0.17		0.26	0.04	
一八六团	0.04		0.05		0.06	0.01	
一八七团	0.19		0.01		0.2	0.03	
一八八团	3	0.07	0.04		2	0.22	

6-22 分团场羊生产情况

（2016年）

单位:万只

指 标	年初数	年内增加数	繁殖成活数	买入数	其 他	年内减少数	成、幼畜死亡数
十 师	28.4	33.83	26.83	7		33.15	0.16
一八一团	8.48	8.56	7.08	1.48		8.41	0.01
一八二团	3	2.6	2.4	0.2		2.3	
一八三团	4.01	5.07	3.92	1.15		4.85	0.1
一八四团	2.05	2.68	2.15	0.53		2.75	0.01
一八五团	1.8	3	2.82	0.18		2.84	
一八六团	0.45	0.41	0.41			0.39	
一八七团	3.53	5.67	3.07	2.6		6.12	
一八八团	5.08	5.84	4.98	0.86		5.49	0.04

指 标	卖出数	仔 畜	自宰自食	其 他	年末实有数	能繁殖的母畜	年内仔畜死亡
十 师	32.1		0.89		29.08	22.67	0.1
一八一团	8.39		0.01		8.63	6.5	
一八二团	2.05		0.25		3.3	2.46	
一八三团	4.49		0.26		4.23	3.6	0.09
一八四团	2.73		0.01		1.98	1.96	0.01
一八五团	2.7		0.14		1.96	1.45	
一八六团	0.35		0.04		0.47	0.42	
一八七团	6.02		0.1		3.08	2.66	
一八八团	5.37		0.08		5.43	3.62	

6-23　分团场绵羊生产情况

（2016年）

单位:万只

指　　标	年初数	年内增加数	繁殖成活数	买入数	其　　他	年内减少数	成、幼畜死亡数
十　师	27.26	32.86	26.07	6.79		32.11	0.14
一八一团	8.35	8.45	7.02	1.43		8.31	0.01
一八二团	3	2.6	2.4	0.2		2.3	
一八三团	3.81	4.83	3.76	1.07		4.64	0.1
一八四团	1.99	2.64	2.11	0.53		2.7	0.01
一八五团	1.8	3	2.82	0.18		2.84	
一八六团	0.45	0.41	0.41			0.39	
一八七团	3.53	5.67	3.07	2.6		6.12	
一八八团	4.33	5.26	4.48	0.78		4.81	0.02

指　　标	卖出数	仔　　畜	自宰自食	其　　他	年末实有数	能繁殖的母畜	年内仔畜死亡
十　师	31.14		0.83		28.01	21.91	0.1
一八一团	8.29		0.01		8.49	6.4	
一八二团	2.05		0.25		3.3	2.46	
一八三团	4.34		0.2		4	3.44	0.09
一八四团	2.68		0.01		1.93	1.92	0.01
一八五团	2.7		0.14		1.96	1.45	
一八六团	0.35		0.04		0.47	0.42	
一八七团	6.02		0.1		3.08	2.66	
一八八团	4.71		0.08		4.78	3.16	

6-24 畜产品产量

指标	单位	2016年	2015年	2016年比2015年增减%
肉类总产量	吨	16107	15169	6.2
牛	吨	3877	3634	6.7
猪	吨	4237	4165	1.7
羊	吨	6273	5881	6.7
#绵羊	吨	6091	5750	5.9
家禽	吨	1720	1489	15.5
绵羊毛	吨	798	705	13.2
#细羊毛	吨	183	165	10.9
半细羊毛	吨	217	205	5.9
奶类产量	吨	9776	9506	2.8
#牛奶	吨	9776	9506	2.8
牛皮	吨	500	400	25.0
羊皮	吨	6900	7400	-6.8
#绵羊皮	吨	6300	6900	-8.7
蜂群数	箱	8247	4820	71.1
蜂蜜产量	吨	657	390	68.5
禽蛋产量	吨	3792	3514	7.9

6-25　分团场畜产品产量

（2016年）

指　标	单　位	十师	一八一团	一八二团	一八三团	一八四团
肉类总产量	吨	16107	2614	866	2427	1772
牛	吨	3877	714	151	982	94
猪	吨	4237	255	215	370	650
羊	吨	6273	1579	442	905	518
#绵羊	吨	6091	1568	428	880	511
家禽	吨	1720	66	58	170	510
绵羊毛	吨	798	350	48	60	40
#细羊毛	吨	183				
半细羊毛	吨	217			60	40
奶类产量	吨	9776	1700	700	2111	185
#牛奶	吨	9776	1700	700	2111	185
牛皮	吨	500			200	
羊皮	吨	6900			3200	100
#绵羊皮	吨	6300			2600	100
蜂群数	箱	8247	860	5000		280
蜂蜜产量	吨	657	17	85		40
禽蛋产量	吨	3792	250	35	160	100

6-25续表

（2016年）

指　　标	单　位	一八五团	一八六团	一八七团	一八八团
肉类总产量	吨	1246	163	2022	4997
牛	吨	228		649	1059
猪	吨	410	64	145	2128
羊	吨	550	74	1160	1045
#绵羊	吨	550	74	1160	920
家禽	吨	58	25	68	765
绵羊毛	吨	45	13	138	104
#细羊毛	吨	45		138	
半细羊毛	吨		13		104
奶类产量	吨	230	52	1800	2998
#牛奶	吨	230	52	1800	2998
牛皮	吨	300			
羊皮	吨	1400	400	1000	800
#绵羊皮	吨	1400	400	1000	800
蜂群数	箱			1107	1000
蜂蜜产量	吨			315	200
禽蛋产量	吨	215	26	400	2606

6-26 农作物总播种面积

单位:万亩

年 份	总播种面积	粮食作物			经济作物			
			小 麦	玉 米		棉 花	油 料	甜 菜
1953	8.05	7.08	5.12	0.10	0.81	0.32	0.49	
1954	9.55	8.46	5.51	0.55	0.81	0.32	0.49	
1955	10.83	8.99	5.32	0.21	1.37	0.73	0.64	
1956	14.25	9.51	5.29	0.83	2.45	1.72	0.73	
1957	14.99	10.18	5.85	0.43	2.74	2.06	0.68	
1958	7.19	5.82	3.72	0.77	0.51		0.43	0.08
1959	9.22	7.16	5.02	0.94	0.96		0.58	0.38
1960	25.18	18.71	9.7	4.25	2.67		1.58	1.09
1961	18.71	14.27	8.38	1.27	1.91	0.03	1.21	0.67
1962	20.36	16.08	11.1	1.65	1.33	0.01	0.91	0.41
1963	26.95	19.83	13.93	1.44	2.42		1.91	0.51
1964	33.06	24.48	17.71	2.78	2.69		2.69	
1965	38.54	26.88	21.27	3.60	2.69	0.04	2.61	0.04
1966	44.97	31.03	21.36	6.38	3.82	0.04	3.36	0.42
1967	45.59	31.31	22.51	5.78	1.64	0.03	1.6	0.01
1968	42.64	29.62	24.62	2.53	1.51		1.51	
1969	49.27	34.27	27.28	3.98	2.6		2.6	
1970	57.36	41.62	32.37	4.75	3.94	0.15	3.57	0.22
1971	61.12	42.23	30.18	5.54	5.73	0.34	5.08	0.31
1972	61.41	42.70	31.51	5.51	6.75	0.23	6.04	0.48
1973	54.14	36.59	28.69	3.10	5.98		5.71	0.27
1974	46.84	32.53	26.86	2.37	3.69	0.01	3.59	0.09
1975	53	38.67	31.9	2.70	4.59	0.05	4.48	0.06
1976	49.69	34.76	29.08	2.60	4.49		4.42	0.07
1977	60.44	41.59	35.06	2.11	6.35	0.01	6.04	0.3
1978	54.32	35.10	26.83	2.56	5.96		5.92	0.04
1979	50.45	30.86	23.39	1.74	5.69	0.01	5.67	0.01
1980	47.31	28.95	24.01	0.87	6.35	0.02	6.33	
1981	48.31	28.62	24.63	0.55	6.32	0.18	6.14	
1982	45.21	24.49	19.76	0.58	7.14	0.54	6.60	
1983	43.65	24.74	19.7	0.35	5.80	0.58	5.21	0.01

6-26续表　　　　单位:万亩

年份	总播种面积	粮食作物			经济作物			
			小麦	玉米		棉花	油料	甜菜
1984	46.28	30.95	25.84	0.49	5.94	0.65	5.29	
1985	41.66	25.21	22.56	0.34	8.89	0.31	8.58	
1986	40.64	24.50	22.36	0.32	9.14	0.32	8.82	
1987	40.95	24.40	21.11	0.89	8.48	0.13	8.35	
1988	39.26	22.27	18.56	0.62	9.24	0.11	9.12	0.01
1989	39.84	22.46	19.29	0.62	9.85		9.77	0.08
1990	42.6	23.30	19.7	1.00	10.64	0.04	9.80	0.80
1991	44	23.10	19.71	1.06	11.85	0.30	10.35	1.20
1992	49.04	27.60	23.55	1.26	10.50	0.75	8.40	1.35
1993	48.87	23.43	19.5	1.20	11.45	0.47	9.87	1.11
1994	50.12	18.99	14.06	1.23	13.36		12.56	0.80
1995	51.41	18.90	14.82	2.36	17.61	0.12	17.13	0.36
1996	54.8	22.70	18.28	2.63	14.52	0.06	13.68	0.78
1997	56.06	24.69	19.26	2.19	12.71	0.15	11.49	1.07
1998	59.00	15.51	12.95	1.19	22.45	0.92	19.49	2.04
1999	61.83	13.23	10.17	1.17	27.33	1.02	25.80	0.51
2000	63.09	15.41	12.23	1.28	22.94	1.01	21.93	
2001	63.39	14.01	9.83	2.18	25.16	2.00	21.42	1.74
2002	69.27	14.22	9.15	3.18	29.52	3.86	21.88	3.78
2003	74.94	9.86	5.58	2.89	30.72	4.01	23.60	3.11
2004	76.94	11.81	6.58	3.03	29.40	6.51	20.71	2.18
2005	81.12	13.61	8.92	2.66	26.08	8.02	16.23	1.83
2006	69.30	8.69	6.85	1.50	22.28	8.23	11.92	2.13
2007	70.87	4.97	1.86	1.21	28.07	9.61	17.31	1.15
2008	73.45	11.28	5.43	2.83	40.65	10.88	29.52	0.25
2009	72.31	12.38	10.04	1.63	32.15	9.64	21.43	1.08
2010	76.67	9.08	4.18	3.40	31.19	9.5	19.85	1.84
2011	77.36	7.97	5.01	1.60	33.50	12	19.52	1.98
2012	77.08	13.28	5.99	5.38	32.52	11.27	17.65	3.6
2013	79.44	19.06	5.66	10.27	28.21	10.57	16.16	1.48
2014	82.92	22.30	10.76	7.35	20.99	9.56	10.13	1.3
2015	85.19	28.54	15.5	10.41	13.24	4.02	7.84	1.38
2016	89.98	25.46	15.71	6.99	9.35		9.35	

6-27　主要农产品产量

单位:吨

年　份	粮　食	小　麦	玉　米	棉　花	油　料	甜　菜	水　果
1953	4194	3363	15	0.32	50		
1954	7189	4562	383	0.32	138		
1955	7583	4569	342	0.73	227	80	
1956	8784	4709	1100	1.72	201	134	
1957	8871	5029	759	2.06	201	440	
1958	5084	3363	822		122	840	
1959	4887	3337	1162		87	2264	
1960	4597	3540	478		76	305	
1961	7570	5950	929	0.03	40	1033	
1962	8009	6193	926	0.01	37	532	
1963	13173	10528	1100		190	1563	
1964	17166	12952	2807		251		1
1965	20684	14273	5529	0.04	334	154	2
1966	25772	14860	9625	0.04	618	46	8
1967	17893	13111	4215	0.03	182	60	8
1968	15931	14142	1279		257		85
1969	18659	15507	2409		431	17	100
1970	28018	21550	4862	0.15	577	156	149
1971	22927	18293	3098	0.34	991	386	127
1972	26678	21172	3659	0.23	838	802	133
1973	24757	21780	1740		1229	307	156
1974	13265	11618	1024	0.01	433	80	161
1975	25961	22478	2049	0.05	562	404	147
1976	20134	17511	1562		348	415	341
1977	20334	16453	2086	0.01	741	83	459
1978	24467	17952	2659		1139	35	332
1979	25239	18594	2453	0.01	1879	30	476
1980	29026	24766	1068	0.02	2329		493
1981	26575	21728	741	39	2489		680
1982	31724	25264	806	113	3388		198
1983	41464	35578	628	222	2944	20	725

6-27续表

单位:吨

年 份	粮 食	小 麦	玉 米	棉 花	油 料	甜 菜	水 果
1984	49473	44856	1152	191	3246		636
1985	40097	37789	450	86	6361		757
1986	42357	40073	780	94	6941		968
1987	47052	41858	2582	50	6878		901
1988	49867	44960	2362	40	8714	149	679
1989	54453	49284	2228	1	8899	1818	1016
1990	63865	55593	4530	14	10281	9716	1099
1991	67515	59463	4239	210	11895	25625	1173
1992	72882	67074	3913	119	7803	8900	1299
1993	66425	58668	5269	107	10472	19810	1791
1994	49910	39801	5245		17203	15965	2484
1995	66204	53558	10463	28	26308	10363	3001
1996	74904	58767	13128	13	16609	15711	3587
1997	79989	63203	11356	104	17907	23256	3336
1998	54787	45917	6433	716	32652	58113	4285
1999	46973	37914	6138	860	44776	50535	3341
2000	56523	45797	6626	1100	39832		3476
2001	52855	37337	11731	1900	38796	55263	2142
2002	53820	35899	16632	2415	39054	114026	2564
2003	38004	22865	15880	3428	44667	111466	1900
2004	41852	24876	17284	5386	38880	93045	1915
2005	57866	38092	16263	7220	30675	88630	2020
2006	38287	29721	9425	8642	21799	101784	1955
2007	21854	9039	7865	10111	36150	61042	2356
2008	46570	23404	18733	12517	58432	14088	2353
2009	57136	45398	10557	11530	40247	52123	2930
2010	43179	17609	22328	8011	38650	82760	3116
2011	28942	18528	7510	11752	38801	99630	2608
2012	58432	23962	30480	12458	37016	186562	2688
2013	90648	22842	60923	9636	33060	78148	2556
2014	110530	49489	52741	9308	21419	67931	2762
2015	141133	66569	69407	2497	15829	73969	4163
2016	122627	70283	46126		21270		6180

6-28 主要农产品单位面积产量

单位:公斤/亩

年 份	粮 食	小 麦	玉 米	棉 花	油 料	甜 菜	水 果
1953	59.2	65.7	15.0	29.7	10.2		
1954	85.0	82.8	69.6	23.4	28.2		
1955	84.3	85.9	162.9	48.5	35.5	1396.5	
1956	92.4	89.0	132.5	34.0	27.5	448.0	
1957	87.1	86.0	176.5	36.0	29.6	732.6	
1958	87.4	90.4	106.8		28.4	1050.0	
1959	68.3	66.5	123.6		15.0	595.9	
1960	24.6	36.5	11.2		4.8	28.0	
1961	53.0	71.0	73.1	2.3	3.3	154.2	
1962	49.8	55.8	56.1	4.0	4.1	129.8	
1963	66.4	75.6	76.4		9.9	306.5	
1964	70.1	73.1	101.0		9.3		1
1965	76.9	67.1	153.6	7.1	12.8	385.0	2
1966	83.1	69.6	150.9	2.2	18.4	10.8	8
1967	57.1	58.2	72.9	15.2	11.4	600.0	8
1968	53.8	57.4	50.6		17.0		85
1969	54.4	56.8	60.5		16.6		100
1970	67.3	66.6	102.4	6.0	16.2	70.9	149
1971	54.3	60.6	55.9	6.1	19.5	113.5	127
1972	62.5	67.2	66.4	7.2	13.9	167.1	133
1973	67.7	75.9	56.1		21.5	113.7	156
1974	40.8	43.3	43.2		12.1	88.9	161
1975	67.1	70.5	75.9	14.0	12.5	310.8	147
1976	57.9	60.2	60.1		7.9	592.9	341
1977	48.9	46.9	98.9	1.0	12.3	27.7	459
1978	69.7	66.9	103.9		19.2	87.5	332
1979	81.8	79.5	141.0	9.5	33.1	300.0	476
1980	100.3	103.1	122.8	0.1	36.8		493
1981	92.9	88.2	134.7	21.9	40.5		680.1
1982	129.5	127.9	139.0	21.0	51.3		198
1983	167.6	180.6	179.4	38.2	56.5		725.1

6-28续表　　单位:公斤/亩

年　份	粮　食	小　麦	玉　米	棉　花	油　料	甜　菜	水　果
1984	159.8	173.6	235.1	29.4	61.4		636
1985	159.1	167.5	132.4	27.7	74.1		757
1986	172.9	179.2	243.8	29.4	78.7		968
1987	192.8	198.3	290.1	38.5	82.4		901
1988	223.9	242.2	381.0	36.4	95.5	1490.0	679
1989	242.4	255.5	359.4		91.1	2272.5	1016
1990	274.1	282.2	453.0	37.3	104.9	1214.5	109
1991	292.3	301.7	399.9	70.0	114.9	2135.4	117
1992	264.1	284.8	310.6	15.9	92.9	659.3	129
1993	283.5	300.9	439.1	22.8	106.1	1784.7	179
1994	262.8	283.1	426.4		137.0	1995.6	248
1995	350.3	361.4	444.3	23.3	153.6	2878.6	300
1996	330.0	321.5	500.1	21.7	121.4	2014.2	358
1997	324.0	328.2	518.5	69.3	155.8	2173.5	3336
1998	353.2	354.6	542.9	78.3	167.5	2848.7	4285
1999	355.0	372.8	524.6	84.3	173.6	9908.8	3341
2000	366.8	374.5	519.7	108.9	181.6		3476
2001	377.3	379.8	539.4	95.0	181.1	3176.0	2142
2002	378.5	392.3	523.0	62.6	178.5	3016.6	2564
2003	385.4	409.8	549.5	85.5	189.3	3584.1	1900
2004	354.4	378.1	570.4	82.7	187.7	4268.1	1915
2005	425.2	427.0	611.4	90.0	189.0	4843.2	2020
2006	440.6	433.9	628.3	105.0	182.9	4778.6	1955
2007	439.7	486.0	650.0	105.2	208.8	5308.0	2356
2008	412.9	431.0	662.2	115.0	197.9	5635.2	2353
2009	461.5	452.2	647.1	119.6	187.8	4826.2	2930
2010	475.4	421.5	663.5	84.3	194.7	4503.7	1128
2011	363.3	369.5	468.5	97.6	198.7	5028	1174
2012	440	400	566	111	210	5177	1324
2013	476	404	593	91	210	5269	1059
2014	496	460	718	97	211	5223	1239
2015	495	429	667	62	202	5372	1597
2016	482	448	660		227		2128

6-29　畜牧业生产情况

年　份	年末牲畜存栏(万头(只))				肉产量(吨)	羊毛产量(吨)	牛奶产量(吨)	禽蛋产量(吨)	水产品产量(吨)
	合　计	牛	猪	羊					
1955	1.42	0.05	0.01	1.34	272	27	46		
1956	1.84	0.06	0.05	1.69	191	30	54		
1957	1.94	0.11	0.15	1.62	518	34	62	3	
1958	3.01	0.19	0.37	2.28	190	23	114	4	
1959	4.77	0.23	0.63	3.7	199	58	127	7	572
1960	4.24	0.24	0.31	3.48	242	61	175	9	879
1961	4.93	0.26	0.32	4.11	288	68	165	13	766
1962	5.19	0.34	0.25	4.32	282	75	241	13	718
1963	5.56	0.47	0.34	4.39	271	81	154	14	674
1964	6.34	0.55	0.56	4.9	318	76	220	14	859
1965	6.93	0.70	0.52	5.34	388	97	269	25	1109
1966	6.52	0.64	0.54	4.94	436	114	284	41	1208
1967	5.97	0.57	0.56	4.4	549	95	285	45	1188
1968	6.03	0.53	0.57	4.45	474	101	171	50	1198
1969	5.62	0.46	0.51	4.12	202	102	150	6	2113
1970	10.15	0.52	0.86	7.82	431	168	358	80	2742
1971	10.85	0.55	1.44	7.95	469	149	320	35	2059
1972	12.07	0.62	1.65	8.81	644	139	315	86	1046
1973	9.15	0.65	1.41	6.4	810	168	302	34	1575
1974	7.38	0.57	0.53	5.55	878	163	239	38	1032
1975	15.36	0.52	0.67	12.54	597	288	368	30	762
1976	9.94	0.53	0.87	7.65	392	222	408	26	390
1977	9.25	0.50	1.1	6.85	508	134	288	47	275
1978	7.94	0.53	1.3	5.64	583	170	403	42	1724
1979	8.27	0.60	1.33	5.88	894	194	289	37	1104
1980	8.44	0.61	1.13	6.3	933	189	254	58	1355
1981	8.91	0.59	1	6.96	925	192	188	71	999
1982	9.2	0.60	1.13	7.15	1289	221	170	172	1265
1983	8.99	0.63	1.09	6.99	1079	214	203	212	1513

6-29续表

年份	年末牲畜存栏(万头(只))				肉产量（吨）	羊毛产量（吨）	牛奶产量（吨）	禽蛋产量（吨）	水产品产量(吨)
	合计	牛	猪	羊					
1984	10.29	0.87	1.2	7.96	1313	233	289	392	915
1985	14.4	1.03	1.03	12.13	1254	244	380	603	943
1986	15.11	1.25	0.97	12.67	1504	301	412	548	966
1987	15.78	1.09	1.02	13.44	1936	392	407	558	1316
1988	17.63	1.08	1.12	15.21	1706	407	342	551	1601
1989	20.08	1.16	1.4	17.3	1982	470	407	615	1863
1990	21.18	1.06	1.69	18.2	2384	505	367	582	1835
1991	17.94	0.97	1.45	15.3	2969	496	524	674	1743
1992	12.86	0.68	1.41	10.61	3516	430	523	689	1192
1993	13.36	0.51	1.49	11.14	2563	336	484	968	1034
1994	14.73	0.61	1.71	12.28	2751	369	587	1033	1020
1995	16.25	0.60	1.96	13.58	3266	399	732	1241	1198
1996	18.23	0.68	2.36	15.09	3562	439	1047	1257	1392
1997	19.08	0.86	2.47	15.66	3874	430	1214	1404	1514
1998	19.76	0.97	2.36	16.46	3937	422	1195	1504	1796
1999	18.32	1.03	1.94	15.59	3986	398	1140	1533	1879
2000	17.27	1.09	1.79	14.7	3888	371	1097	1441	1930
2001	17.41	1.31	1.69	14.92	3983	362	1110	1494	2027
2002	18.09	1.73	1.55	15.58	4101	350	1159	1564	2117
2003	17.73	2.06	1.59	15.14	3997	340	1173	1598	2031
2004	16.17	1.60	1.44	14.04	4040	319	1175	1406	2158
2005	15.7	1.73	1.35	13.69	3901	290	1156	1021	2467
2006	14.76	0.72	1.21	12.83	3635	276	1137	980	2722
2007	13.13	0.65	1.08	11.4	3718	289	1289	977	2723
2008	13.42	0.81	2.69	9.92	6400	341	3718	951	2818
2009	18.3	1.26	3.14	13.9	13941	350	7307	1282	2237
2010	19.74	1.41	3.58	14.71	13019	388	8018	1894	3915
2011	22	1.54	3.53	16.89	14978	409	8828	2575	5166
2012	24.59	1.8	2.62	20.17	12125	487	8677	2505	6026
2013	26.6	1.9	2.71	21.95	13202	574	9752	2651	7193
2014	31.23	2.08	3.01	26.13	14496	651	9754	3378	8055
2015	33.63	2.15	3.08	28.4	15169	705	9506	3514	9135
2016	34.81	2.56	3.17	29.08	16107	798	9776	3792	10494

主要统计指标解释

农业总产值的计算方法： 通常是按农林牧渔业产品及其副产品的产量分别乘以各自单位产品价格求得，少数生产周期较长，当年没有产品或产品产量不易统计的，则采用间接方法匡算其产值，然后将四业产品产值相加即为农业总产值。1957年以前的农业总产值中包括了厩肥和农民自给性手工业（如农民自制衣服、鞋、袜，自己从事粮食初步加工等）。1958年及以后的农业总产值，林业中增加了村及村以下竹木采伐产值；牧业中取消费厩肥产值；副业中取消了农民自给性手工业产值，增加了村及村以下办的工业产值；渔业中增加了海洋捕捞水产品产值。1980年及以后的农业总产值，在副业中增加了农民家庭兼营工业商品部分的产值。从1984年起村及村以下办工业产值划归工业。从1993年起，取消副业。将野生动物的捕猎划入牧业，野生植物采集和农民家庭兼营商品性工业划归农业。

耕地面积： 指可以用来种植农作物、经常进行耕锄的田地，包括熟地、当年新开荒地、连续撂荒未满三年的耕地和当年的休闲地（轮歇地），还包括以种植农作物为主并附带种植桑树、茶树、果树和其他林木的土地，以及沿海、沿湖地区已围垦利用的"海涂"、"湖田"等面积。不包括属于专业性的桑园、茶园、果园、果木苗圃、林地、芦苇地、天然或人工草地面积。

农作物播种面积： 指实际播种或移植有农作物的面积。凡是实际种植有农作物的面积，不论种植在耕地上还是种植在非耕地上，均包括在农作物播种面积中。在播种季节基本结束后，因遭灾而重新改种和补种的农作物面积，也包括在内。

农用化肥施用量： 指本年内实际用于农业生产的化肥数量，包括氮肥、磷肥、钾肥和复合肥。化肥施用量要求按折纯量计算数量。折纯量是指把氮肥、磷肥、钾肥分别按含氮、含五氧化二磷、含氧化钾的百分之一百成份进行折算后的数量。复合肥按其所含主要成分折算。

农业机械总动力： 指主要用于农、林、牧、渔业的各种动力机械的动力总和。包括耕作机械、排灌机械、收获机械、农用运输机械、植物保护机械、牧业机械、林业机械、渔业机械和其他农业机械（内燃机按引擎马力折成瓦（特）计算、电动机按功率折成瓦（特）计算）。不包括专门用于乡、镇、村、组办工业、基本建设、非农业运输、科学试验和教学等非农业生产方面用的动力机械与作业机械。

粮食产量： 指全社会的产量。包括国有经济经营的、集体统一经营的和农民家庭经营的粮食产量，还包括工矿企业办的农场和其他生产单位的产量。粮食除包括稻谷、小麦、玉米、高粱、谷子及其他杂粮外，还包括薯类和豆类。其产量计算方法，豆类按去豆荚后的干豆计算；薯类（包括甘薯和马铃薯，不包括芋头和木薯）1963年以前按每4公斤鲜薯折1公斤粮食计算，从1964年开始改为按5公斤鲜薯折1公斤粮食计算。城市郊区作为蔬菜的薯类（如马铃薯等）按鲜品计算，并且不作粮食统计。其他粮食一律按脱粒后的原粮计算。

油料产量： 指全部油料作物的生产量。包括花生、油菜籽、芝麻、向日葵籽、胡麻籽（亚麻籽）和其他油料。不包括大豆、木本油料和野生油料。花生以带壳干花生计算。

果园面积： 是指成片种植的果园面积，包括原有的、垦复的和本年新种植定株的面积，以及调查时虽已荒芜，但只要稍加开垦、修整和培育后就能恢复生产的面积，不论树龄大小，也不论当年有无得到收益，都要包括在内，但不包括专门培育幼苗的苗圃面积。

猪、牛、羊肉产量： 指当年出栏并已屠宰、除去头蹄下水后带骨肉(即胴体重)的重量。

牛奶产量、羊奶产量： 是指全社会产量。包括出售和农牧民自食部分。无论是纯种牛、杂种牛、黄牛、或兼用牛产的奶，无论是奶山羊、绵羊或其他改良羊所产的奶都要计算为产量。牛犊、羊羔直接吮食部分，不统计产量。

水产品产量： 指人工养殖的水产品和天然生长的水产品的捕捞量。包括海水的鱼类、虾蟹类、贝类和藻类以及内陆水域的鱼类、虾蟹类和贝类，不包括淡水生植物。

7

工业与能源

7-1 分单位全部工业增加值增长情况

（当年价）

计量单位：万元

单　　位	2016年	2015年	同比增长%
总　　计	206400	194515	6.0
一八一团	26770	24076	11.1
一八二团	11116	9341	18.9
一八三团	27842	26062	6.7
一八四团	27000	24365	10.7
一八五团	1125	1062	5.8
一八六团	3773	4864	-22.5
一八七团	20785	17871	16.2
一八八团	48503	42750	13.3
新疆屯鑫能源开发公司	1195	1206	-1.0
新疆中非夏子街膨润土有限公司	1983	4179	-52.6
北屯油脂化工有限责任公司	3343	4304	-22.4
新疆北屯电力工业有限公司	5346	5920	-9.8
北屯额河草原食品有限责任公司	2268	2257	0.4
新疆汇祥农业发展有限公司	4006	5182	-22.8
新疆大罗素马铃薯制品有限公司	3060	2845	7.4
新疆屯南煤业有限责任公司	5716	10141	-43.7
新疆北屯慧尔肥业有限责任公司	1850	456	305.3
好丽友(北屯)农业科技发展有限责任公司	1300		
北屯西区供热有限责任公司	476	637	-25.4
北屯热力有限责任公司	576	569	1.1
北屯市苇业有限责任公司	122	135	-9.7
北屯晟彩印刷有限公司	55	56	-1.9
十师北屯绿环供排水公司	710	641	10.6
北屯矿业有限责任公司	268	182	47.1
阿勒泰新华能电气有限公司	113	60	88.1
北屯市得仁供热有限公司	589	352	67.2
师直其它工业单位	6510	5002	30.0

注：本表绝对数按当年价格计算，增长速度按价格指数法计算。

7-2 分单位全部工业企业产值增长情况

单位:万元

单位	2016年产值	2015年产值	2016年比2015年增减		企业规模	备注
			绝对数	%		
十师北屯市(350家)总计	542829	506833	35996	9.76		
其中规上工业单位(31家)	272098	217871	54227	27.99		
规下工业单位(120家)	181041	86397	94644	114.74		
附营工业单位(7家)	32189	161635	-129446	-79.59		
个体工业汇总(192家)	57501	40929	16572	43.97		
其中:北屯市(238家)总计	358302	326557	31745	12.44		
其中规上工业单位(21家)	188894	136384	52510	41.94		
规下工业单位(79家)	113571	52831	60740	120.30		
附营工业单位(6家)	26339	118593	-92253	-77.24		
个体工业汇总(132家)	29498	18750	10748	61.22		
师直(59家)小计	122271	128088	-5817	-2.17		
其中规上工业单位(10家)	94751	109523	-14772	-11.34		
规下工业单位(21家)	23153	15796	7357	50.21		
个体工业(28家)	4368	2770	1598	61.62		
新疆北屯油脂化工有限公司	12857	16201	-3344	-18.67	规上	农副产品加工
新疆大罗素马铃薯制品有限公司	8219	7112	1107	18.42	规上	农副产品加工
新疆中非夏子街膨润土有限公司	3657	9000	-5343	-58.36	规上	
新疆北屯电力工业有限公司	14433	15881	-1448	-6.86	规上	
新疆屯鑫能源开发公司	2184	2266	-83	-1.27	规上	
北屯额河草原食品有限责任公司	8725	8705	20	2.71	规上	农副产品加工
新疆屯南煤业有限责任公司	9360	17344	-7984	-44.69	规上	
汇祥农业发展有限公司	27000	31005	-4005	-10.76	规上	农副产品加工
新疆北屯慧尔肥业有限责任公司	4872	2009	2863	148.55	规上	

7-2续表 1

单位:万元

单　　位	2016年产值	2015年产值	2016年比2015年增减		企业规模	备注
			绝对数	%		
好丽友(北屯)农业科技发展有限责任公司	3444		3444		规上	农副产品加工
新疆大屯北业商品混凝土有限责任公司	2082	1980	102	7.78	规下	
十师绿环供排水公司	2057	1774	283	18.85	规下	
北屯晟彩印刷有限公司	133	131	2	4.12	规下	
北屯苇业有限责任公司	200	214	-14	-4.42	规下	农副产品加工
十师热力公司	2011	1957	53	5.27	规下	
北屯市得仁供热有限公司	2045	761	1284	175.25	规下	
十师西区供热公司	1422	1422		2.48	规下	
北屯好德丽新材料科技有限公司	386	242	143	63.03	规下	
北屯市帅通管业有限公司	425	332	94	31.42	规下	
北屯矿业有限责任公司	716	364	353	101.85	规下	
阿勒泰新华能电气有限公司	549	288	261	95.31	规下	
北屯市蒙可乳业有限公司	551	534	17	5.65	规下	农副产品加工
北屯市腾云节水设备有限公司	1100	2022	-922	-44.26	规下	
北屯市亚通科技发展有限责任公司	1857	1714	142	10.97	规下	
海之蓝包装有限公司	392	238	154	68.90	规下	
北屯市七彩建材有限公司	1776	1456	321	25.05	规下	
北屯市金宝源建材有限公司	256	256		2.48	规下	

7-2续表 2

单位:万元

单　　位	2016年产值	2015年产值	2016年比2015年增减		企业规模	备注
			绝对数	%		
北屯顺峰建材厂	1003				规下	新增
北屯市蜀森金属制品有限公司	1487				规下	新增
新疆双亚昇农业植保科技发展有限公司	1763				规下	新增
阿勒泰地区新川肥业有限责任公司	942				规下	新增
北屯市双华挂面有限责任公司		110	-110	-100	规下	农副产品加工
师直个体工业	4368	2770	1598	61.62	个体	
181团(46家)总计	65180	58547	6634	14.09		
其中:规上工业单位(2家)	19585	8539	11046	135.04		
规下工业单位(18家)	31660	10452	21209	210.43		
附营工业单位(1家)	5850	36662	-30812	-83.65		
个体工业(25家)	8085	2894	5191	186.28		
北屯市额河牧业有限责任公司	9771	6551	3220	52.85	规上	农副产品加工
福海县新泰塑业有限公司	9814	1988	7826	405.90	规上	
十师一八一团新疆德润灌溉有限责任公司	2130	1997	133	9.29	规下	
新疆海川胜鸿食品有限公司	2135	1989	146	10.02	规下	农副产品加工
一八一团兴巴蕃茄酱厂	1260	1050	210	23.02	规下	农副产品加工
一八一团微生物复合肥料厂	1910	1774	136	10.34	规下	
阿勒泰新强甘草制品有限公司	873	833	40	7.44	规下	农副产品加工
北屯市阿山矿业有限责任公司	1957	1944	13	3.15	规下	
北屯市小黄山矿业有限公司	1911	865	13	126.37	规下	
阿勒泰市一八一团晨曦物业管理有限公司	1745				规下	新增

7-2续表 3

单位:万元

单　　位	2016年产　值	2015年产值	2016年比2015年增减		企业规模	备　注
			绝对数	%		
阿勒泰市一八一团惠民节水设备有限公司	1848		1848		规下	新增
阿勒泰市进邦生物有限公司	1863		1863		规下	新增
北屯市阿山家园农副产品专业合作社	1768		1768		规下	新增
农十师一八一团兴巴陶粒厂	1774		1774		规下	新增
北屯市恒沣节水设备有限公司	1851		1851		规下	新增
北屯市保地循环经济有限公司	1794		1794		规下	新增
新疆金屯农富园粮油制品有限公司	1779		1779		规下	新增
新疆寿源金屯番茄制品有限公司	1679		1679		规下	新增
阿勒泰兰河食品加工有限公司	1838		1838		规下	新增
阿勒泰地区鸿峰供热有限责任公司	1545		1545		规下	新增
十师一八一团粮油综合加工厂	5850	8907	-3057	-32.69	附营	农副产品加工
一八一团毛腊湾砖厂		810	-810	-100.00	规下	关闭
十师一八一团水泥厂		13431	-13431	-100.00	附营	关闭
十师一八一团服务中心		2144	-2144	-100.00	附营	关闭
十师一八一团小黄山砂石料矿		4601	-4601	-100.00	附营	关闭
十师一八一团兴巴陶粒厂		6770	-6770	-100.00	附营	关闭
十师一八一团个体工业	8085	2894	5191	186.28	个体	
182团(27家)总计	28952	22568	6384	31.47		
其中规上工业单位(2家)	5029	4104	925	25.58		
规下工业单位(9家)	15385	9293	6092	69.66		
附营工业单位(0家)						
个体工业(16家)	8538	9171	-633	-4.59		

7-2续表 4　　　　单位:万元

单　　位	2016年产　值	2015年产　值	2016年比2015年增减		企业规模	备　注
			绝对数	%		
北屯市四通塑业有限公司	2503	2000			规上	新增
十师一八二团新疆顶山食品有限公司	2526	2104	422	23.03	规上	新增
福海顶山桦林节水设备有限公司	1979	2129	-150	-4.73	规下	
福海县一八二团创新农牧机械科技有限公司	1982	2036	-54	-0.25	规下	
福海县一八二团景林节水农业设备有限公司	1980	2042	-63	-0.67	规下	
北屯市恒源白瓜籽加工有限责任公司	1979	2095	-116	-3.20	规下	农副产品加工
福海县一八二团顶山物业管理有限公司	1091	991	100	12.80	规下	
福海县顶山万河节水材料有限公司	1818				规下	新增
福海县鸿达节水有限公司	1219				规下	新增
福海县顶山广新农牧设施制造有限公司	1949				规下	新增
福海县一八二团永兴瓜子加工有限公司	1389				规下	农副产品加工
十师一八二团个体工业	8538	9171	-633	-4.59	个体	
183团(35家)总计	73681	69433	4247	8.75		
其中规上工业单位(5家)	37002	18751	18251	102.23		
规下工业单位(7家)	12065	2951	9114	319.00		
附营工业单位(5家)	21886	46232	-24345	-51.49		
个体工业(28家)	2727	1500	1227	86.31		
额河酒业有限公司	11145	9808	1337	16.45	规上	农副产品加工
沐淋节水设备有限公司	9564	8943	621	9.59	规上	
北屯市额河融利农业科技发展有限公司	2925		2925		规上	新增

7-2续表 5　　　　单位:万元

单　　位	2016年产　值	2015年产　值	2016年比2015年增减		企业规模	备　注
			绝对数	%		
北屯市强润节水有限责任公司	3450		3450		规上	附营转
北屯市一八三团额河金穗农业有限公司	9918		9918		规上	附营转
北屯一八三团郅拓农机科技有限公司	1848	1053	795	79.88	规下	
北屯市隆润达节水有限公司	2099	1898	201	13.33	规下	
北屯市天惠农业发展有限责任公司	1667		1667		规下	新增
北屯市额河惠民农业经营有限公司	1515		1515		规下	新增
北屯市屯鑫塑钢建材有限责任公司	1697		1697		规下	新增
北屯市永振东商贸有限公司	1565		1565		规下	新增
北屯市新天地节水滴灌设备有限公司	1675		1675		规下	新增
十师一八三团预制厂	4550	3250	1300	43.47	附营	
十师一八三团服务中心	2626	2388	239	12.73	附营	
十师一八三团龙胜花砖厂	5200	3900	1300	36.64	附营	
十师一八三团苇板厂	750	720	30	6.75	附营	农副产品加工
十师一八三团额河塑业加工厂	8760	7008	1752	28.10	附营	
北屯市强润节水有限责任公司		3750	-3750	-100.00	注销	
北屯市一八三团额河金穗农业有限公司		9570	-9570	-100.00	注销	农副产品加工
十师一八三团福海县天惠农业发展有限责任公司		5250	-5250	-100.00	注销	
十师一八三团砂石料场		2800	-2800	-100.00	注销	
十师一八三团屯鑫塑钢厂		7596	-7596	-100.00	注销	
十师一八三团个体工业	2727	1500	1227	86.31	个体	

7-2续表 6

单位:万元

单　　位	2016年产　值	2015年产　值	2016年比2015年增减		企业规模	备　　注
			绝对数	%		
184团(19家)总计	62137	55844	6293	14.03		
其中规上工业单位(3家)	43390	40234	3156	10.52		
规下工业单位(7家)	10824	9293	1531	19.36		
附营工业单位(0家)						
个体工业(9家)	7923	6316	1607	28.54		
隆平高科技红安屯丰辣椒制品有限责	29061	27491	1570	8.33	规上	农副产品加工
新疆额河玻璃钢制品有限公司	11013	8483	2530	33.04	规上	
农十师一八四团和布克赛尔屯南油脂有限公司	3316	4260	-945	-20.24	规上	农副产品加工
和布克赛尔县一八四团塑料制品有限责任公司	2013	1990	24	3.71	规下	
和布克赛尔蒙古自治县绿野农业科技发展有限公司	2001	1981	20	3.50	规下	
新疆力诚腐植酸有限公司	2015	1978	37	4.42	规下	
十师一八四团乐佳物业有限责任公司	1450	1436	14	3.45	规下	附营转
新疆屯南欣辉商贸有限公司	1998	1909	89	7.25	规下	农副产品加工
北屯海天达光伏发电有限公司	640		640		规下	
北屯蓝天新能源科技有限公司	708		708		规下	
十师一八四团个体工业	7923	6316	1607	28.54	个体	
185团(10家)总计	2964	2554	410	18.94		
其中规上工业单位(0家)						
规下工业单位(2家)	1366	412	954	239.84		
附营工业单位(0家)						
个体工业(8家)	1598	2142	-544	-23.55		

7-2续表 7

单位:万元

单位	2016年产值	2015年产值	2016年比2015年增减		企业规模	备注
			绝对数	%		
哈巴河县一八五团建强建材有限公司	909		909		规下	新增
哈巴河县西之北物业有限公司	457	412	45	13.74	规下	附营转
十师一八五团个体工业	1598	2142	-544	-23.55	个体	
186团(7家)总计	10093	12153	-2060	-14.89		
其中规上工业单位(0家)						
规下工业单位(5家)	8234	4117	4117	104.98		
附营工业单位(0家)		6381	-6381	-100.00		
个体工业(2家)	1859	1656	203	15.04		
新疆吉木乃县一八六团金世宝滴灌有限公司	1957	1827	131	9.81	规下	
北屯市宇珑建材有限责任公司	1950	1827	123	9.38	规下	
吉木乃县一八六团鑫和物业管理有限公司	510	463	47	12.91	规下	
吉木乃县志强农副产品加工有限责任公司	1857		1857		规下	新增
吉木乃县封腾塑料制品有限责任公司	1960		1960		规下	新增
十师一八六团异型钢管厂		6381	-6381	-100.00	关闭	
十师一八六团个体工业	1859	1656	203	15.04	个体	
187团(29家)总计	55759	45722	10037	24.98		
其中规上工业单位(3家)	31282	25368	5914	26.37		
规下工业单位(13家)	17165	9593	7572	83.36		
附营工业单位(0家)		4565	-4565	-100.00		
个体工业(13家)	7313	6197	1116	20.93		

7-2续表 8

单位:万元

单　　位	2016年产值	2015年产值	2016年比2015年增减		企业规模	备注
			绝对数	%		
丰庆贸易有限责任公司	24805	19744	5061	28.75	规上	农副产品加工
新疆九洲龙腾丰庆水泥制品有限责任公司	3823	3744	79	4.64	规上	
北屯市丰庆广新建材有限责任公司	2654	1879	774	44.71	规上	
丰庆水泥制品有限责任公司	2010	1854	155	11.06	规下	
福海丰庆塑业有限责任公司	2058	1894	164	11.38	规下	
阿勒泰丰庆矿业有限公司	2057	1884	173	11.88	规下	
北屯金泽轻型建材有限公司	2036	1832	204	13.86	规下	
北屯市雷明新型建材有限公司	2012	1870	143	10.31	规下	
北屯丰庆兴屯建材有限公司	1504	104	1401	1386.71	规下	新增
北屯市旭欣园峰业有限公司	532	156	377	250.50	规下	农副产品加工
北屯市丰庆精艺手工制作专业合作社	4		4		规下	新增
北屯市丰庆龙云机械制造有限责任公司	11		11		规下	新增
北屯市丰庆晋兴新型建材有限责任公司	648		648		规下	新增
北屯市丰庆雨辰节水有限责任公司	1289		1289		规下	新增
北屯市丰庆天淼节水有限责任公司	1084		1084		规下	新增
北屯市丰庆腾龙新型建材有限责任公司	1919		1919		规下	新增
十师一八七团红砖厂		2365	-2365	-100.00	关闭	
十师一八七团有机肥厂		2200	-2200	-100.00	关闭	
十师一八七团个体工业	7313	6197	1116	20.93	个体	

7-2续表 9　　单位:万元

单位	2016年产值	2015年产值	2016年比2015年增减		企业规模	备注
			绝对数	%		
188团(108家)总计	121791	111924	9867	11.51		
其中规上工业单位(6家)	41060	11353	29707	270.63		
规下工业单位(38家)	61188	24491	36697	156.03		
附营工业单位(1家)	4453	67797	-63344	-93.27		
个体工业(63家)	15090	8284	6807	86.69		
石河子预制拌砼有限责任公司海川分公司	5349	4773	576	14.84	规上	
北屯市恒润农贸有限公司	9734	2903	6831	243.62	规上	农副产品加工
新疆海川三新食品进出口有限公司	7995	1845	6150	344.00	规上	农副产品加工
北屯市海川开心食品有限责任公司	7025	1832	5193	293.02	规上	农副产品加工
福海北屯海川电力水泥制品有限公司(股份)	2437		2437		规上	
北屯多得利农贸有限责任公司	8521		8521		规上	农副产品加工
十师一八八团银桥乳业阿勒泰有限公司	886	558	328	62.69	规下	农副产品加工
新疆北屯额尔齐斯河特种鱼开发有限责任公司	1597	1861	-264	-12.07	规下	农副产品加工
新疆海川亚南新型建材有限责任公司	2027	1900	127	9.35	规下	
北屯市海川格瑞复合材料有限公司	2060	1920	140	9.97	规下	
新疆海川远航新型建材有限责任公司	2049	1920	129	9.38	规下	
北屯市海川固峰新型建材有限公司	2005	1929	77	6.56	规下	
北屯市众意肉食品有限公司	1103	851	252	32.89	规下	农副产品加工
新疆鑫宏达新型建材有限责任公司	2052	1768	283	18.90	规下	
北屯海川矿业有限公司	1950	1595	355	25.30	规下	

7-2续表 10

单位:万元

单　　位	2016年产值	2015年产值	2016年比2015年增减		企业规模	备注
			绝对数	%		
新疆海川都得利农业发展有限公司	1994	688	1306	196.94	规下	农副产品加工
北屯市海川蓝天新型建材有限公司	1634	1748	-113	-4.17	规下	
北屯市海川金翔建材有限公司	1673	1677	-4	2.23	规下	
北屯市金鑫建材有限责任公司	1802	1730	72	6.74	规下	
北屯市海川万胜新型建材有限公司	2040	1790	250	16.79	规下	关闭
北屯广泰农牧业机械科技有限责任公司	1864	875	989	118.25	规下	
北屯市嘉盛节水工程有限责任公司	1588	1683	-95	-3.32	规下	
北屯华泰新能源开发有限公司	347		347		规下	新增
北屯市海川犇香食品有限责任公司	1814		1814		规下	新增
北屯海洲工程装饰设计有限公司	1994		1994		规下	农副产品加工
新疆海川宏强贸易有限公司	2070		2070		规下	新增
阿勒泰润禾纯净水有限公司	775		775		规下	新增
北屯市金山清泉纯净水生产厂	1313		1313		规下	新增
北屯市海川鸿疆挂面加工有限公司	602		602		规下	新增
北屯市盛达塑业有限责任公司	988		988		规下	农副产品加工
北屯市海川铭钰玉石加工有限公司	891		891		规下	新增
新疆顺福纸制品包装有限责任公司	881		881		规下	新增
新疆北屯市海川葵庄食品有限责任公司	1794		1794		规下	新增
北屯市泰福机械制造有限公司	1699		1699		规下	新增
北屯市丰盛艺术围栏有限公司	2032		2032		规下	新增

7-2续表 11　　　　单位:万元

单　　位	2016年产值	2015年产值	2016年比2015年增减		企业规模	备注
			绝对数	%		
新疆雨润海川高效农业发展有限公司	1537		1537		规下	新增
阿勒泰鑫金域肉食品有限公司	1258		1258		规下	新增
新疆海川力合实创商贸有限公司	1835		1835		规下	农副产品加工
北屯市鸿远建材制品有限公司	1907		1907		规下	新增
北屯市创宏毛发有限公司	1240		1240		规下	农副产品加工
北屯市海川开吉门业有限责任公司	1999		1999		规下	农副产品加工
北屯市海川海福建材有限责任公司	1942		1942		规下	新增
北屯市海川天和塑业有限公司	1985		1985		规下	新增
北屯市泰兴农牧机械制造有限公司	1963		1963		规下	新增
十师一八八团海川大地食品加工厂(股份)	4453	26437	-21984	-82.74	附营	农副产品加工
新疆兵团农十师一八八团十三连加气块厂		1392	-1392	-100.00	规下	关闭
北屯农十师绿翔塑业有限责任公司		1847	-1847	-100.00	规下	关闭
新疆北屯屯川供热有限公司		869	-869	-100.00	规下	关闭
十师一八八团海川建材厂		17731	-17731	-100.00	附营	注销
十师一八八团海川轻型建材厂		3570	-3570	-100.00	附营	注销
十师一八八团海川南大坑砖窑厂		2677	-2677	-100.00	附营	注销
北屯多得利农贸有限责任公司		7675	-7675	-100.00	附营	注销
十师一八八团福海北屯海川电力水泥制品有限公司(股份)		5599	-5599	-100.00	附营	注销
十师一八八团个体工业	15090	8284	6807	86.69	个体	

备注:企业个数仅包含正常生产营业的企业,不包括停产企业;企业规模分为规模以上企业、规模以下法人企业、附营企业、个体。备注中标有农副产品加工的企业属于农副产品加工企业性质。

7-3 工业总产值分类及增长速度

单位:万元

指　　标	2016年	2015年	同比增长%
总　　计	542829	506832	9.8
按登记注册类型分			
国有经济	60304	186119	-66.8
集体经济			
个体经济	57501	40929	44.0
其他经济	425024	279784	55.7
按轻重工业分			
轻工业	246646	204909	23.4
重工业	296183	301923	0.5
按企业规模分			
大型工业			
中型工业	23793	33225	-26.6
小型工业	519036	473607	12.3

注:本表绝对数按当年价格计算,增长速度按价格指数法计算。

7-4 主要工业产品产量

产品名称	计量单位	2016年	2015年	2016比2015增长%
原　煤	万吨	94.9	160.19	-40.8
发电量	万千瓦时	9240	9069	1.9
火　电	万千瓦时	6021	6250	-3.7
水　电	万千瓦时	3219	2819	14.2
小麦粉	万吨	0.673	0.303	122.1
食用植物油	吨	11437	8925	28.1
配混合饲料	吨	49665	41847	18.7
乳制品	吨	98	186.5	-47.5
固体及半固体乳制品	吨	98	186.5	-47.5
鲜、冷藏肉	吨	2008	1601	25.4
番茄酱罐头	吨	4850	1750	177.1
饮料酒	千升	5045	4400	14.7
# 白酒(折65度,商品量)	千升	5045	4400	14.7
自来水(生产和供应)	万立方米	2391	2105	13.6
机制纸	吨	379.0	363.2	4.3
供热量	万吉焦	367	336.5	9.1
砖	万块	20461	31769	-35.6
塑料制品	吨	56813	40477.1	40.4
膨润土	吨	57958	70830	-18.2
活性白土	吨	4166	4755	-12.4
水泥	吨	495	83000	-99.4

7-5 规模以上工业企业主要工业产品产量

指　标	计量单位	2016年	2015年	同比增长%
饮料酒	千升	5000	4400	13.64
白酒(折65度,商品量)	千升	5000	4400	13.64
精制食用植物油	吨	3927	2565	53.10
饲料	吨	32570	21837	49.15
混合饲料	吨	32570	21837	49.15
水泥混凝土电杆	根	22150		
商品混凝土	立方米	95000	101195	-6.12
塑料制品	吨	16807	4400	281.98
塑料管子及其附件	吨	12601	4400	186.39
塑料丝、绳及编织品	吨	4206		
鲜、冷藏肉	吨	1585	1601	-1.00
发电量	万千瓦时	9240	9069	1.89
水力发电量	万千瓦时	6021	2819	113.59
火力发电量	万千瓦时	3219	6250	-48.50
原煤	万吨	94.9	160	-40.76
一般烟煤	万吨	94.9	160	-40.76

7-6 分单位工业总产值和增加值

（2016年）

单位:万元

单位	总产值	增加值	增加值率
总计	542829	206400	38.02
一八一团	65180	26770	41.07
一八二团	28952	11116	38.39
一八三团	73681	27842	37.79
一八四团	62137	27000	43.45
一八五团	2964	1125	37.95
一八六团	10093	3773	37.38
一八七团	55759	20785	37.28
一八八团	121791	48503	39.82
新疆屯鑫能源开发公司	2184	1195	54.73
新疆中非夏子街膨润土有限公司	3657	1983	54.22
北屯油脂化工有限责任公司	12857	3343	26.00
新疆北屯电力工业有限公司	14433	5346	37.04
北屯额河草原食品有限责任公司	8725	2268	25.99
新疆汇祥农业发展有限公司	27000	4006	14.84
新疆大罗素马铃薯制品有限公司	8219	3060	37.23
新疆屯南煤业有限责任公司	9360	5716	61.07
新疆北屯慧尔肥业有限责任公司	4872	1850	37.98
好丽友(北屯)农业科技发展有限责任公司	3444	1300	37.74
北屯西区供热有限责任公司	1422	476	33.48
北屯热力有限责任公司	2011	576	28.65
北屯市苇业有限责任公司	200	122	61.04
北屯晟彩印刷有限公司	133	55	41.29
十师北屯绿环供排水公司	2057	710	34.51
北屯矿业有限责任公司	716	268	37.42
阿勒泰新华能电气有限公司	549	113	20.59
北屯市得仁供热有限公司	2045	589	28.80
师直其它工业单位	18388	6510	35.40

7-7 规模以上工业总产值和增加值

（2016年）　　单位：万元

单　　位	总产值	增加值	增加值率
总　　计	272098	103364	37.99
北屯市额河牧业有限责任公司(181)	9771	4343	44.45
北屯市新泰塑业有限公司(181)	9814	4332	44.14
北屯市四通塑业有限公司(182)	2503	1039	41.51
新疆顶山食品有限公司(182)	2526	1059	41.92
新疆额河酒业有限责任公司(183)	11145	5308	47.63
新疆沐淋节水有限责任公司(183)	9564	3994	41.76
北屯市额河融利农业科技发展有限公司(183)	2925	1117	38.19
北屯市强润节水有限责任公司(183)	3450	1321	38.29
北屯市一八三团额河金穗农业有限公司(183)	9918	3796	38.27
和布克赛尔屯南油脂有限公司(184)	3316	1473	44.43
新疆隆平高科红安屯丰辣椒制品有限责任公司(184)	29061	10832	37.27
新疆额河玻璃钢制品有限公司(184)	11013	4284	38.90
新疆丰庆贸易有限责任公司(187)	24805	10005	40.33
新疆九洲龙腾丰庆水泥制品有限责任公司(187)	3823	1441	37.69
北屯市丰庆广新建材有限责任公司(187)	2654	1135	42.77

7-7续表 单位:万元

单　　位	总产值	增加值	增加值率
石河子白杨预拌砼有限责任公司海川分公司(188)	5349	2818	52.69
北屯市恒润农贸有限公司(188)	9734	2925	30.05
新疆海川三新食品进出口有限公司(188)	7995	3609	45.14
北屯市海川开心食品有限责任公司(188)	7025	3469	49.38
北屯海川电力水泥制品有限公司(股份)(188)	2437	1258	51.63
北屯多得利农贸有限责任公司(188)	8521	3739	43.88
新疆屯鑫能源开发公司	2184	1195	54.73
新疆中非夏子街膨润土有限公司	3657	1983	54.22
新疆屯南煤业有限责任公司	9360	5716	61.07
北屯油脂化工有限责任公司	12857	3343	26.00
新疆北屯电力工业有限公司	14433	5346	37.04
北屯额河草原食品有限责任公司	8725	2268	25.99
新疆汇祥农业发展有限公司	27000	4006	14.84
新疆大罗素马铃薯制品有限公司	8219	3060	37.23
新疆北屯慧尔肥业有限责任公司	4872	1850	37.98
好丽友(北屯)农业科技发展有限责任公司	3444	1300	37.74

7-8 规模以上工业增加值分类

计量单位:万元

指　　标	2016年	2015年	同比增长%
总　计	103364	77365	35.3
按登记注册类型分	103364	77365	35.3
国有企业	8809	9383	-4.9
非国有企业	94555	67982	40.8
按轻重工业分			
轻工业	64535	44413	47.1
重工业	38829	32952	19.3
按企业规模分			
大型企业			
中型企业	11062	16061	-30.3
小型企业	92302	61304	52.5

注:本表绝对数按当年价格计算,增长速度按价格指数法计算。

7-9 按行业分全师工业企业分布情况

（2016年）　　计量单位:个

指 标 名 称	企 业 单位数	规上单位数	规下单位数	附营单位数
总计	158	31	120	7
煤炭开采和洗选业	1	1		
烟煤和无烟煤开采洗选	1	1		
非金属矿采选业	5	1	4	
土砂石开采	3		3	
石棉及其他非金属矿采选	2	1	1	
农副食品加工业	34	15	17	2
谷物磨制	2		1	1
饲料加工	1	1		
植物油加工	2	2		
屠宰及肉类加工	4	1	3	
水产品加工	2		2	
蔬菜、水果和坚果加工	1		1	
其他农副食品加工	22	11	10	1
食品制造业	5		5	
方便食品制造	1		1	
乳制品制造	1		1	
其他食品制造	3		3	
酒、饮料和精制茶制造业	5	1	4	
酒的制造	1	1		
饮料制造	4		4	
皮革、毛皮、羽毛及其制品和制鞋业	1		1	
毛皮鞣制及制品加工	1		1	
木材加工和木、竹、藤、棕、草制品业	1			1
竹、藤、棕、草等制品制造	1			1
造纸和纸制品业	2		2	
造纸	2		2	
印刷和记录媒介复制业	2		2	
印刷	2		2	
文教、工美、体育和娱乐用品制造业	2		2	
工艺美术品制造	2		2	
化学原料和化学制品制造业	9	1	8	
肥料制造	7	1	6	
涂料、油墨、颜料及类似产品制造	1		1	
专用化学产品制造	1		1	

7-9续表　　（2016年）　　计量单位：个

指　标　名　称	企业单位数	规上单位数	规下单位数	附营单位数
总　　计	158	31	120	7
橡胶和塑料制品业	28	5	22	1
塑料制品业	28	5	22	1
非金属矿物制品业	22	4	16	2
水泥、石灰和石膏制造	1		1	
石膏、水泥制品及类似制品制造	9	3	4	2
砖瓦、石材等建筑材料制造	10		10	
玻璃制造	1	1		
玻璃纤维和玻璃纤维增强塑料制品制造	1		1	
耐火材料制品制造				
黑色金属冶炼和压延加工业	1		1	
钢压延加工	1		1	
有色金属冶炼和压延加工业	1		1	
有色金属合金制造	1		1	
金属制品业	11	1	10	
结构性金属制品制造	7	1	6	
金属工具制造	2		2	
建筑、安全用金属制品制造	1		1	
其他金属制品制造	1		1	
通用设备制造业	1		1	
锅炉及原动设备制造	1		1	
专用设备制造业	9		9	
农、林、牧、渔专用机械制造	8		8	
环保、社会公共服务及其他专用设备制造	1		1	
电气机械和器材制造业	2		2	
输配电及控制设备制造	1		1	
电线、电缆、光缆及电工器材制造	1		1	
电力、热力生产和供应业	13	2	10	1
电力生产	4	2	2	
热力生产和供应	9		8	1
燃气生产和供应业	1		1	
水的生产和供应业	2		2	
自来水生产和供应	2		2	

7-10 按行业分全师工业产值分布情况(不含个体)

（2016 年）　　计量单位:万元

指 标 名 称	工业总产值	其中:规上	其中:规下	其中:附营
总　　计	485328	272098	181041	32189
煤炭开采和洗选业	9360	9360		
烟煤和无烟煤开采洗选	9360	9360		
非金属矿采选业	10054	3657	6397	
土砂石开采	5681		5681	
石棉及其他非金属矿采选	4373	3657	716	
农副食品加工业	211978	172917	28758	10303
谷物磨制	7629		1779	5850
饲料加工	9771	9771		
植物油加工	16173	16173		
屠宰及肉类加工	13221	8725	4496	
水产品加工	3454		3454	
蔬菜、水果和坚果加工	1515		1515	
其他农副食品加工	160215	138248	17514	4453
食品制造业	4624		4624	
方便食品制造	602		602	
乳制品制造	551		551	
其他食品制造	3471		3471	
酒、饮料和精制茶制造业	15954	11145	4809	
酒的制造	11145	11145		
饮料制造	4809		4809	
皮革、毛皮、羽毛及其制品和制鞋业	1240		1240	
毛皮鞣制及制品加工	1240		1240	
木材加工和木、竹、藤、棕、草制品业	750			750
竹、藤、棕、草等制品制造	750			750
造纸和纸制品业	592		592	
造纸	592		592	
印刷和记录媒介复制业	1014		1014	
印刷	1014		1014	
文教、工美、体育和娱乐用品制造业	2036		2036	
工艺美术品制造	2036		2036	
化学原料和化学制品制造业	17788	4872	12916	
肥料制造	15397	4872	10525	
涂料、油墨、颜料及类似产品制造	386		386	
专用化学产品制造	2005		2005	

7-10续表 （2016年） 计量单位:万元

指 标 名 称	工业总产值			
		规 上	规 下	附 营
总 计	485328	272098	181041	32189
橡胶和塑料制品业	73773	28256	36757	8760
塑料制品业	73773	28256	36757	8760
非金属矿物制品业	61783	22621	29412	9750
水泥、石灰和石膏制造	2082		2082	
石膏、水泥制品及类似制品制造	28146	11608	6788	9750
砖瓦、石材等建筑材料制造	18482		18482	
玻璃制造	11013	11013		
玻璃纤维和玻璃纤维增强塑料制品制造	2060		2060	
耐火材料制品制造				
黑色金属冶炼和压延加工业	425		425	
钢压延加工	425		425	
有色金属冶炼和压延加工业	1911		1911	
有色金属合金制造	1911		1911	
金属制品业	19435	2654	16781	
结构性金属制品制造	12376	2654	9722	
金属工具制造	3436		3436	
建筑、安全用金属制品制造	1950		1950	
其他金属制品制造	1673		1673	
通用设备制造业	1994		1994	
锅炉及原动设备制造	1994		1994	
专用设备制造业	13795		13795	
农、林、牧、渔专用机械制造	12695		12695	
环保、社会公共服务及其他专用设备制造	1100		1100	
电气机械和器材制造业	1552		1552	
输配电及控制设备制造	549		549	
电线、电缆、光缆及电工器材制造	1003		1003	
电力、热力生产和供应业	31122	16617	11879	2626
电力生产	17965	16617	1348	
热力生产和供应	13157		10531	2626
燃气生产和供应业	347		347	
水的生产和供应业	3802		3802	
自来水生产和供应	3802		3802	

7-11 工业企业个数

单位：个

年 份	合 计	独立核算工业企业	国 有	附属工业企 业	国 有
1953	1			1	1
1954	2			2	2
1955	4			4	4
1956	4			4	4
1957	4			4	4
1958	4			4	4
1959	10	6	6	4	4
1960	14	10	10	4	4
1961	14	10	10	4	4
1962	14	10	10	4	4
1963	14	10	10	4	4
1964	14	10	10	4	4
1965	14	10	10	4	4
1966	14	10	10	4	4
1967	14	10	10	4	4
1968	14	10	10	4	4
1969	16	12	12	4	4
1970	16	12	12	4	4
1971	21	12	12	9	9
1972	24	12	12	12	12
1973	35	12	12	23	23
1974	36	12	12	24	24
1975	38	12	12	26	26
1976	37	12	12	25	25
1977	37	12	12	25	25
1978	38	12	12	26	26
1979	38	12	12	26	26
1980	38	12	12	26	26
1981	38	12	12	26	26

7-11续表　　　　　　　　　　　　　　　　　　单位：个

年份	合计	独立核算工业企业	国有	附属工业企业	国有
1982	38	13	13	25	25
1983	37	13	13	24	24
1984	38	14	14	24	24
1985	43	14	13	29	29
1986	47	16	15	31	29
1987	53	16	15	37	35
1988	54	17	16	37	35
1989	54	17	17	37	35
1990	60	21		39	39
1991	63	23	18	40	40
1992	63	23	18	40	40
1993	59	18	16	41	41
1994	65	17	14	48	48
1995	67	17	15	50	49
1996	64	18	15	46	46
1997	64	15	12	49	49
1998	51	15	12	36	36
1999	55	12	10	43	43
2000	54	11	10	43	43
2001	53	11	10	42	42
2002	54	11	10	43	43
2003	55	12	11	43	43
2004	52	12	11	40	40
2005	55	12	11	43	43
2006	46	12	11	34	34
2007	43	12	10	31	31
2008	43	12	10	31	31
2009	50	12	10	38	31
2010	57	12	3	45	21
2011	60	12	6	48	25
2012	63	12	6	51	27
2013	80	13	7	67	34
2014	102	71	5	31	31
2015	120	95	5	25	25
2016	158	151	5	7	7

7-12 工业总产值及构成

计量单位:万元、%

年 份	按当年价格计算	其中		构成		独立核算工业企业
		轻工业	重工业	轻工业	重工业	
1953	13.8	13.8		100.0		
1954	32.9	32.9		100.0		
1955	65.4	59.4	6.0	90.8	9.2	
1956	103.4	78.0	25.4	75.4	24.6	
1957	149.6	105.5	44.1	70.5	29.5	
1958	223.7	118.1	105.6	52.8	47.2	
1959	819.8	106.7	713.1	13.0	87.0	91.2
1960	1515.3	66.2	1449.1	4.4	95.6	1313.3
1961	915.0	97.3	817.7	10.6	89.4	774.3
1962	373.5	79.6	293.9	21.3	78.7	202.0
1963	634.0	195.7	438.3	30.9	69.1	500.3
1964	779.8	306.6	473.2	39.3	60.7	561.2
1965	470.2	364.0	106.2	77.4	22.6	329.3
1966	506.6	260.9	245.7	51.5	48.5	389.8
1967	470.3	269.0	201.3	57.2	42.8	399.6
1968	452.9	286.8	166.1	63.3	36.7	430.3
1969	254.5	88.3	166.2	34.7	65.3	248.5
1970	481.3	251.0	230.3	52.2	47.8	246.8
1971	513.8	203.7	310.1	39.6	60.4	433.2
1972	580.7	40.8	539.9	7.0	93.0	331.2
1973	831.4	208.4	623.0	25.1	74.9	388.8
1974	1285.6	942.8	342.8	73.3	26.7	477.7
1975	1179.6	462.7	716.9	39.2	60.8	287.9
1976	1080.2	536.7	543.5	49.7	50.3	476.8
1977	845.7	403.0	442.7	47.7	52.3	373.3
1978	2642.8	808.3	1834.5	30.6	69.4	1074.8
1979	2747.5	1429.9	1317.6	52.0	48.0	961.4
1980	2987.2	1360.0	1627.2	45.5	54.5	983.3
1981	2857.5	1503.3	1354.2	52.6	47.4	1004.8
1982	2625.5	1456.9	1168.6	55.5	44.5	1280.9
1983	3416.7	1677.7	1739.0	49.1	50.9	1928.7

7-12续表　　　　计量单位:万元、%

年份	按当年价格计算	其中		构成		独立核算工业企业
		轻工业	重工业	轻工业	重工业	
1984	3699.6	1859.2	1840.4	50.3	49.7	2523.2
1985	4357.4	2135.1	2222.3	49.0	51.0	3029.2
1986	4544.3	2553.0	1991.3	56.2	43.8	3217.6
1987	4918.1	2943.4	1974.7	59.8	40.2	3587.9
1988	5852.8	3523.2	2329.6	60.2	39.8	4258.0
1989	8167.2	5221.4	2945.8	63.9	36.1	6156.8
1990	7416.2	4206.2	3210.0	56.7	43.3	
1991	7674.3	3572.1	4102.2	46.5	53.5	5055.2
1992	8657.9	3948.8	4709.1	45.6	54.4	5532.6
1993	10048.4	4451.3	5597.1	44.3	55.7	6565.3
1994	13859.7	6928.7	6931.0	50.0	50.0	8022.7
1995	18792.7	10812.1	7980.6	57.5	42.5	9899.6
1996	20455.2	11178.3	9276.9	54.6	45.4	10528.6
1997	19684.3	9560.3	10124.0	48.6	51.4	5795.2
1998	19544.6	8775.8	10768.8	44.9	55.1	12607.5
1999	22034.0	10553.2	11480.8	47.9	52.1	8726.7
2000	22232.0	9817.1	12414.9	44.2	55.8	8082.7
2001	24955.4	11575.1	13380.3	46.4	53.6	9551.3
2002	30521.2	14970.6	15550.6	49.0	51.0	15174.6
2003	33712.2	16336.2	17376.0	48.5	51.5	15720.7
2004	40553.1	18235.8	22317.3	45.0	55.0	19492.5
2005	50363.4	21841.4	28522.0	43.4	56.6	23635.3
2006	48986.4	18841.0	30145.4	38.5	61.5	24078.0
2007	53282.3	18360.5	34921.8	34.5	65.5	26957.7
2008	67791.1	20828.8	46962.2	30.7	69.3	30541.8
2009	86945.2	28422.6	58522.6	32.7	67.3	35088.1
2010	125555.1	38302.3	87252.8	30.5	69.5	43786.9
2011	174717.0	56065.0	118652.0	32.1	67.9	54883.0
2012	258462.5	78740.7	179721.8	30.5	69.5	61986.7
2013	334457	128938	205519	38.6	61.4	75301
2014	438778	194160	244618	44.3	55.7	260285
2015	506832	204909	301923	40.4	59.6	308774
2016	542829	246646	296183	45.4	54.6	453139

7-13 主要工业产品产量

年 份	原 煤（万吨）	发电量（万度）		水 泥（吨）	毛 线（吨）	机制纸（吨）	饮料酒（吨）	小麦粉（吨）	食用植物油（吨）
			水 电						
1954								595	15
1955	0.16							690	42
1956	1.19							641	51
1957	2.28							666	41
1958	1.74							700	27
1959	3.18	39.4					12	1019	18
1960	3.67	43.3						1861	8
1961	3.01	58.5						1839	11
1962	2.92	75.5						1817	5
1963	3.79	67					10	2082	16
1964	5.62	128.3	24				4	2575	30
1965	6.62	142.9	76.8				2	2322	51
1966	7.49	170.2	104.4					2726	27
1967	7.89	149.6	106.4		12			3715	55
1968	6.79	457.9	103.9		14			3721	38
1969	5.67	766.4	76.6		14			3728	21
1970	6.34	208.5	97.1		54			2918	20
1971	10.03	340	99		36			3426	62
1972	10.08	382.8	103.8		22			7199	118
1973	9.84	406.3	110.6		19		58	10972	174
1974	11.63	431.7	114.3		55		40	11702	183
1975	11.27	718.3	124		51		87	11696	147
1976	13.33	602.2	81.4	70	29		134	11690	111
1977	20.49	927.5	63	535	53		26	5908	74
1978	23.43	813.9	231.9	3605	106		30	7471	131
1979	21.98	1304.5	367.4	3163	157		43	7943	244
1980	27	1430.4	520.7	2823	183	9	84	7117	292
1981	27.89	1070.5	324.8	2315	208	107	70	7747	403
1982	27.43	1528.7	590.3	5350	289	315	70	7785	504
1983	31.06	1782.5	713.5	8926	314	340	68	8107	510

7-13续表

年　份	原　煤（万吨）	发电量（万度）		水　泥（吨）	毛　线（吨）	机制纸（吨）	饮料酒（千升）	小麦粉（吨）	食用植物油（吨）
			水　电						
1984	28.16	1782.5	753.6	10380	253	198	50	6880	588
1985	24.39	1668.6	727.5	14800	324	296	117	6143	354
1986	22.24	2180.1	939.9	10201	321	292	144	5857	445
1987	22.39	2682.8	1120.7	19216	301	365	91	6601	626
1988	29.09	2388.3	1166	22239	314	406	82	6640	516
1989	34.56	2504.8	1174.3	28520	263	452	98	6766	710
1990	34.51	2708.4	1070	33713	316	403	105	6208	737
1991	34.21	2979.6	1335.6	41423	220	380	107	6620	820
1992	36.46	3089.4	1294.4	44596	192	391	104	7741	688
1993	35.16	3097.6	1424.8	45618	213	390	92	10405	649
1994	34.07	3448.8	1837.2	41327	279	372	150	12589	1241
1995	32.69	3799.7	2183.9	43054	375	397	151	16801	1651
1996	36.9	4207.6	2421	50490	326	385	162	15337	6673
1997	35.9	4733	2772	37739	200	503	189	17237	5310
1998	30.7	5393	3245	48500	117	328	227	19100	6063
1999	32.7	5647	2133	57000	48	245	242	20700	11633
2000	33.8	5241	3189	58200	72	460	503	20000	12214
2001	32.7	5122	3133	64100	80	510	319	29700	12174
2002	36.2	5040	2898	55000	38	600	230	36000	13158
2003	38.1	5218	3252	48400	24	750	240	43900	10208
2004	42.6	6901	3384	31900	27	911	238	36900	11769
2005	42.1	8405	3453	32885		655	429	41420	14437
2006	31.9	8015.8	3133	21393		561	595	32071	6563
2007	38.4	8952	3260	30094		578	617	33031	2327
2008	42.8	9800	2660	27482		547	807	16448	10916
2009	72.1	12124	3575	18000		588	850	10825	3560
2010	102	11859.8	3214	40000		580	900	8881	1467
2011	115	12189	3377	55000		616	1000	8542	6029
2012	135	9837	2902	66640		650	1300	8359	10272
2013	130	10809	2786	78000		690	2252	7000	8901
2014	130	8660.7	2761	83000		734	3000	2895	19499
2015	160.19	9069	2819	83000		363.2	4400	3030	8925
2016	94.9	9240	3219	495		379	5045	6730	11437

7-14 规模以上工业企业能源购进、消费与库存

（2016年）

项 目	计量单位	年初库存量	购进量	本年消费量			期末库存量
				合计	工业生产消费	非工业生产消费	
原煤	吨	9393.99	74844.28	76272.97	76272.97		7965.30
汽油	吨		830.82	830.82	830.82		
柴油	吨		1679.16	1679.16	1679.16		
热力	百万千焦		300.00	300.00	300.00		
电力	万千瓦时		4064.44	5077.60	5077.60		
能源合计	吨标准煤			64420.99	64420.99		

7-15 规模以上工业企业能源消费情况

（2016年）

项 目	代码	计量单位	数 值
上年同期综合能源消费量	1	吨标准煤	60371.59
上年同期工业总产值	2	万元	217871
上年同期电力消费合计	3	万千瓦时	5249.14
上年同期工业生产电力消费	4	万千瓦时	5249.14
本期综合能源消费量	5	吨标准煤	56897.37
本期工业总产值	6	万元	272098

备注：本期综合能源消费量含本年年报新增单位。

7-16 主要物资、能源消费

（2016年）

项 目	计量单位	全年生产消费量合计	农、林、牧、渔业	工业	建筑业	交通运输业	批发、零售业和住宿、餐饮业	其他	全年生活消费量合计
钢 材	吨	24067		89	23978				
木 材	立方米	22795	5		22790				333
水 泥	吨	193581		902	192679				210
化 肥	吨	75516	75511					5	
无烟煤	吨	73		73					
一般烟煤	吨	288531	1869	265146	1463	825	1049	18179	22673
汽 油	吨	21182	410	2124	374	16468	76	1730	5903
柴 油	吨	44766	15109	3273	1241	24804	199	140	33
电 力	万千瓦时	23503	4519	11676	2180	87	2089	2952	5952
热 力	百万千焦	495541		4490	951	1890	118347	369863	912903
水	立方米	711683051	700982147	4884428	309426	585	405845	5100620	607751

7-17 单位GDP、工业增加值能耗

指 标	计量单位	2015年	2014年
能源消费总量（等价值）	万吨标准煤	45.36	45.61
能源消费总量（当量值）	万吨标准煤	31.74	31.77
GDP（2015年可比价）	亿元	59.75	52.34
单位GDP能耗（等价值）	吨标准煤/万元	0.7591	0.8714
单位GDP能耗（当量值）	吨标准煤/万元	0.5312	0.6070
规模以上工业综合能源消费量	万吨标准煤	5.6800	5.7500
电力消费合计	亿千瓦时	2.95	2.97
单位GDP电耗	万千瓦时/万元	493	567

主要统计指标解释

工业总产值(当年价格)： 指工业企业在本年内生产的以货币形式表现的工业最终产品和提供工业劳务活动的总价值量。

工业总产值计算应遵循的原则 (1)工业生产的原则。即凡是企业在本年内生产的最终产品和提供的劳务,均应包括在内。其中的最终产品,不管是否在本年内销售,只要是本年内生产的,就应包括在内。凡不是工业生产的产品,均不得计入工业总产值。(2)最终产品的原则。即企业生产的成品价值必须是本企业生产的,经检验合格不需再进行任何加工的最终产品。企业对外销售的半成品也应视为最终产品计入工业总产值。而在本企业内各车间转移的半成品和在制品只能计算其期末期初差额价值。(3)"工厂法"原则。即以法人工业企业作为一个整体计算工业总产值,是其本年内生产的最终产品和提供劳务的总价值量。

工业总产值的内容 包括三部分:生产的成品价值、对外加工费收入、自制半成品、在制品期末期初差额价值。

工业销售产值(当年价格)： 是以货币形式表现的,工业企业在本年内销售的本企业生产的工业产品或提供工业性劳务价值的总价值量。

本年生产量： 指工业企业在本年内生产的并符合产品质量要求的实物数量,包括商品量和自用量两部分。

本年销售量： 指本年内工业企业实际销售的由本企业生产(包括上年生产和本年生产)的符合规定的质量标准或定货合同规定的技术条件的工业产品的实物数量。凡用订货者来料加工生产的产品,并且加工企业只收取加工费的,如果订货者是境内非工业企业和境外企业,其产品销售量由加工企业(即承包企业)统计;如果订货者是境内工业企业,产品销售量由委托企业(即发包企业)统计,加工企业不统计。

年初、年末库存量： 指工业企业在年初、年末时点上,尚存在企业产成品仓库中而暂未售出的产品的实物数量。

生产能力： 企业填报年末生产能力,一般指产品的综合生产能力,但也有些产品指其主要设备的能力。在填报时分为两种情况:(1)产品年末生产能力,(2)设备能力。

新型工业化主要指标

1. 非农就业人口占总就业人口比例:指城镇就业人口占总就业人口的比重。

2. 城市化率:指城镇人口占总人口的比重。

3. 电子信息产业增加值占GDP比重:指计算机服务业和信息生产业增加值占GDP的比重。

4. 大中型工业企业年末拥有网站数占企业数的比重:指大中型工业企业年末拥有网站数占大中型工业企业数的比重。

5. 大中型工业企业全年电子商务销售金额所占比重:指大中型工业企业全年电子商务销售金额占GDP

的比重。

6. R&D经费支出占GDP比重：指研究与实验发展经费占GDP的比重。

7. 高新技术产业占GDP比重：指高新技术产业增加值占GDP的比重。

8. 工业企业新产品产值比重：指工业企业新产品产值占工业企业总产值的比重。

9. 工业经济效益综合指数增减百分点：指本期工业经济效益综合指数和去年同期工业经济效益综合指数的差额。

10. 工业技术改造投资占工业投资总额的比重：指固定资产投资中改建部分占固定资产投资总额的比重。

11. 万人从业人员中R&D活动人员比重：指从事科技活动人员数占总就业人口数的比重。

12. 规模以上工业增加值中园区工业比重：指园区工业增加值占规模以上工业增加值的比重。

13. 工业固体废物综合利用率：指工业固体废物综合利用量占工业固体废物产生量的比重。

14. 工业废水排放达标率：指工业废水排放达标量占工业废水排放总量的比重。

工业中间投入： 工业中间投入是指企业在报告期内用于工业生产活动所消耗的外购的原材料、燃料、动力及其他实物产品和对外支付的服务费用。工业中间投入是计算工业增加值的重要基础指标，是工业总产值与工业增加值之间所扣除的差额部分。准确计算工业中间投入是准确计算工业增加值的基础和前提。资料来源主要是依据财务明细帐。

工业中间投入按照具体内容分为直接材料、制造费用中的中间投入、管理费用中的中间投入、销售费用中的中间投入和利息支出五大项。

工业中间投入计算原则　计算工业中间投入须遵循以下三条原则：①必须是从企业外部购入的产品和服务的价值，不包括生产过程中回收的废料以及自制品的价值。②必须是本期投入生产，并一次性消耗的产品和服务的价值，不包括固定资产转移价值。③中间投入的计算口径必须与总产值的计算口径相一致。即计入工业中间投入的产品和服务价值必须已经计入了工业总产值中。

工业中间投入的具体计算方法

一是采用正算法：

即将制造费用、管理费用、销售费用中属于中间消耗的部分（见附表下半部分）分别相加，（中间物质消耗按不含增值税的价格计算），再加上直接材料和利息净支出，得出工业中间投入总和。

二是采用倒算法：

即分别用制造费、管理费用、销售费用合计减去该项费用中属于增加值的项目（附表的上半部分），如工资、折旧、福利费等，倒算出三项费用中的中间消耗，再加上直接材料和利息净支出，同样得出工业中间投入总和。在实际操作过程中，采用倒算法比较简便易行。企业采用哪种方法可视情况而定。

能源生产总量： 指一定时期内一次能源生产量的总和，是观察能源生产水平、规模、构成和发展速度的总量指标。一次能源生产量包括原煤、原油、天然气、水电、核能及其他动力能（如风能、地热能等）发电量，不包括低热值燃料生产量、生物质能、太阳能等的利用和由一次能源加工转换而成的二次能源产量。

能源消费总量： 指一定时期内物质生产部门、非物质生产部门和生活消费的各种能源的总和，是观察能源消费水平、构成和增长速度的总量指标。能源消费总量包括原煤和原油及其制品、天然气、电力，不包括低热值燃料、生物质能和太阳能等的利用。能源消费总量分为终端能源消费量、能源加工转换损失量和损失量三部分。

能源生产弹性系数： 是研究能源生产增长速度与国民经济增长速度之间关系的指标。计算公式为：

能源生产弹性系数=能源生产总量年平均增长速度／国民经济年平均增长速度

国民经济年平均增长速度，可根据不同的目的或需要，用国民生产总值、国内生产总值等指标来计算，本年鉴是采用国内生产总值指标计算的。

电力生产弹性系数： 是研究电力生产增长速度与国民经济增长速度之间关系的指标。一般来说，电力的发展应当快于国民经济的发展，也就是说电力应超前发展。计算公式为：

电力生产弹性系数一电力生产量年平均增长速度／国民经济年平均增长速度

能源消费弹性系数： 是反映能源消费增长速度与国民经济增长速度之间比例关系的指标。计算公式为：

能源消费弹性系数一能源消费量年平均增长速度／国民经济年平均增长速度

电力消费弹性系数： 反映电力消费增长速度与国民经济增长速度之间比例关系的指标。计算公式为：

电力消费弹性系数一电力消费量年平均增长速度／国民经济年平均增长速度

能源加工转换效率： 指一定时期内能源经过加工、转换后，产出的各种能源产品的数量与同期内投入加工转换的各种能源数量的比率。它是观察能源加工转换装置和生产工艺先进与落后、管理水平高低等的重要指标。计算公式为：

能源加工转换效率一能源加工、转换产出量／能源加工、转换投入量×100％

单位国内生产总值能耗： 指一定时期内，一个国家或地区每生产一个单位的国内生产总值所消耗的能源。计算公式为：

单位国内生产总值能耗=能源消费总量／国内生产总值

单位国内生产总值电耗： 指一定时期内，一个国家或地区每生产一个单位的国内生产总值所消耗的电力。计算公式为：

单位国内生产总值电耗=全社会用电量／国内生产总值

单位工业增加值能耗指一定时期内，一个国家或地区每生产一个单位的工业增加值所消耗的能源。计算公式为：

单位工业增加值能耗=工业能源消费量／工业增加值

单位地区生产总值能耗指一定时期内，一个国家或地区每生产一个单位的地区生产总值所消耗的能源。计算公式为：

单位地区生产总值能耗=能源消费总量/地区生产总值

单位地区生产总值电耗指一定时期内，一个国家或地区每生产一个单位的地区生产总值所消耗的电力。计算公式为：

单位地区生产总值能耗=全社会用电量／地区生产总值

单位工业增加值能耗： 指一定时期内，一个国家或地区每生产一个单位的工业增加值所消耗的能源。计算公式为：

单位工业增加值能耗器工业能源消费量／工业增加值

购进量： 根据企业生产、经营性质划分，购进量分两种情况，一种是能源经销企业（批发、零售企业）用于销售的能源购进数量，另一种是能源使用企业用于消费的能源购进数量，这两种能源购进量分别在不同表式中统计。能源经销企业能源购进量，指能源经销企业在报告期内购入的、用于销售的各种一次能源和二次能源。能源经销企业能源购进量由能源经销企业（批发、零售企业）填报。《能源统计报表制度》中需要填报这一指标的报表是P403表。能源使用企业能源购进量，指能源使用单位在报告期内外购的、用于本企业消费的各种一次能源和二次能源。能源使用企业能源购进量由能源使用企业填报。

购进量金额： 指本单位在报告期实际购进的、已办理验收入库手续的各种一次能源和二次能源的金额。其金额以购货发票上的总金额（含增值税）计算，统计原则、范围与购进量相同。

统计购进量金额要注意：

(1)价值量指标要与实物量指标相一致，即计算实物量的，亦计算价值量，反之亦然；

(2)已验收入库尚未结算，购货发票未到，购进量以实际验收数量计算，购进量金额以货物的上期平均价或合同价格乘购进量计算，待结算后再作调整。

(3)实物量与价值量之一，如不够一个计量单位，两者都不填报，待以后两者都达到一个计量单位时，再同时填报。

(4)购进量金额不应包括运费和装卸费用。

能源消费量： 指能源使用单位在报告期内实际消费的一次能源或二次能源的数量。就每种能源的实物消耗而言，是其消费量；如果将实际消费的各种能源折标准量相加所得到的能源消费量合计数据是企业投入消费的全部能源，没有扣除能源品种加工转换的重复因素。

综合能源消费量： 指报告期内工业企业在工业生产活动中实际消费的各种能源的总和净值。计算综合能源消费量时，需要先将使用的各种能源折算成标准燃料后再进行计算。根据P201和P201-1表计算综合能源消费量方法如下：

综合能源消费量=工业生产消费的能源合计-加工转换产出能源合计-回收利用能源合计。

8

建筑业

8-1 建筑业生产情况

指　　标	计量单位	2016年	2015年	2016年比2015年增长%
一、建筑业单位数	个	16	12	33.3
二、建筑业产值	万元	352215	259468	35.7
1. 建筑工程	万元	338404	255404	32.5
2. 安装工程	万元	12969	1894	584.7
3. 其他产值	万元	842	2170	-61.2
三、竣工产值	万元	192697	149042	29.3
四、房屋建筑施工面积	万平方米	147.1	194.8	-24.5
五、房屋建筑竣工面积	万平方米	80.9	56.3	43.6
六、自有机械设备净值	万元	3599	3538	1.7
七、年末自有机械设备总台数	台	389	249	56.2
机械设备总功率	千瓦	15249	11014	38.5
八、期末从业人员	人	1834	1631	12.4

8-2 资质以上分单位建筑企业生产情况

（2016年）

单　　位	施工产值（万元）	竣工产值（万元）	施工面积（万平方米）	竣工面积（万平方米）
总　　计	352215	192697	147.1	80.9
阿勒泰市兴巴工程有限责任公司	33000	33000	0.9	0.9
新疆乌河建筑安装有限责任公司	21783	21783	8.4	5.3
新疆额河建筑安装有限责任公司	39938	24448	17.9	7.2
新疆荣得工程建设有限责任公司	69003	6008	18.5	1.8
新疆安都工程建设有限公司				
新疆西之北建筑安装有限责任公司	4450			
新疆昊顺达建筑安装有限责任公司	8209	8209	3.0	
新疆丰庆建筑安装公司	37040	50797	25.5	22.9
北屯新城建筑安装有限责任公司	45000	31505	24.8	24.7
新疆禹王工建筑工程有限公司	2752		0.9	
新疆北屯第一建筑安装工程有限责任公司	74924	13723	18.5	17.5
北屯电力工程安装有限责任公司	2759	2759		
新疆金盛元建设工程有限公司	1865	465	1.9	0.6
北屯利龙建筑安装有限责任公司	2400		2.0	
北屯万佳建筑安装有限责任公司	5742		24.8	
北屯交通建设有限公司	3350			

8-3 建筑业分单位施工产值完成情况

单位:万元

单 位	2016	2015	2016年比2015年增长%
总 计	352215	259468	35.7
阿勒泰市兴巴工程有限责任公司	33000	23552	40.1
新疆乌河建筑安装有限责任公司	21783		
新疆额河建筑安装有限责任公司	39938	33685	18.6
新疆荣得工程建设有限责任公司	69003	50000	38.0
新疆安都工程建设有限公司			
新疆西之北建筑安装有限责任公司	4450		
新疆昊顺达建筑安装有限责任公司	8209		
新疆丰庆建筑安装公司	37040	32033	15.6
北屯新城建筑安装有限责任公司	45000	47500	-5.3
新疆禹王工建筑工程有限公司	2752	2924	-5.9
新疆北屯第一建筑安装工程有限责任公司	74924	49857	50.3
北屯电力工程安装有限责任公司	2759	1894	45.7
新疆金盛元建设工程有限公司	1865	3173	-41.2
北屯利龙建筑安装有限责任公司	2400	4500	-46.7
北屯万佳建筑安装有限责任公司	5742	8350	-31.2
北屯交通建设有限公司	3350	2000	67.5

8-4 建筑业分单位竣工产值完成情况

单位:万元

单　　位	2016年	2015年	2016年比2015年增长%
总　　计	192697	149042	29.3
阿勒泰市兴巴工程有限责任公司	33000	23552	40.1
新疆乌河建筑安装有限责任公司	21783		
新疆额河建筑安装有限责任公司	24448	19941	22.6
新疆荣得工程建设有限责任公司	6008	4667	28.7
新疆安都工程建设有限公司			
新疆西之北建筑安装有限责任公司			
新疆昊顺达建筑安装有限责任公司	8209		
新疆丰庆建筑安装公司	50797	23397	117.1
北屯新城建筑安装有限责任公司	31505	47500	-33.7
新疆禹王工建筑工程有限公司			
新疆北屯第一建筑安装工程有限责任公司	13723	26597	-48.4
北屯电力工程安装有限责任公司	2759	1894	45.7
新疆金盛元建设工程有限公司	465		
北屯利龙建筑安装有限责任公司		1494	
北屯万佳建筑安装有限责任公司			
北屯交通建设有限公司			

8-5　建筑业分单位生产情况

（2016年）

单　　位	年末从业人数（人）	年末自有机械设备净值（万元）	年末自有机械设备总台数（台）	机械设备总功率（千瓦）
总　　计	1834	3599	389	15249
阿勒泰市兴巴工程有限责任公司	110	30	80	1200
新疆乌河建筑安装有限责任公司	56			
新疆额河建筑安装有限责任公司	91	926	155	7380
新疆荣得工程建设有限责任公司	159	40	6	450
新疆安都工程建设有限公司				
新疆西之北建筑安装有限责任公司	2			
新疆昊顺达建筑安装有限责任公司	37	49	18	429
新疆丰庆建筑安装公司	566			
北屯新城建筑安装有限责任公司	24	279	53	2408
新疆禹王工建筑工程有限公司	92	120	2	60
新疆北屯第一建筑安装工程有限责任公司	175			
北屯电力工程安装有限责任公司	31	14	31	100
新疆金盛元建设工程有限公司	8	84	2	190
北屯利龙建筑安装有限责任公司	226			
北屯万佳建筑安装有限责任公司	201	440	20	534
北屯交通建设有限公司	56	1617	22	2498

8-6 建筑业产值、施工面积、竣工面积情况

年　份	施工产值（万元）	竣工产值（万元）	房屋施工面积（万平方米）	房屋竣工面积（万平方米）
1976	108			
1977	86			
1978	138			
1979	136			
1980	798		1.5	0.7
1981	991			
1982	807			
1983	869		5.4	4.7
1984	1456	1220	5.6	4.1
1985	1473	1128	7.9	6.1
1986	1330	757	2.8	2.6
1987	1473	1151	6.7	4.6
1988	1833	1594	6.6	5.9
1989	1933	1713	5.8	4.9
1990	2214	1951	8.7	7.8
1991	3326	3221	11.8	9.9
1992	4642	3273	12.3	8.6
1993	4057	3600	7.4	6.0
1994	4254	2787	6.0	3.4
1995	4916	4014	8.2	5.9
1996	5748	4369	9.5	6.6
1997	6146	4461	8.5	7.6
1998	7727	6130	12.8	9.4
1999	18263	14292	24.8	19.8
2000	21361	19336	25.0	19.4
2001	29543	26767	31.8	28.0
2002	30198	27851	25.0	20.8
2003	25992	25158	21.6	20.4
2004	24539	21031	22.76	19.26
2005	28020	25023	20.59	16.93
2006	30612	25844	16.9	14.1
2007	33713	27627	20.7	12.3
2008	36223	34959	30	19.6
2009	46982	35073	40.5	26.9
2010	70354	56726	59.1	43.9
2011	111629	68115	99.8	31.3
2012	167930	112309	118.7	78.3
2013	208829	166025	121.5	81.4
2014	228917	118452	111.3	58.9
2015	259468	149042	194.8	56.3
2016	352215	192697	147.1	80.9

主要统计指标解释

签订的合同额： 指建筑业企业在报告期直接同建设单位签订的各种国内工程合同的总价款和以前年度同建设单位签定各种国内工程合同的未完工程跨入本年度继续施工工程合同的总价款余额。

建筑业总产值： 建筑业总产值是以货币表现的建筑业企业在一定时期内生产的建筑业产品和服务的总和。建筑业总产值包括建筑工程产值、安装工程产值和其他产值三部分内容。

(一)建筑工程产值： 指列入建筑工程预算内的各种工程价值。

(二)安装工程产值： 指设备安装工程价值，不得包括被安装设备本身价值。

(三)其他产值： 建筑业总产值中除建筑工程、安装工程以外的产值。包括房屋构筑物修理产值、非标准设备制造产值、总包企业向分包企业收取的管理费以及不能明确划分的施工活动所完成的产值。

房屋构筑物修理产值： 指房屋和构筑物的修理所完成的产值，但不包括被修理房屋、构筑物本身价值和生产设备的修理价值。

非标准设备制造产值： 指加工制造没有定型的非标准生产设备的加工费和原材料价值(如化工厂、炼油厂用的各种罐、槽，矿井生产统一使用的各种漏斗、三角槽、阀门等)以及附属加工厂为本企业承建工程制作的非标准设备的价值。

装饰装修产值： 包括装饰、装修两部分产值。装修装饰指对新旧房屋及建筑物进行的内外装修装饰；对新建房屋及建筑物经过施工后，尚未完全达到使用标准，而进行的二次装修装饰；以及对原有房屋经使用若干年后进行的二次内外装饰。包括抹灰、门窗、玻璃、吊顶、隔断、饰面板(砖)、涂料、裱糊、刷浆、花饰等。

竣工产值： 一般是以单位工程为对象，当该工程按照设计所规定的工程内容全部完成，达到了设计规定的交工条件，经有关部门检查验收鉴定合格的单位工程价值，即为竣工产值。

房屋建筑面积： 指房屋全部平面面积的总和。它从房屋的外墙线算起，包括可供使用的有效面积和墙柱等结构占用面积。多层房屋按各层(包括地下室)面积总和计算。旧房加层或改造，只计算增加的建筑面积；旧房拆除重建，计算其全部面积；临时房屋不计算建筑面积。

房屋施工面积： 指报告期内施过工的全部房屋建筑面积，它包括本期新开工的面积、上期跨入本期继续施工的房屋建筑面积、上期停缓建在本期恢复施工的房屋面积、本期竣工的房屋建筑面积以及本期施工后又停缓建的房屋建筑面积。

房屋竣工面积： 指在报告期内房屋建筑按照设计要求已全部完工，达到了住人和使用条件，经验收鉴定合格或达到竣工验收标准，可正式移交使用的各栋房屋建筑面积的总和。

房屋竣工价值： 指在报告期内按规定已经上报竣工的房屋本身的建造价值。一般按房屋设计和预算规定的内容计算。

主营业收入： 指企业确认的销售商品，提供劳务等主营业务的收入。根据会计“主营业务收入”科目的期末贷方余额(结转前)填报。执行2006年《企业会计准则》或2011年《小企业会计准则》的企业。如未设置该科目,以“营业收入”代替填报。

其他业务利润： 指企业经营除主要业务以外的其他业务实现的利润。根据会计“其他业务收入”科目的期末贷方余额减“其他业务成本”科目的期末借方余额填报。执行2006年《企业会计准则》或2011年《小企业会计准则》的企业,如果未设置该科目,则在此处填0。

9

公路运输、邮电业

9-1 公路线路年底到达数

单位:公里

指　　标	2016年	2015年
总　计	2863.5	2863.5
国　道		
省　道	451.2	451.2
县　道	192.6	192.6
乡　道	527	527
专用公路	1113.1	1113.1
村　道	579.6	579.6
按等级分	2863.5	2863.5
等级公路	1452.1	1452.1
#高速公路		
一　级	2.3	2.3
二　级	26.7	26.7
三　级	328.9	328.9
四　级	1094.1	1094.1
等外公路	1411.5	1411.5
按路面分	2863.5	2863.5
有铺装路面	1364.7	1364.7
无铺装路面	1498.8	1498.8

9-2 民用车辆拥有量

（2016年）

单位:辆

指　标	合　计			个　人
		营　运	非营运	
合　计	20106	5555	14551	18763
汽　车	7566	2451	5115	6566
载客汽车	5373	914	4459	4565
大　型	99	84	15	7
中　型	83	47	36	48
小　型	3296	286	3010	2965
微　型	1895	497	1398	1545
# 轿　车	3539	528	3011	2992
载货汽车	1505	1324	181	1379
重　型	367	348	19	348
中　型	536	513	23	514
轻　型	419	332	87	370
微　型	183	131	52	147
#普通载货	934	892	42	880
其他汽车	688	213	475	622
三　轮	28	0	26	26
四　轮	443	94	349	439
农用运输车	604	202	402	281
摩托车	7027	0	7027	6800
普　通	6510	0	6510	6283
轻　便	517	0	517	517
拖拉机	5295	3042	2253	5263
挂　车	99	49	50	99
其他类型车	119	13	106	35

9-3 独立核算运输企业主要经济指标

（2016年）

单位：千元

指标	合计	其他有限公司	私营有限公司
年初存货	398	398	
流动资产	11811	11811	
#存 货	413	413	
长期投资			
固定资产	35140	35140	
固定资产原价	70153	70153	
#生产经营用			
累计折旧	13740	13740	
#本年折旧	3784	3784	
无形资产			
其他资产			
资产总计	84165	84165	
流动负债	58978	58978	
长期负债			
负债合计	91739	91739	
所有者权益合计	-7573	-7573	
#实收资本	3995	3995	
#国家资本	3995	3995	
集体资本			
法人资本			
个人资本			
主营业务收入	14697	14697	
主营业务成本	21075	21075	
主营业务税金及附加	115	115	
主营业务利润			
其他业务收入			
其他业务利润	113	113	
经营费用			
管理费用	4508	4508	
#税金			
财产保险费			
差旅费	29	29	
工会经费	66	66	
财务费用	252	252	
#利息净支出	232	232	
营业利润	-10295	-10295	
营业外收入	4087	4087	
营业外支出	20	20	
利润总额	-6434	-6434	
应交所得税			

9-4 公路运输基本情况

年 份	汽车年末实有数（辆）	运 量		周 转 量	
		客运量（万人）	货运量（万吨）	旅客周转量（万人公里）	货物周转量（万吨公里）
1959			3.87		320
1960			2.65		592.89
1961			2.7		478.28
1962			1.96		299.11
1963			4.81		601.89
1964		0.57	7.99	125.49	778.31
1965		0.33	13.43	90.31	976.97
1966		0.37	9.61	111.17	1107.18
1967		0.17	3.96	89	64.87
1968		0.11	2.72	75.2	58.6
1969		0.56	1.48	121.2	311.15
1970		1.01	5.51	58.58	1123.25
1971		1.15	8.36	387	1181.81
1972		1.29	5.51	715	1105.5
1973		3.13	4.52	982.45	817.12
1974		2.21	4.04	849	705
1975		3.24	3.56	1055	526.4
1976		4.28	2.59	1261.21	441.9
1977		7.6	4.54	780.28	985.8
1978		7.7	5.99	1629.2	810
1979	245	6.16	6.83	1381.4	3280.74
1980	270	4.62	5.16	1133.5	1407.51
1981	300	7.5	3.34	1521.2	983.56
1982	308	2.82	6.26	746.11	2143.83
1983	462	3.87	8.99	1171	3394.64
1984	515	5.05	10.09	1193.27	4078.84

9-4续表1

年份	汽车年末实有数（辆）	运量		周转量	
		客运量（万人）	货运量（万吨）	旅客周转量（万人公里）	货物周转量（万吨公里）
1985	627	8.22	13.45	1543.97	4256.09
1986	644	10.26	17.54	1869.12	3854.63
1987	663	19.25	26.68	3548.4	4802.67
1988	662	21.36	25.00	3952.41	5558.21
1989	689	20.13	34.98	3528.14	6901.97
1990	702	22	31.00	3014	6937.00
1991	747	24	35.00	3097	7880.00
1992	808	32.49	38.79	3878	8784.00
1993	807	33	33.00	4233	7738.00
1994	798	30.07	30.78	4399.55	7261.76
1995	814	35.3	34.30	3956	7713.00
1996	824	44.1	40.70	4593	9434.60
1997	883	45.5	49.30	4463.7	9750.20
1998	969	64.1	47.80	5187.7	10233.90
1999	1028	80.4	46.90	5596.3	12235.30
2000	1125	96	57.60	6152.9	14263.40
2001	1127	295.8	103.40	7244.4	17010.90
2002	1134	307.4	116.70	7514.8	19736.20
2003	1242	344.6	129.60	7827.3	22105.80
2004	1178	369.00	146.00	8796.0	24552.00
2005	1243	377.10	157.40	9291.7	26439.20
2006	1905	321.46	169.17	9873.0	30354.30
2007	1948	333.35	190.33	10280.4	34990.70
2008	1767	338.7	152.7	11447.2	35191.1
2009	2174	362.5	168.2	12488.1	39048.5
2010	2844	370.6	190.7	13295.2	41392.6
2011	3009	409.2	205.2	14556.4	44691.9
2012	3612	440	254	16788	56776
2013	4533	548	355	21320	74655
2014	5593	2057	407	39463	86358
2015	6737	2454	537	49329	120037
2016	7566	2699	693	54362	163211

9–5 邮电事业基本情况

指　　　标	2016年	2015年	2016比2015增长%
邮政业务			
邮政业务收入(万元)	1092	1124.0	-2.8
邮路长度(年度公里)	557600	741.0	-92.5
函件(万件)	4.1	0.70	485.7
#国内普通函件	0.2	0.20	
国内挂号函件	3.9	0.50	680
特快专递(万件)	2.9	1.90	52.6
国内	2.9	1.90	52.6
订销报纸期发数(份)	6620	7448.0	-11.1
订销杂志期发数(份)	5155	5037.0	2.3
邮政储蓄年末余额(万元)	3847	30094.0	-87.2
集邮业务量(万枚)	1.4	12.0	-88.3
集邮品册数(册)	2857	4913.0	-41.8
电信业务			
电信业务收入(万元)	3805.0	3670.0	3.7
年末本地电话用户(万户)	3.52	3.40	3.5
#住宅电话	2.98	2.60	14.6
交换机容量(万门)	3.0	6.6	-54.5
国内长话次数(万次)			
互联网用户数(万户)	2.60	2.80	-7.1
#宽带上网用户	2.60	2.70	-3.7
移动电话用户(万户)	3.80	3.60	5.6
邮电服务水平及质量			
平均每人年发函件数(件)			
平均每百人年订报刊数(份)			
邮政储蓄市场占有率(%)		10.2	

主要统计指标解释

民用汽车： 由交通监理部门所掌管的领有本地区民用车辆牌照的各种类型的载货汽车、载客汽车、其他汽车等。包括营运汽车、非营运汽车和特种汽车，同时包括租入、借入、代管的营运汽车、非营运汽车和特种汽车；不包括电车、农用运输车、拖拉机、摩托车、挂车、其他类型车等。

其他汽车： 包括A半挂牵引车：指不具有载货结构，专门用于牵引半挂车的汽车。B专项作业车：装置有专门设备或器具，用于专项作业的汽车。如洒水车、吸污车、水泥搅拌车、起重车、医疗车、勘探车、餐车、“临时代客(货)车等。

特种汽车： 指警车、消防车、工程抢险车、救护车等担负特种任务的车辆。

摩托车： 指两轮、三轮摩托车，包括轻便型摩托车(发动机气缸工作容积不超过50毫升，最大设计时速不超过50公里，只供单人乘骑者)。

拖拉机： 指主要用于从事公路运输活动的并领取机动车驾驶牌照的拖拉机。

挂车： 挂车本身没有动力，需要依靠货车或牵引车拖带，进行货物运输的车辆与它组成一个整体，共同构成汽车的运输能力。

其他类型车： 指除民用汽车、电车、拖拉机及摩托车、农用运输车、挂车以外的其他类型车辆，如简易机动车、电瓶车等。

机动车驾驶员： 指持有正式驾驶执照的各类机动车驾驶人员。

汽车驾驶员： 指持有正式驾驶执照的各类民用汽车驾驶人员。

营运汽车： 指领有公安交通监理部门核发的车辆牌照，并经当地工商行政管理机关核准，领取营业执照，参加营业性运输的载客和载货汽车，包括使用权属于公路运输企业的租入、借入、代管的营运汽车。

载货(客)汽车总行程： 指载货(客)汽车在运输生产过程中所行驶的总行程。它必须是载货(客)汽车为进行营业性运输而行驶的总行程。包括重车行程和空车行程。不包括为进行保养、修理而进出场(厂)的行程。在无测定里程标记的运输线路上，总行程可以按车上里程表记录计算。

载货(客)车重车行程： 指车辆在总行程中，载有客、货的行使里程。车辆只要不是空车，不管装载多少，均按重车行程计算。

总车日： 指公路运输企业在报告期内每天实际在用的营运车辆的累计数。一辆营运汽车，不管其技术状况是完好还是修理或待修，是工作还是停驶，只要企业在用一天，即计为一个车日。新增车辆，自交通监理部门检验合格并发给牌照及行驶执照之日起计算车日；报废车辆，自主管机关批准报废之日起，不在计算车日；调出车辆，以双方交接车辆之日为期，调入单位开始计算，调出单位不再计算。

工作车日： 指在完好车日中，实际进行工作的车日。一辆营运汽车，只要当天出过车，不管出车时间长短，出车班次多少和完成运输量多少，也不管是否发生过保养、修理、停驶等情况，均计为一个工作车日。

客运量： 指一定时期内，各运输部门实际运送的旅客人数。

旅客周转量： 指在报告期内实际运送的旅客人数与其相应的旅客运送距离的乘积。计量单位为人公里。计算公式为：旅客周转量＝∑（实际运送的每一旅客×该旅客起程与到达站间的距离）

货运量： 指在一定时期内，由各种运输工具实际完成运输过程的货物数量，即以报告期到达的货物数量统计（报告期内已送达目的地并卸完的货物数量为报告期的运输量）。

货物周转量： 指在一定时期内由各种运输工具实际完成的运送货物重量与运送距离的乘积。计量单位为吨公里。计算公式为：货物周转量＝∑（每吨货物重量×该批货物的运程）。

10

批发零售贸易住宿餐饮业、对外贸易

10-1 社会消费品零售总额完成情况

单位:万元

指　　标	2016年	2015年	2016年比2015年增长	
			绝对数	增长%
按行业分零售总额	297332	213023	84309	39.6
一、贸易业零售额	218587	169956	48631	28.6
限额以上单位	17747	11935	5812	48.7
限额以下单位	33013	25838	7175	27.8
限额以上个体	18372	6028	12344	204.8
限额以下个体	149455	126155	23300	18.5
二、餐饮业零售额	78745	43067	35678	82.8
限额以上单位	1944	788	1156	146.7
限额以下单位	2730	1432	1298	90.6
限额以上个体	10506	4806	5700	118.6
限额以下个体	63565	36041	27524	76.4

10-2 分单位社会消费品零售总额完成情况

单位:万元

指 标	一八一团			一八二团		
	2016年	2015年	同比增长(%)	2016年	2015年	同比增长(%)
按行业分零售总额	28454	16315	74.4	14621	11687	25.1
一、贸易业零售额	15518	9571	62.1	10381	8560	21.3
限额以上单位						
限额以下单位						
限额以上个体	2160			1668	1415	17.9
限额以下个体	13358	9571	39.6	8713	7145	21.9
二、餐饮业零售额	12936	6744	91.8	4240	3128	35.6
限额以上单位	519					
限额以下单位	580	450	28.9			
限额以上个体	830			370	210	76.2
限额以下个体	11007	6294	74.9	3870	2918	32.6

10-2续表1　　　　单位:万元

指　标	一八三团			一八四团		
	2016年	2015年	同比增长(%)	2016年	2015年	同比增长(%)
按行业分零售总额	23252	13950	66.7	27166	23007	18.1
一、贸易业零售额	18706	10805	73.1	21972	18715	17.4
限额以上单位						
限额以下单位						
限额以上个体	5697	3798	50.0	1185	816	45.3
限额以下个体	13009	7007	85.7	20787	17899	16.1
二、餐饮业零售额	4546	3145	44.5	5194	4292	21.0
限额以上单位						
限额以下单位						
限额以上个体	2418	1425	69.6			
限额以下个体	2128	1720	23.7	5194	4292	21.0

10-2续表2

单位:万元

指　标	一八五团			一八六团		
	2016年	2015年	同比增长(%)	2016年	2015年	同比增长(%)
按行业分零售总额	14816	8889	66.7	6041	3946	53.1
一、贸易业零售额	8944	5451	64.1	3783	2489	52.0
限额以上单位						
限额以下单位						
限额以上个体	620					
限额以下个体	8324	5451	52.7	3783	2489	52.0
二、餐饮业零售额	5872	3438	70.8	2258	1457	55.0
限额以上单位						
限额以下单位						
限额以上个体	1507	903	66.9			
限额以下个体	4365	2535	72.2	2258	1457	55.0

10-2续表3

单位:万元

指　　标	一八七团			一八八团			屯南社区		
	2016年	2015年	同比增长(%)	2016年	2015年	同比增长(%)	2016年	2015年	同比增长(%)
按行业分零售总额	20857	13539	54.1	22019	18295	20.4	1626	1477	10.1
一、贸易业零售额	18384	11593	58.6	11804	11080	6.5	1224	1112	10.1
限额以上单位	6178	5180	19.3						
限额以下单位	2268	2000	13.4						
限额以上个体	3992			603					
限额以下个体	5946	4413	34.7	11201	11080	1.1	1224	1112	10.1
二、餐饮业零售额	2473	1946	27.1	10215	7215	41.6	402	365	10.1
限额以上单位				304					
限额以下单位									
限额以上个体	210			3633	2268	60.2			
限额以下个体	2263	1946	16.3	6279	4947	26.9	402	365	10.1

10-2续表4 单位:万元

指 标	供销公司			北屯宾馆		
	2016年	2015年	同比增长(%)	2016年	2015年	同比增长(%)
按行业分零售总额	28135	25119	12.0	173	118	46.3
一、贸易业零售额	26802	23880	12.2			
限额以上单位	2717	2556	6.3			
限额以下单位						
限额以上个体						
限额以下个体	24085	21324	12.9			
二、餐饮业零售额	1333	1239	7.6	173	118	46.3
限额以上单位				173	118	46.3
限额以下单位						
限额以上个体						
限额以下个体	1333	1239	7.6			

10-2续表5

单位:万元

指　　标	高级中学			师市其他企业及个体		
	2016年	2015年	同比增长(%)	2016年	2015年	同比增长(%)
按行业分零售总额	987	495	99.4	109186	76187	43.3
一、贸易业零售额		187		81069	66514	21.9
限额以上单位				8852	4199	110.8
限额以下单位				30745	23838	29.0
限额以上个体				2447		
限额以下个体		187		39025	38478	1.4
二、餐饮业零售额	987	308	220.5	28117	9673	190.7
限额以上单位				948	669	41.7
限额以下单位				2150	982	118.9
限额以上个体				1539		
限额以下个体	987	308	220.5	23479	8021	192.7

10-3 批发零售贸易业商品销售总额

（2016年）

单位:万元

单　　位	商品销售总额	其　中	
		批发额	零售额
总　计	1273219	1054632	218587
一八一团	19948	4430	15518
一八二团	13785	3404	10381
一八三团	106881	88175	18706
一八四团	145525	12355	21972
一八五团	12055	3111	8944
一八六团	7323	3540	3783
一八七团	35106	16722	18384
一八八团	176089	164285	11804
屯南社区	1224		1224
师直其他企业及个体	755284	647412	107872

10-4 住宿和餐饮业经营情况

指标名称	计量单位	合　计		限额以上		限额以下	
		2016年	2015年	2016年	2015年	2016年	2015年
一、营业额总计	万元	85505	45538	13953	6640	71552	38898
1. 住宿业收入	万元	5553	2698	621	274	4932	2424
2. 餐饮业收入	万元	79952	42840	13332	6366	66620	36474
3. 商品销售额	万元						
4. 其他收入	万元						
二、设施情况	—						
1. 机构网点	个	994	910	5	2	989	908
2. 年末拥有客房数	个	1594	1455	312	149	1282	1306
3. 年末拥有床位数	位	1825	2687	600	292	1225	2395
4. 年末拥有餐位数	位	20879	19107	1800	330	19079	18777
5. 年末餐饮营业面积	平方米	64621	62818	6768	1850	57853	60968

10-5 社会消费品零售总额

单位:万元

年 份	零售总额	年 份	零售总额
1980	2571	1999	17412
1981	3082	2000	19391
1982	2817	2001	27964
1983	3337	2002	31320
1984	3255	2003	36600
1985	3521	2004	40697
1986	4150	2005	41880
1987	4338	2006	44211
1988	5866	2007	49805
1989	6215	2008	51941
1990	6085	2009	56401
1991	7367	2010	60475
1992	7670	2011	67615
1993	11271	2012	112693
1994	13155	2013	140688
1995	16758	2014	170566
1996	13289	2015	213023
1997	14240	2016	297332
1998	16331		

10-6 主要单位对外贸易进出口情况

（2016年）　　单位:万美元

指　　标	进出口总额	出口总额	进口总额
合计	84149.61	82096.89	2052.7
国有及控股企业			
新疆龙江投资有限公司	212.67	95.49	117.17
新疆安达物流有限责任公司	439.47	428.32	11.14
民营企业			
北屯市美智外贸有限公司	63738.18	63738.18	
北屯德晟达对外经济贸易有限公司	11620.04	11619.82	0.22
北屯市边疆鑫顺进出口贸易有限公司	5134.85	5134.85	
北屯新北进出口有限责任公司	1229.27		1229.27
新疆惠成天宏贸易有限公司	660.05		660.05
新疆汇祥农业发展有限公司	619.73	619.73	
新疆北屯油脂化工有限责任公司	273.48	268.57	4.91
哈巴河县西之北进出口贸易有限公司	100.65	100.65	
北屯恒裕沣国际贸易有限公司	52.06	52.06	
北屯市润和国际贸易有限公司	21.74	21.74	
外商投资企业			
好丽友(北屯)农业科技发展有限公司	29.94		29.94
振钦(新疆)国际贸易有限责任公司	17.48	17.48	

主要统计指标解释

社会消费品零售总额： 指批发和零售业、住宿和餐饮业以及其他行业直接售给城乡居民和社会集团的消费品零售额。其中，对居民的消费品零售额，是指售予城乡居民用于生活消费的商品金额；对社会集团的消费品零售额，是指售给机关、社会团体、部队、学校、企事业单位、居委会或村委会等，公款购买的用作非生产、非经营使用与公共消费的商品金额。

批发和零售业商品流转情况指标

商品购进额： 指从本企业以外的单位和个人购进（包括从国外直接进口）作为转卖或加工后转卖的商品金额（含增值税）。

商品销售额： 指对本单位以外的单位和个人出售的商品金额（包括售给本单位消费用的商品，含增值税）。

商品销售额=批发额+零售额

批发额：指售给国民经济各行业用于生产、经营用的商品金额。

零售额：指售给城乡居民用于生活消费和社会集团用于公共消费的商品金额。

期末商品库存额： 对于批发和零售业法人企业和个体经营户，是指取得所有权的全部商品金额（含增值税）；对于批发和零售业产业活动单位，是指期末实际在库且归属法人具有所有权的全部商品金额（含增值税）。这个指标反映批发和零售业的商品库存情况，以及对市场商品供应的保证程度。

住宿和餐饮业经营情况指标

营业额： 指住宿和餐饮业单位在经营活动中因提供服务或销售商品等取得的全部收入，包括：客房收入、餐费收入、商品销售额（含增值税）和其他收入。不包括法人企业附营的其他行业产业活动单位的餐费收入、商品销售收入等各项收入。营业额=客房收入+餐费收入+商品销售额+其他收入

客房收入：指住宿和餐饮业单位在经营活动中因提供住宿服务取得的收入。不包括法人企业附营的其他行业产业活动单位的客房收入。

餐费收入：指住宿和餐饮业单位因为顾客提供就餐服务取得的收入。包括：经烹饪、调制加工后出售的各种食品，如主食、炒菜、凉拌菜等的收入。不包括法人企业附营的其他行业产业活动单位的餐费收入。

商品销售额：指住宿和餐饮业单位出售商品的销售总额（含增值税）。不包括法人企业附营的其他行业产业活动单位的商品销售额。

其他收入：指营业额中除客房收入、餐费收入、商品销售额（含增值税）以外的其他收入。

客房数： 本单位提供住宿服务的房间数，

餐位数： 本单位为顾客提供就餐服务时，正常可同时容纳就餐人员的餐位数量，不包括临时加的餐位。

11

财政、税收、金融

11-1 地方财政收支情况

(2016年)

单位:万元

指标	数量	指标	数量
地方财政收入	29479	地方财政支出	41622
公共财政收入	22709	公共财政支出	34852
一、税收收入	21331	一般公共服务	6056
增值税	4397	国防	143
营业税	6515	公共安全	3783
企业所得税	1479	教育	7551
个人所得税	1721	科学技术	158
资源税	3	文化体育与传媒	3978
城市维护建设税	1126	社会保障和就业	2740
房产税	754	医疗卫生	1593
印花税	289	节能环护	295
城镇土地使用税	739	城乡社区事务	4315
土地增值税	955	农林水事务	2683
车船税	514	交通运输	625
耕地占用税	1331	资源勘探电力信息等事务	35
契税	1508	商业服务业等事务	74
二、非税收入	1378	国土资源气象等事务	243
专项收入	953	住房保障支出	50
行政事业性收费收入		其他支出	530
罚没收入	411	基金预算支出	6748
国有资源(资产)有偿使用收入	14	彩票公益金事务	
国有资本经营收入		地方教育基金	
其他收入		文化体育与传媒	
基金预算收入	6770	社会保障和就业	
散装水泥专项资金		城乡社区事务	6120
墙体材料专项资金		出让金	5880
地方教育附加收入		城镇公用事业附加支出	
国有土地使用权出让金	6530	农业土地开发资金支出	
新增建设用地有偿使用费		城市基础设施配套费支出	240
残疾人就业保障金		工业商业金融等事务	
城镇公用事业附加		散装水泥专项资金	
政府住房基金收入		墙体材料专项资金	
农业土地开发资金收入		其他政府性基金支出	628
城市基础设施配套费	240	上解支出	
		公共财政预算上解支出	22
上解收入		基金上解支出	

11-2 各单位利润净额

计量单位:万元

单 位	2016年	2015年	同比增长%
总 计	8907	9094	-2.1
一八一团	1194	1136	5.1
一八二团	661	440	50.2
一八三团	1358	1568	-13.4
一八四团	2372	2201	7.8
一八五团	364	340	7
一八六团	436	420	3.9
一八七团	1408	1529	-7.9
一八八团	1384	1808	-23.4
屯鑫能源开发公司	-399	-557	-28.4
额河草原食品公司	15	78	-81
电力公司	-344	-587	-41.4
绿环供排水公司	376	308	21.9
运输公司	3	2	61.5
供销公司	-226	305	-174
水利管理处	-373	-578	-35.4
屯富矿业公司	-127	3	-4973.1
国资公司	668	536	24.6
得仁担保公司		485	-100
得仁公共交通公司	-646	-202	219.6
新疆额河明珠商贸有限公司		-230	-100
新疆额河旅游有限责任公司	-111	-29	288.9
城投公司	894	118	

11-3 国有及国有控股企业财务状况

指　　标	计量单位	2016年	2015年	同比增长%
汇编企业户数	个	21	22	-4.5
盈利企业户数	个	13	15	-13.3
亏损企业户数	个	8	7	14.3
流动资产年末合计	万元	476941	410648	16.1
# 货币资金	万元	112967	99475	13.6
存　货	万元	33346	30644	8.8
长期股权投资年末合计	万元	55578	66137	-16.0
固定资产年末合计	万元	274794	237011	15.9
固定资产原价年末合计	万元	611405	517534	18.1
累计折旧	万元	336611	279028	20.6
在建工程年末合计	万元	209356	255276	-18.0
无形及其他资产年末数	万元	5239	3885	34.9
资产年末合计	万元	1022709	975786	4.8
流动负债年末合计	万元	518836	222677	133.0
# 短期借款	万元	172477	154167	11.9
应付工资	万元	3785	4180	-9.5
应付福利费	万元		6	-93.3
非流动负债年末合计	万元	227210	222677	2.0
# 长期借款	万元	77307	43902	76.1
所有者权益年末合计	万元	276664	211463	30.8
# 实收资本	万元	182312	152193	19.8
主营业务收入	万元	203748	199264	2.3
利润净额	万元	8907	9094	-2.1

11-4 税收完成情况

单位:万元

指标	国税		地税	
	2016年	2015年	2016年	2015年
合计	14017	8252	21546	24982
工商税收入			18852	22509
增值税	8784	3301	42	
消费税	392	494		
营业税			7375	12469
城市维护建设税	13		1114	1113
个人所得税	72		4228	5388
资源税			3	5
土地使用税			739	476
涉外企业所得税				
土地增值税			955	783
房产税			754	527
车船使用税			514	320
印花税			289	288
个人储蓄存款利息所得税				
车辆购置税	2118	2264		
契税			1508	1140
其他税及罚金			1331	
企业所得税	2611	2193	1086	978
国有企业	740	628	38	78
集体企业	695	597	20	43
私营企业	124	226	69	75
股份制企业	973	707	959	782
其他企业	79	35		
港澳台投资企业				
外商投资企业				
其他收入	27	10	1608	1495
教育费附加	5		473	477
文化事业建设费	3	2		
人民教育基金	4			
其他	15	8	1135	1018

11-5 税收完成情况前30位单位排序

（2016年）

单位:万元

单位名称	国税	
	税收上缴额	排序
北屯新城建筑安装有限责任公司	269	1
新疆生产建设兵团第十师一八七团	243	2
北屯农村信用合作联社	180	3
新疆北屯慧尔肥业有限责任公司	169	4
北屯农村信用合作联社	150	5
北屯农村信用合作联社	134	6
北屯农村信用合作联社	121	7
北屯市兴泰房地产开发有限公司	118	8
新疆丰庆建筑安装公司	118	9
北屯国民村镇银行有限责任公司	113	10
北屯农村信用合作联社	110	11
北屯农村信用合作联社	109	12
新疆生产建设兵团第十师国有资产经营有限公司	107	13
新疆生产建设兵团第十师一八七团	100	14
北屯海川电力水泥制品有限公司	92	15
新疆生产建设兵团第十师国有资产经营有限公司	91	16
新疆北屯第一建筑安装工程有限责任公司	90	17
中国农业银行股份有限公司阿勒泰兵团支行	86	18
新疆丰庆建筑安装公司	86	19
北屯农村信用合作联社	86	20
新疆北屯第一建筑安装工程有限责任公司	78	21
新疆额河建筑安装有限责任公司	73	22
北屯万佳建筑安装有限责任公司	72	23
新疆生产建设兵团第十师一八三团	71	24
北屯海川电力水泥制品有限公司	70	25
新疆额河酒业有限公司	67	26
石河子白杨预拌砼有限责任公司海川分公司	66	27
中国农业银行股份有限公司阿勒泰兵团支行	61	28
新疆北屯第一建筑安装工程有限责任公司	60	29
新疆额河酒业有限公司	59	30

11-5续表　　单位:万元

单位名称	地税	
	税收上缴额	排序
新疆北屯第一建筑安装工程有限责任公司	1500	1
北屯新城建筑安装有限责任公司	1342	2
北屯得仁城市建设投资经营有限公司	1031	3
北屯苏锡常润房地产开发有限公司	911	4
新疆额河建筑安装有限责任公司	798	5
新疆丰庆建筑安装公司	782	6
北屯农村信用合作联社	655	7
新疆北屯市新城房地产开发有限公司	550	8
中华联合财产保险股份有限公司阿勒泰分公司	489	9
新疆荣得建设集团有限责任公司	459	10
中国农业银行股份有限公司阿勒泰兵团支行	396	11
新疆振达房地产有限公司北屯分公司	354	12
北屯额河经营发展有限公司	311	13
北屯得仁融资性担保有限责任公司	260	14
北屯万佳建筑安装有限责任公司	236	15
新疆北屯振北房地产开发有限责任公司	208	16
好丽友(北屯)农业科技发展有限公司	201	17
北屯利龙建筑安装有限责任公司	187	18
新疆得仁连接物流有限责任公司	182	19
北屯国民村镇银行有限责任公司	176	20
中国平安财产保险股份有限公司北屯支公司	146	21
新疆大有房地产开发有限责任公司	142	22
北屯市恒丰勘察设计开发有限责任公司	139	23
北屯市天元置业房地产开发有限公司	133	24
中国农业发展银行北屯兵团支行	128	25
北屯市兴泰房地产开发有限公司	119	26
新疆北阿铁路有限责任公司	111	27
新疆额河酒业有限公司	110	28
新疆额尔齐斯河流域开发工程建设管理局	106	29
中国建设银行股份有限公司北屯支行	106	30

11-6 北屯金融机构人民币信贷收支情况表

（2016年）　　　　单位:万元

指标	本期余额	指标	本期余额
一、各项存款	541397	一、各项贷款	450972
1.单位存款	267850	（一）境内贷款	
其中:活期存款		1.短期贷款	361301
定期存款		（1）个人贷款及透支	171105
通知存款		其中:个人消费贷款	2502
保证金存款		（2）单位普通贷款及透支	190196
2. 个人存款	273299	其中:经营贷款	
储蓄存款		固定资产贷款	
保证金存款		（3）普通并购贷款	
结构性存款		（4）银团贷款	
3. 财政性存款	248	（5）贸易融资	
4. 临时性存款		（6）境外筹资转贷款	
5. 委托存款		2.中长期贷款	89670
6. 其他存款		（1）个人贷款	60086
		其中:个人消费贷款	10836
		（2）单位普通贷款	29584
		其中:经营贷款	
		固定资产贷款	
		（3）普通并购贷款	
		（4）银团贷款	
		（5）贸易融资	
		（6）境外筹资转贷款	
		3. 融资租赁	
		4. 票据融资	
		其中:贴现	
		5. 各项垫款	
		（二）境外贷款	
资金来源总计	536993	资金运用总计	536993

11-7 北屯城乡居民储蓄存款年末余额

单位:万元

年份	合计	定期	活期	邮储银行	定期	活期	农信社	定期	活期
2001	51188	40727	10461	5054	4395	659	1191	872	319
2002	58251	43350	14901	6258	5613	645	1707	1040	667
2003	69715	50251	19464	10164	9012	1152	2151	1405	746
2004	77618	54241	23377	12810	11338	1472	3369	1795	1574
2005	79291	55654	23637	14598	12618	1980	4172	2832	1340
2006	94751	34281	60470	15263	11101	4162	8758	6424	2334
2007	97393	55824	41569	14216	9324	4892	8464	5044	3420
2008	124530	76621	47909	17347	12538	4810	11677	6924	4753
2009	168583	99679	68904	21071	14054	7017	18683	9894	8789
2010	201635	109541	92094	23434	14879	8555	27029	11008	16021
2011	239132	—	—	26873	16829	10044	35804	15334	20470
2012	302155	—	—	37345	—	—	49684	—	—
2013	350346	—	—	39451	—	—	55420	—	—
2014	402905	—	—	42348	—	—	65243	—	—
2015	486072	—	—	46028	—	—	96255	—	—
2016	537151	—	—	53407	—	—	110030	—	—

主要统计指标解释

地方财政收入： 属于地方财政的收入包括营业税，地方企业所得税，个人所得税，城镇土地使用税，固定资产投资方向调节税，城镇维护建设税，房产税，车船使用税，印花税，屠宰税，农牧业税，农业特产税，耕地占用税，契税，增值税25%部分，证券交易税（印花税）50%部分和除海洋石油资源税以外的其他资源税。

地方财政支出： 地方财政支出主要包括地方行政管理和各项事业费，地方统筹的基本建设、技术改造支出，支援农村生产支出，城市维护和建设经费，价格补贴支出等。

存款： 指企业、机关、团体或居民根据资金必须收回的原则，把货币资金存入银行或其他信用机构保管并取得一定利息的一种信用活动形式。根据存款对象的不同可划分为企业存款、财政存款、机关团体存款、基本建设存款、城镇储蓄存款、农村存款等科目。它是银行信贷资金的主要来源。

贷款： 指银行或其他信用机构根据资金必须归还的原则，按一定利率，为企业、个人等提供资金的一种信用活动形式。我国银行贷款分为流动资金贷款、固定资产贷款、城乡个体工商户贷款以及农业贷款等科目。

基本养老保险

参加保险人数： 指报告期末按照国家法律、法规和有关政策规定参加基本养老保险的职工人数。包括不能正常缴费、已中断缴费但未终止保险关系的职工人数。

社会统筹基金收入： 指根据国家规定，由纳入基本养老保险范围的单位，按照国家规定的缴费基数和缴费比例缴纳的社会统筹基金，以及通过其他方式取得的形成基金来源的收入，包括：单位缴纳的社会统筹基金收入、财政补贴收入、利息收入、其他收入。

社会统筹基金支出： 指按照国家政策规定的开支范围和开支标准从社会统筹基金中支付给参加基本养老保险的离休、退休、退职人员个人的养老金、丧葬抚恤补助，以及由于保险关系转移、上下级之间调剂资金等原因而发生的支出。包括：基础性养老金、过渡性养老金、离休金、退休金、退职金、补贴、丧葬抚恤补助、其他支出。

社会统筹基金结余： 指截止报告期末基本养老保险的社会统筹基金结余金额。包括银行存款、财政专户、债券投资和其他。

基本医疗保险

参保人员： 指报告期末按国家有关规定参加基本医疗保险的人数。包括参加保险的职工人数和退休人员人数。

基金收入： 指根据国家有关规定，由纳入基本医疗保险范围的缴费单位和个人，按国家规定的缴费基数和缴费比例缴纳的基金，以及通过其他方式取得的形成基金来源的款项。包括：单位缴纳的社会统筹基金收入、个人缴纳的个人账户基金收入、财政补贴收入、利息收入、其他收入。

基金支出： 指按照国家政策规定的开支范围和开支标准从社会统筹基金中支付给参加基本医疗保险的

职工和退休人员的医疗保险待遇支出，和从个人账户基金中支付给参加基本医疗保险的职工和退休人员的医疗费用支出，以及其他支出。包括：住院医疗费用支出、急诊医疗费用支出、个人账户基金支出、其他支出。

基金累计结余： 指截止报告期末基本医疗保险的社会统筹和个人账户基金累计结余金额。包括银行存款、财政专户、债券投资和其他。

失业保险

参加保险人数： 指报告期末按照国家法律、法规和有关政策规定参加了失业保险的城镇企业事业单位的职工及地方政府规定参加失业保险的其他人员的人数。

失业保险金： 指为保障失业人员的基本生活而按规定支付的失业保险金金额。

12

教育、文化、科技

12-1 普通中学、小学基本情况

指　　标	计量单位	2016年	2015年
一、普通中学学校数	所	12	11
教职工数	人	696	706
其中:专任教师	人	627	633
招生数	人	2108	2012
在校学生数	人	6212	6204
二、小学学校数	所	11	10
教职工数	人	490	476
其中:专任教师	人	449	434
招生数	人	1151	977
在校学生数	人	6266	5897

12-2 广播及电视台基本情况

指 标	2016年	2015年
一、广播电台(座)	1	1
平均每日播音时间	135分钟	135分钟
按节目来源分(套)		
#自办	3	5
转中央台节目	2	2
转省级台节目	1	1
购买交换节目		
按节目类型分		
#新闻咨询类节目	75分钟	75分钟
专题服务类节目		60分钟
综艺益智类节目	60分钟	60分钟
调频转播发射台及转播台(座)	3	3
调频发射机功率(千瓦)	0.7	0.7
广播人口覆盖率	50%	50%
二、电视台(座)		
电视节目套数(套)	2	2
#自办	2	2
平均每日播出时间(时:分)	18:00:00	18:00:00
按节目来源分(套)		
#自办	2	2
转中央台节目	2	2
转省级台节目		
购买交换节目		
按节目类型分(套)		
#新闻咨询类节目	1	1
专题服务类节目	1	1
综艺益智类节目		
广播剧类节目		
电视发射机功率(千瓦)	2800W	2800W
有线电视卫星收转站	1	1
有线网络传输电视节目套数(套)	129	129
有线广播电视用户(万户)	1.6	1.8
电视人口覆盖率(%)	98%	98%

12-3 报纸杂志出版发行情况

指　　标	2016年	2015年	指　　标	2016年	2015年
报　纸(新疆北屯报)			杂　志(北屯文艺)		
出版期数(期)	108	108	出版期数(期)	4	4
出版版数(版)	4	4	发行总份数(万册)	0.4	0.4
发行总份数(万份)	59.4	59.4	平均每期发行份数(万册)	0.1	0.1
平均每期发行份数(万份)	0.55	0.55			

12-4 国有企事业单位专业技术人员

单位：人

指　　标	2016年	2015年	指　　标	2016年	2015年
专业技术人员合计	4585	4421	经济人员	259	261
按专业技术职务分			会计人员	458	467
高级(含副高)职务	389	352	统计人员	11	10
中级职务	1180	1175	翻译人员		
初级职务	1402	1403	图书档案人员	17	12
未聘专业技术职务	1614	1210	新闻出版人员	71	75
按专业技术种类分			律师、公证人员		
工程技术人员	489	463	播音人员	2	2
农业技术人员	612	613	体育人员		
科学研究实验人员			艺术人员	2	1
卫生技术人员	784	772	政工人员	662	627
教学人员	1218	1118			

12-5 科技活动经费筹集与使用情况

（2016年）

单位：万元

指标	当年科技活动单位筹额合计	政府拨款	自筹资金	银行贷款	接受外单位委托	其他收入	转拨外单位科研经费支出	科研基建费支出
按单位类型分								
科技研究和技术开发机构	638	638					114	76
科技局								
科技情报与文献机构								

12-6 科技活动机构情况

指标	2016年	2015年
机构数（个）	1	1
职工人数（人）	20	19
#从事科技活动人员	16	19
科学家和工程师	10	10
科技机构各项经费收入（万元）	638	629
科技机构各项经费支出（万元）	638	629
固定资产原值（万元）	947	905

主要统计指标解释

普通高等学校： 指按照国家规定的设置标准和审批程序批准举办的，通过全国普通高等学校统一招生考试，招收高中毕业生为主要培养对象，实施高等教育的全日制大学、独立设置的学院和高等专科学校、高等职业学校和其他机构。

大学、独立设置的学院主要实施本科层次以上教育，高等专科学校、高等职业学校实施专科层次教育，其他机构是承担国家普通招生计划任务不计校数的机构。包括普通高等学校分校和批准筹建的普通高等学校等。

成人高等学校： 指按照国家规定的设置标准和审批程序批准举办的，通过全国成人高等学校统一招生考试，招收具有高中毕业或同等学历的在职从业人员为主要培养对象，利用函授，业余、脱产等多种形式对其实施高等学历教育的学校。包括职工高等学校、农民高等学校、管理干部学院、教育学院、独立函授学院、广播电视大学、其他机构等。其他机构是承担国家成人招生计划任务不计校数的机构。

小学学龄儿童入学率： 指调查范围内已入小学学习的学龄儿童占校内外学龄儿童总数(包括弱智儿童，不包括盲聋哑儿童)的比重。计算公式为：

小学学龄儿童入学率=已入小学学习的学龄儿童数/校内外学龄儿童总数×100%

科技活动： 指在自然科学、农业科学、医药科学、工程与技术科学、人文与社会科学领域(简称科学技术领域)中，与科技知识的产生、发展、传播和应用密切相关的有组织的活动。可分为研究与实验发展(R&D)、研究与试验发展成果应用及相关的科技服务三类活动。该定义是联合国教科文组织考虑成员国特别是发展中国家开展科技统计工作的需要，而对科技活动所作的统计界定。

科技活动人员： 指直接从事科技活动、以及专门从事科技活动管理和为科技活动提供直接服务，累计的实际工作时间占全年制度工作时间10%及以上的人员。(1)直接从事科技活动的人员包括：在独立核算的科学研究与技术开发机构、高等学校、各类企业及其他事业单位内设的研究室、实验室、技术开发中心及中试车间(基地)等机构中从事科技活动的研究人员、工程技术人员、技术工人及其它人员；虽不在上述机构工作，但编入科技活动项目(课题)组的人员；科技信息与文献机构中的专业技术人员；从事论文设计的研究生等。(2)专门从事科技活动和为科技活动提供直接服务的人员，包括：独立核算的科学研究与技术开发机构、科技信息与文献机构、高等学校、各类企业及其他事业单位主管科技工作的负责人，专门从事科技活动的计划、行政、人事、财物、物资供应、设备维护、图书资料管理等工作的各类人员，但不包括保卫、医疗保健人员、司机、食堂人员、茶炉工、水暖工、清洁工等为科技活动提供间接服务的人员。该指标用来反映投入科技活动人力的规模。

科学家与工程师： 指科技活动人员中具有高、中级技术职称(职务)的人员和不具有高、中级技术职称(职务)的大学本科及以上学历人员。该指标用来反映投入科技活动人力的素质。

研究与实验发展(R&D)： 指在科学技术领域，为增加知识总量、以及运用这些知识去创造新的应用进行的系统的创造性的活动，包括基础研究、应用研究、试验发展三类活动。国际上通常采用R&D活动的规模和强度指标反映一国的科技实力和核心竞争力。

基础研究： 指为了获得关于现象和可观察事实的基本原理的新知识(揭示客观事物的本质、运动规律，获得新发现、新学说)而进行的实验性或理论性研究，它不以任何专门或特定的应用或使用为目的。其成果以科学论文和科学著作为主要形式。用来反映知识的原始创新能力。

应用研究： 指为获得新知识而进行的创造性研究，主要针对某一特定的目的或目标。应用研究是为了确定基础研究成果可能的用途，或是为达到预定的目标探索应采取的新方法(原理性)或新途径。其成果形式以科学论文、专著、原理性模型或发明专利为主。用来反映对基础研究成果应用途径的探索。

试验发展： 指利用从基础研究、应用研究和实际经验所获得的现有知识，为产生新的产品、材料和装置，建立新的工艺、系统和服务，以及对已产生和建立的上述各项作实质性的改进而进行的系统性工作。其成果形式主要是专利、专有技术、具有新产品基本特征的产品原型或具有新装置基本特征的原始样机等。在社会科学领域，试验发展是指把通过基础研究、应用研究获得的知识转变成可以实施的计划(包括为进行检验和评估实施示范项目)的过程。人文科学领域没有对应的试验发展活动。主要反映将科研成果转化为技术和产品的能力，是科技推动经济社会发展的物化成果。

研究与试验发展人员： 指参与研究与试验发展项目研究、管理和辅助工作的人员，包括项目(课题)组人员，企业科技行政管理人员和直接为项目(课题)活动提供服务的辅助人员。反映投入从事拥有自主知识产权的研究开发活动的人力规模。

研究与试验发展人员全时当量： 指全时人员数加非全时人员按工作量折算为全时人员数的总和。例如：有两个全时人员和三个非全时人员(工作时间分别为20%、30%和70%)，则全时当量为2+0.2+0.3+0.7=3.2人年。为国际上比较科技人力投入而制定的可比指标。

专业技术人员： 指从事专业技术工作和专业技术管理工作的人员，即企事业单位中已经聘任专业技术职务从事专业技术工作和专业技术管理工作的人员，以及未聘任专业技术职务，现在专业技术岗位上工作的人员。包括工程技术人员，农业技术人员，科学研究人员，卫生技术人员，教学人员，经济人员，会计人员，统计人员，翻译人员，图书资料、档案、文博人员，新闻出版人员，律师，公证人员，广播电视播音人员，工艺美术人员，体育人员，艺术人员及企业政治思想工作人员，共十七个专业技术职务类别。用来反映科技人力资源情况。

科技活动经费筹集： 指从各种渠道筹集到的计划用于科技活动的经费，包括政府资金、企业资金、事业单位资金、金融机构贷款、国外资金和其他资金等。反映各社会经济主体对促进科技进步所做的努力。

政府资金： 指从各级政府部门获得的计划用于科技活动的经费，包括科学事业费、科技三项费、科研基建费、科学基金、教育等部门事业费中计划用于科技活动的经费以及政府部门预算外资金中计划用于科技活动的经费等。

企业资金： 指从自有资金中提取或接受其他企业委托的、科研院所和高校等事业单位接受企业委托获得的，计划用于科研和技术开发的经费。不包括来自政府、金融机构及国外的计划用于科技活动的资金。

金融机构贷款： 指从各类金融机构获得的用于科技活动的贷款。

科技活动经费内部支出： 指报告年内用于科技活动的实际支出，包括劳务费、科研业务费、科研管理费，非基建投资购建的固定资产、科研基建支出以及其他用于科技活动的支出。不包括生产性活动支出、归还贷款支出及转拨外单位支出。反映科技投入实际完成情况。

劳务费： 指以货币或实物形式直接或间接支付给从事科技活动人员的劳动报酬及各种费用。包括各种形式的工资、津贴、奖金、福利、离退休人员费用、人民助学金等。反映改善科技人员待遇情况。

固定资产购建费： 指报告年内使用非基建投资购建的固定资产和用于科研基建投资的实际支出额，即固定资产实际支出和科研基建投资实际完成额之和。固定资产是指长期使用而不改变原有实物形态的主要物资设备、图书资料、实验材料和标本以及其他设备和家具、房屋、建筑物。反映用于改善科研条件和科研手段方面的投入情况。

新产品： 指采用新技术原理、新设计构思研制、生产的全新产品，或在结构、材质、工艺等某一方面比原有产品有明显改进，从而显著提高了产品性能或扩大了使用功能的产品。既包括政府有关部门认定并在有效期内的新产品，也包括企业自行研制开发，未经政府有关部门认定，从投产之日起一年之内的新产品。用来反映科技产出及对经济增长的直接贡献。

专利： 是专利权的简称，是对发明人的发明创造经审查合格后，由专利局依据专利法授予发明人和设计人对该项发明创造享有的专有权。包括发明、实用新型和外观设计。反映拥有自主知识产权的设计成果情况。

发明： 指对产品、方法或者其改进所提出的新的技术方案。是国际通行的反映拥有自主知识产权技术的核心指标。

实用新型： 指对产品的形状、构造或者其结合所提出的适于实用的新的技术方案。反映具有一定技术含量的技术成果情况。

外观设计： 指对产品的形状、图案、色彩或者其结合所作出的富有美感并适于工业上应用的新设计。反映拥有自主知识产权的外观设计成果情况。

文化事业机构： 指从事专业文化工作和为专业文化工作服务的独立建制的单位。不包括这些单位另外举办独立核算的其他机构和各部门的业余文化组织。该指标主要反映文化事业机构发展规模水平。

艺术表演团体： 指从事戏曲、音乐、舞蹈、杂技等专业艺术表演，由独立账户的单位，不包括半工半艺、半农半艺和民间职业剧团。该指标主要反映全国专业艺术表演团体发展规模水平。

艺术表演观众人数(人次)： 指售票、包场演出或民族地区免费演出的艺术表演观众人次数，不包括彩排审查和内部观摩演出的观看人次数。该指标主要反映全国观看专业艺术表演团体演出的效益规模。

13

卫生、环保、社会福利业、其他

13-1 卫生机构、人员、病床情况

指　　标	计量单位	2016年	2015年	同比增长%
一、机构数	个	144	144	0.0
二、人员总数	人	1241	1181	5.1
1、卫生技术人员	人	1054	1090	-3.3
其中:执业(助理)医师	人	355	370	-4.1
注册护士	人	490	560	-12.5
药师(士)	人	35	34	2.9
检验师	人	47	35	34.3
其他	人	127	91	39.6
2、行政管理人员	人	59	56	5.4
3、工勤人员	人	86	35	145.7
三、病床数	张	935	859	8.8

13-2 “三废”排放和治理情况

指标	计量单位	2016年	2015年
“三废”排放			
废水排放总量	万吨	1061.92	871.77
#工业废水排放量	万吨	201.89	91.77
生活污水排放量	万吨	860	780
COD排放总量	吨	1566.51	1579.48
#工业COD排放量	吨	735.19	748.16
生活COD排放量	吨	831.32	831.32
氨氮排放总量	吨	244.69	244.79
#工业氨氮排放量	吨	11.33	11.43
生活氨氮排放量	吨	233.36	233.36
二氧化硫排放总量	吨	3764.51	3857
#工业二氧化硫排放量	吨	3178.29	3270.78
生活二氧化硫排放量	吨	586.22	586.22
氮氧化物排放总量	吨	1299.37	1319
#工业氮氧化物排放量	吨	1200.65	1220.28
生活氮氧化物排放量	吨	98.72	98.72
烟尘排放总量	吨	3095.26	2642.65
#工业烟尘排放量	吨	2201.43	1748.82
生活烟尘排放量	吨	89.83	893.83
工业固体废物产生量	万吨	4.8026	4.45
工业固体废物排放量	万吨		0.15
“三废”治理			
“三废”综合利用产品产值	万元		
工业废水排放达标量	万吨		
工业废水排放达标率	%		
工业二氧化硫去除量	吨	270	246.58
工业烟尘去除量	吨	67872	97230.21
工业固体废物处置量	万吨	0.32	4.45
工业固体废物综合利用量	万吨	3.78	4.3
工业固体废物综合利用率	%	85	96.6
污水集中处理率	%	87	85
生活垃圾处理率	%	100	100

13-3 社会优抚救济、福利资金和社区建设情况

指　　标	2016年	2015年
优抚情况		
优抚对象人数(人)	295	329
年末革命伤残抚恤人数(人)	26	31
烈属定期抚恤人数(人)	3	6
享受定期补助人数(人)	61	46
优待军烈属户数(户)	234	272
社会救济情况		
年末社会困难户数(户)		
年末社会困难户人数(人)		
社会困难户救济(人次)	28392	
救济退休、老弱残职工(人)		
社会散居、孤老残幼人数(人)	70	12
#集体供养人员	48	12
居民最低生活保障人数(人)	2366	3777
居民最低生活保障标准(元/人)	420	335
居民最低生活保障平均发放水平(元/人)	369	311
社会福利资金		
销售社会福利彩票(万元)		7.5
筹集社会福利资金(万元)		
接受社会捐赠(万元)		
社区建设情况		
社区服务设施数(个)	36	54
社区服务网点数(个)	9	9
社区工作人员(个)	152	234
社区服务人员数(个)	191	192

13-4 社会福利院和敬老院基本情况

指　　标	2016年	2015年
社会福利院和敬老院		
#机构数(个)	7	7
职工人数(人)	163	169
床位(张)	1180	828
入住人数(人)	718	590

13-5 工会组织情况

年　份	工会基层组织个数	已建工会组织的单位职工与会员人数(人)				专职工会干部(人)
		职工人数	女职工	会员人数	女会员	
2013年	63	21720	9026	20697	8978	45
2014年	70	23282	9578	21916	9520	39
2015年	68	21984	9528	21738	9446	38
2016年	75	21888	8943	21888	8943	47

13-6 律师、公证和法律援助工作基本情况

指标	2016年	2015年	指标	2016年	2015年
律师工作			公证工作		
#律师事务所(个)	4	3	#公证处(个)	1	2
律师(人)	22	17	公证人员(人)	3	3
专职律师(人)	22	16	办理公证文书(件)	4098	4196
公职律师		1	#国内公证	4098	4196
兼职和特邀律师(人)			涉外公证		
聘请担任长年法律顾问的单位(处)	82	71	法律援助工作		
民事诉讼代理(件)	197	13	#法律援助中心	1	1
刑事辩护及代理(件)	22	12	法律援助律师	1	1
非诉讼法律事务(件)		211	办理法律援助(件)	282	236
解答法律咨询(件)	393	904			
代写法律事务文件(件)	114	141			

13-7 人民调解工作基本情况

指标	2016年	2015年	指标	2016年	2015年
人民调解工作			合同纠纷	188	204
#专职司法助理员(人)	33	41	赔偿纠纷	83	115
人民调解委员会(个)	172	169	劳动纠纷	341	316
调解人员(人)	966	967	土地承包纠纷	66	2
民间纠纷(件)	1131	1079	征地拆迁纠纷	2	8
纠纷分类			施工扰民纠纷		
#婚　姻	102	104	房屋宅基地纠纷	3	5
邻里纠纷	236	188	其他纠纷	110	137

13-8 刑事案件立案和结案情况

指　　标	2016年	2015年
刑事案件立案数(件)	281	315
#重大刑事案件	54	62
特别重大刑事案件	2	1
刑事案件结案数(件)	111	167
刑事案件犯罪人数(人)	70	73
#青少年人数(25周岁以下)	22	31

13-9 火灾事故发生情况

指标	2016年	2015年	指标	2016年	2015年
火灾事故发生			#重大		
起数(起)	3	10	一般		
#重大			火灾事故损失		
一般	3	10	折款(万元)	3.9	45.55
火灾事故死亡			#重大		
人数(人)			一般	3.9	45.55
#重大			平均每起火灾事故		
一般			损失折款(万元)	1.3	4.6
火灾事故受伤			#重大		
人数(人)			一般	1.3	4.6

主要统计指标解释

卫生机构： 包括医疗机构、疾病预防控制中心(防疫站)、采供血机构、卫生监督及监测(检验)机构、医学科研和在职培训机构、健康教育所等。医疗机构包括医院、社区卫生服务中心(站)、疗养院、卫生院、门诊部、诊所(卫生所、医务室)、妇幼保健院(所、站)、专科疾病防治院(所、站)、急救中心(站)和临床检验中心。医疗机构分为非赢利性医疗机构和赢利性医疗机构。

医院： 包括综合医院、中医医院、中西医结合医院、民族医院、各类专科医院和护理院。

卫生技术人员： 指卫生机构中医生、护理人员、药剂人员、检查人员等卫生技术人员。

医生： 指在医疗、预防保健机构工作且取得《职业医师证书》的职业医师和职业助理医师。

卫生服务总费用： 反映全国当年用于医疗卫生保健服务所消耗的资金总额，用筹资来源法测算。政府预算卫生支出指各级政府用于卫生事业的财政预算拨款。社会卫生支出指政府预算外的卫生资金投入，主要表现为社会医疗保险。其中包括如企事业单位和乡村集体经济单位举办医疗卫生机构设施建设费，企业职工医疗卫生费，行政事业单位负担的职工公费医疗超支部分等。居民个人卫生支出指城乡居民用自己可支配的经济收入支付的各项医疗卫生费用和医疗保险费用。

社会福利事业单位： 指集中收养社会孤老、残、幼的机构，包括由民政部门管理的社会福利院、儿童福利院、精神病人福利院和城镇集体举办的福利院及农村集体举办的敬老院以及优抚医院和具有收养能力的社区服务中心等。该指标主要反映我国在社会福利性单位投入的水平。

社会福利事业单位收养人数： 包括民政部门管理和城镇、农村集体举办的社会福利事业单位中收养的老人、少年儿童、缺乏生活自理能力的残疾人员和精神病人。该指标主要反映收养性社会福利单位的收养能力。

社会福利企业单位： 指以安置城镇有一定劳动能力的盲、聋、哑和肢体残疾人员就业为目的，享受国家减免税待遇的国有或集体企业。包括福利工厂、福利商业和服务业、假肢厂和安置农场等单位。该指标主要反映我国对残疾人照顾的特殊政策。

综合防治康复精神病人数： 指在开展精神病防治康复工作地区，采取不同形式，接受综合性防治康复措施、开放式管理的精神病人数。该指标主要反映精神病患者接受治疗康复情况。

监护率： 指通过监护小组、家庭病床、工疗站、社会就业以及精神卫生机构，接受社会化、综合性、开放式治疗与康复的精神病人占经调查摸底、登记在册的精神病人数的百分比。该指标主要反映对精神病患者落实治疗康复措施的情况。

精神病人社会参与率： 指生活能自理，并参加生产劳动和社会生活的精神病人数占监护精神病人数的百分比。该指标主要反映精神病人康复状况和参与社会的情况。

未入学适龄残疾儿童少年： 指根据义务教育法规定应接受义务教育，但因各种原因未能入学的适龄视力残疾、听力与言语残疾、智力残疾、肢体残疾、精神残疾、多重残疾儿童少年。适龄残疾儿童少年的年龄段参照各省级人民政府依照义务教育法规定的入学年龄。该指标主要反映因各种原因未能入学的适龄残疾儿童的年度变化，为制定残疾儿童义务教育发展规划及其应采取的方针、政策和措施提供依据，同时为各地开展资助残疾儿童就学工作提供依据。

律师： 指依法取得律师执业证书，担任法律顾问，民事（刑事、行政）案件代理人、刑事案件辩护人、办理非诉讼业务，解答法律询问，代写法律事务文书等，为社会提供法律服务的人员。

公证人员：指在公证处工作的人员总称，包括公证处主任、副主任、公证员、公证员助理（助理公证员）和其他从事辅助性工作的人员。

公证文书： 指公证处根据当事人申请，依据事实和法律，按照法定程序制作的，具有法律效力的司法证明文书。很据公证书用途和使用地，公证书分为国内公证书、国内经济公证书、涉外民事公证书、涉外经济公证书四类。

调解员： 指在人民调解委员会担负调解民间纠纷工作的人员，包括调解委员会的委员和调解小组的调解员。该指标主要反映从事人民调解工作的人员数量。

调解民间纠纷： 指调解委员会按照法律规定，根据自愿原则，用说服教育的方法调解民间发生的有关民事权利和义务争执的件数，包括调解成功数和调解未成功数。该指标主要反映人民调解委员会的工作量。

立案： 指人民检察院对受理的报案、控告、举报或自首及自行发现的犯罪线索、犯罪嫌疑人进行初步调查后，认为存在职务犯罪事实和应追究刑事责任，并决定作为刑事案件进行侦查的诉讼活动，是追究犯罪的开始。该指标主要反映人民检察院依法将职务犯罪线索作为刑事案件进行侦查的诉讼活动。

大案： 指贪污、贿赂案数额在5万元以上，挪用公款案数额在10万元以上，集体私分、巨额财产来源不明、隐瞒境外存款案数额在50万元以上以及按照《人民检察院直接受理的渎职、侵权重、特大案件标准（试行）》认定的案件。该指标主要反映人民检察院立案查办的职务犯罪案件中经济损失大、社会危害严重的案件。

要案： 指县、处级以上干部的犯罪案件。该指标主要反映国家工作人员中县、处级以上干部因职务犯罪被人民检察院依法立案侦查的情况。

决定逮捕： 指人民检察院对直接受理、自行侦查的案件，认为需要逮捕犯罪嫌疑人时，依据法律做出的逮捕决定。该指标主要反映人民检察院对直接受理的案件行使决定逮捕权的情况。

批准逮捕： 指人民检察院对公安机关、国家安全机关、监狱管理机关提出逮捕的犯罪嫌疑人进行审查，根据事实，依法做出逮捕决定。该指标主要反映人民检察院对提请逮捕机关提请逮捕犯罪嫌疑人进行审查后依法做出批准逮捕决定的情况。

决定起诉： 指人民检察院对公安机关、国家安全机关、监狱管理机关和检查机关内设机构反贪污贿赂部门等移送起诉的案件进行审查，根据事实，做出提起公诉的案件。该指标主要反映人民检察院对各种刑事案件向人民法院提起公诉的情况。

受理劳动争议案件数： 指劳动争议仲裁委员会根据国家有关规定，对劳动争议当事人的申请予以审查，符合受理条件而正式立案、准备处理的劳动争议案件数。

第三部分

北屯市统计资料

1-1 北屯市生产总值

（2016年）　　单位：万元

项　　目	增加值合计（按当年价格计算）	其中			
		劳动者报酬	生产税净额	固定资产折旧	营业盈余
生产总值	353143	170274	27212	36771	118886
第一产业	50189	40810	28	4249	5102
1. 农林牧渔业	52843	42405	28	4811	5599
农　业	30349	25850		2965	1534
林　业	613	417	28	50	118
牧　业	13300	10449		1161	1690
渔　业	5927	4094		73	1760
农林牧渔服务业	2654	1595		562	497
第二产业	174530	72701	17326	18375	66128
2. 工　业	127722	42643	11298	17437	56344
(1)制 造 业	117380	36880	10532	12378	57590
农副产品加工业	41705	16879	2058	4025	18743
食品制造业	4275	1396	494	588	1797
酒、饮料和精制茶制造业	5401	601	1963	287	2550
造纸及纸制品业	122	84	33	5	
印刷业和记录媒介的复制	55	36	9	9	1
化学原料及化学制品制造业	2364	275	99	577	1413
橡胶和塑料制品业	30989	8944	3901	3735	14409
非金属矿物制品业	8311	2163	401	1149	4598
专用设备制造业	23287	6336	1506	1928	13517
其他制造业	871	166	68	75	562
(2)电力燃气及水的生产和供应业	10342	5763	766	5059	-1246
电力、热力的生产和供应业	9632	5432	678	4922	-1400
水的生产和供应业	710	331	88	137	154
3. 建筑业	46808	30058	6028	938	9784
房屋建筑业	43367	27400	5731	905	9331
土木工程建筑业	2975	2313	209	20	433
建筑装饰和其他建筑业	466	345	88	13	20

1-1续表　　(2016年)　　单位:万元

项目	增加值合计(按当年价格计算)	劳动者报酬	生产税净额	固定资产折旧	营业盈余
		其中			
第三产业	128424	56763	9858	14147	47656
4. 交通运输、仓储和邮政业	12610	2114	1511	1997	6988
道路运输业	12610	2114	1511	1997	6988
5. 批发和零售业	37640	8868	5317	2490	20965
批发业	21226	5583	3749	1515	10379
零售业	16414	3285	1568	975	10586
6. 住宿和餐饮业	11048	5176	665	741	4466
住宿业	4443	2908	257	267	1011
餐饮业	6605	2268	408	474	3455
7. 金融业	15802	2670	765	719	11648
货币金融服务	15802	2670	765	719	11648
8. 房地产业	4486	1092	276	2468	650
房地产开发经营	886	272	126	18	470
物业管理业	1288	820	150	138	180
居民自有住房服务业	2312			2312	
9. 租赁和商务服务业	3329	979	839	97	1414
租赁业	38	24	5	3	6
商务服务业	3291	955	834	94	1408
10. 科学研究、技术服务和地质勘查业	1721	1319	160	18	224
专业技术服务业	1090	688	160	18	224
科技推广和应用服务业	631	631			
11. 水利、环境和公共设施管理业	1747	1914	57	149	-373
水利管理业	418	528	57	206	-373
生态保护和环境治理业	1329	1386		-57	
12. 居民服务和其他服务业	2796	1287	267	365	877
居民服务业	1297	889	15	83	310
其他服务业	1499	398	252	282	567
13. 教育	11899	10715		1184	
教育	11899	10715		1184	
14. 卫生和社会工作	7456	7189		267	
卫生	7456	7189		267	
15. 文化、体育和娱乐业	1345	916	1	128	300
新闻出版业	671	612	1	58	
广播、电视、电影和影视录音制作业	110	110			
文化艺术业	340	140		42	158
娱乐业	224	54		28	142
16. 公共管理和社会组织	13891	10929		2962	
中国共产党机关	7344	5355		1989	
国家机构	4555	4096		459	
社会保障	888	728		160	
群众团体、社会团体和其他成员组织	819	609		210	
基层群众自治组织	285	141		144	

2-1 北屯市年末人口数

单位:户、人、%

指 标	2016年	2015年	2016年比2015年增长
总户数	24398	23197	5.2
总人口	61848	57439	7.7
按性别分			
男	31509	29443	7.0
女	30339	27996	8.4
按农业、非农业分			
农业人口	10496	11221	-6.5
非农业人口	51352	46218	11.1
按民族分			
汉族	60204	55853	7.8
维吾尔族	135	125	8.0
哈萨克族	594	540	10.0
回族	634	628	1.0
蒙古族	63	67	-6.0
其他民族	218	226	-3.5
出生人口	267	204	30.9
死亡人口	168	169	-0.6
迁入人口	8563	9216	-7.1
省内迁入	6426	7275	-11.7
省外迁入	2137	1941	10.1
迁出人口	4245	7227	-41.3
迁到省内	3796	7060	-46.2
迁到省外	449	167	168.9
人口出生率(‰)	4.48	3.6	—
#汉 族	4.19	3.3	—
人口死亡率(‰)	2.82	3	—
#汉 族	2.7	2.9	—
人口自然增率(‰)	1.66	0.61	—
#汉 族	1.49	0.46	—

2-2 北屯市按单位分年末人口数

(2016年)　　　　单位:户、人、%

单　位	总户数	总人口			性别比（女性=100）
		合　计	男	女	
总　计	24398	61848	31509	30339	103.9
一八三团	3171	8393	4424	3969	111.5
一八七团	2380	6358	3432	2926	117.3
一八八团	3981	10513	5178	5335	97.1
北屯矿业有限责任公司	3	20	19	1	1900.0
北屯正大农牧业有限责任公司	6	18	12	6	200.0
北屯汇祥油脂工贸有限责任公司	6	10	5	5	100.0
新疆北屯油脂化工有限责任公司	135	230	145	85	170.6
北屯市鑫昌盛油脂化工有限公司	9	21	10	11	90.9
北屯额河草原食品有限责任公司	169	257	108	149	72.5
北屯市海波渔业有限公司	1	4	2	2	100.0
新疆大罗素马铃薯制品有限公司	75	166	70	96	72.9
新疆金葛天然生物科技有限公司	4	13	7	6	116.7
好丽友(北屯)农业科技发展有限公司	73	251	125	126	99.2
新疆汇祥农业发展有限公司	86	400	216	184	117.4
北屯市阿山家园农副产品专业合作社	1	5	2	3	66.7
新疆北屯市海川葵庄食品有限责任公司	6	17	8	9	88.9
北屯市双华挂面有限责任公司	1	2	1	1	100.0
北屯市南湖湾食品有限公司	2	5	2	3	66.7
北屯市蒙可乳业有限公司	2	5	3	2	150.0
北屯市惠通农业食品加工有限公司	2	5	2	3	66.7
北屯市金驼绒业制品有限公司	2	6	3	3	100.0
新疆阿勒泰市北屯皮革有限责任公司	1	3	1	2	50.0
北屯市新佳辉皮草有限公司		4	2	2	100.0
北屯市苇业有限责任公司	47	71	34	37	91.9
北屯弘扬造纸厂	1	5	2	3	66.7
新疆海之蓝包装有限公司	2	5	1	4	25.0
北屯方正包装有限责任公司	1	3	1	2	50.0
北屯晟彩印刷有限公司	31	75	38	37	102.7
新疆润之珠宝有限责任公司	2	4	2	2	100.0
阿勒泰晨牛旅游工艺品有限公司	21	40	20	20	100.0
北屯市丰庆精艺手工制作专业合作社	2	5	2	3	66.7
新疆北屯慧尔肥业有限责任公司	12	32	15	17	88.2

2-2续表1

单位:户、人、%

单　位	总户数	总人口			性别比（女性=100）
		合　计	男	女	
北屯市保地循环经济有限公司		6	4	2	200.0
北屯好德丽新材料科技有限公司	10	27	19	8	237.5
北屯市恒沣节水设备有限公司	2	8	5	3	166.7
北屯水韵华节水有限公司	10	22	13	9	144.4
北屯市金宝源建材有限公司	2	7	5	2	250.0
北屯金桦林节水设备有限公司	10	32	18	14	128.6
北屯市天川建材有限责任公司	21	52	27	25	108.0
北屯国俊塑业有限公司	6	13	5	8	62.5
北屯市顺峰建材有限公司	1	3	1	2	50.0
北屯市七彩建材有限公司	5	12	6	6	100.0
大屯北业商品混凝土有限责任公司	3	8	4	4	100.0
北屯青松南岗建材有限责任公司		7	6	1	600.0
新疆屯鑫建材有限责任公司	5	15	8	7	114.3
北屯市剑强建材有限责任公司	10	17	12	5	240.0
北屯玉龙商品混凝土有限公司	1	8	6	2	300.0
北屯市天石混凝土有限责任公司	2	5	2	3	66.7
北屯市亚通科技发展有限责任公司	5	12	8	4	200.0
北屯市海天轻质隔墙板有限公司	2	6	3	3	100.0
北屯市阳光科技建材有限公司	1	7	5	2	250.0
北屯市廷刚新型建材有限公司	1	6	4	2	200.0
北屯市新康美义齿技术有限公司	1	4	2	2	100.0
北屯利德云母制品厂	2	7	4	3	133.3
北屯市中新石英石有限公司	2	4	2	2	100.0
北屯市蜀森金属制品有限公司	2	9	6	3	200.0
北屯市帅通管业有限公司	4	11	6	5	120.0
北屯市光辉建材有限责任公司	2	7	3	4	75.0
双亚昇农业植保科技发展有限公司	1	4	2	2	100.0
北屯金璞机械制造有限公司	5	14	8	6	133.3
北屯市腾云节水设备有限公司	7	20	12	8	150.0
阿勒泰新华能电气有限公司	40	53	28	25	112.0
北屯市中奥灯具有限公司	2	6	3	3	100.0
中机国能北屯发电有限公司		6	6		
北屯市得仁供热有限公司	12	58	38	20	190.0

2-2续表2　　　　　　　　　　　　　　　　　　　　　　　　　　单位:户、人、%

单　位	总户数	总人口			性别比（女性=100）
		合　计	男	女	
新疆北屯电力工业有限公司	210	678	357	321	111.2
北屯市虹大风力发电有限公司	8	13	9	4	225.0
北屯市友源风力发电有限公司	3	8	4	4	100.0
北屯市枫煜风能开发有限公司	5	12	8	4	200.0
北屯市高科新能源科技有限公司	8	22	13	9	144.4
北屯市丝路新能源有限公司	2	7	7		
北屯市天宇新能源有限公司	3	9	4	5	80.0
北屯市恒基光能新能源投资有限公司	3	10	5	5	100.0
北屯市天一新能源开发投资有限公司	2	4	2	2	100.0
北屯聚能光电有限公司	1	3	1	2	50.0
中广核太阳能北屯有限公司	1	2	1	1	100.0
北屯恒昇光电有限公司	1	3	1	2	50.0
北屯市乾阳新能源有限公司	2	3	1	2	50.0
北屯市旭蓝新能源科技有限公司	1	3	2	1	200.0
新疆屯富热电有限责任公司	105	240	167	73	228.8
北屯热力有限责任公司	13	44	23	21	109.5
北屯西区供热有限责任公司	36	71	42	29	144.8
北屯市北燃天然气有限公司	1	3	2	1	200.0
北屯市广捷鑫泽然气有限公司	2	8	5	3	166.7
十师北屯绿环供排水公司	89	202	102	100	102.0
新疆北屯第一建筑安装工程有限责任公司	63	226	130	96	135.4
新疆新泰鸿基建设工程有限公司	2	7	3	4	75.0
新疆金盛元建设工程有限公司	4	23	19	4	475.0
北屯利龙建筑安装有限责任公司	100	226	114	112	101.8
北屯万佳建筑安装有限责任公司	83	201	101	100	101.0
新疆中泰德盈建筑工程有限公司	4	10	5	5	100.0
北屯市天佑市政工程有限公司	40	88	52	36	144.4
新疆德汇源建设工程有限公司	1	5	3	2	150.0
新疆水源地市政工程有限公司	6	20	11	9	122.2
北屯市安庆市政工程建设有限责任公司	2	6	3	3	100.0
北屯交通建设有限公司	40	85	72	13	553.8

2-2续表3

单位:户、人、%

单 位	总户数	总人口			性别比（女性=100）
		合 计	男	女	
新疆禹王工建筑工程有限公司	31	80	40	40	100.0
北屯市昌盛水利工程有限责任公司	2	4	2	2	100.0
北屯山河工程机械有限公司	6	15	7	8	87.5
北屯电力工程安装有限责任公司	38	69	43	26	165.4
北屯农十师工程安装公司	2	5	2	3	66.7
北屯市得仁工程安装有限公司	1	3	1	2	50.0
北屯市振铠安装有限责任公司	1	4	3	1	300.0
北屯市传富工程安装有限公司	9	28	17	11	154.5
新疆北行工程建设有限公司	3	6	2	4	50.0
北屯市红苹果装饰有限责任公司	3	8	3	5	60.0
北屯市鼎尚装饰有限责任公司	3	8	3	5	60.0
北屯市嘉林装饰设计有限公司	3	7	3	4	75.0
北屯市绿草地装修设计有限责任公司	9	25	12	13	92.3
北屯市正杰装饰工程有限公司	2	5	3	2	150.0
北屯市鸿佳装饰设计有限公司	1	3	2	1	200.0
北屯市新世纪美星装饰设计有限公司	2	6	3	3	100.0
北屯市中坤装饰工程有限责任公司	1	4	2	2	100.0
北屯市万福装修有限公司	2	5	2	3	66.7
北屯市好兄弟装饰工程有限公司	1	5	2	3	66.7
北屯市金龙建筑工程有限公司	1	4	2	2	100.0
北屯市方城拆迁施工有限公司	1	5	3	2	150.0
北屯市恒瑞渣土有限公司	2	10	7	3	233.3
北屯市吉泰商贸有限责任公司	2	8	5	3	166.7
北屯市秭鑫商贸有限责任公司	1	3	1	2	50.0
北屯创丰农副产品有限责任公司	2	5	2	3	66.7
北屯天韵商贸有限公司	1	9	5	4	125.0
北屯小二农资有限责任公司	1	2	1	1	100.0
北屯丰庆远大农业有限责任公司	1	5	3	2	150.0
北屯明达农贸有限公司	1	3	2	1	200.0
北屯喜农农资有限公司	2	8	5	3	166.7
北屯市天叶农业生产资料有限公司	2	5	3	2	150.0
北屯农十师瑞佳农业科技有限责任公司	5	10	6	4	150.0
北屯市乐享生活食品有限责任公司	2	5	3	2	150.0

2-2续表4

单位:户、人、%

单位	总户数	总人口			性别比
		合计	男	女	(女性=100)
北屯市兆海机械租赁有限公司		4	4		
北屯市惠佳商贸有限责任公司	7	15	8	7	114.3
北屯惠农农副产品农民专业合作社	6	12	7	5	140.0
北屯市惠仁医药有限责任公司	15	48	29	19	152.6
北屯市绿色阳光药材有限公司	2	4	2	2	100.0
北屯市富凯隆商贸有限公司	2	5	1	4	25.0
北屯惠通煤炭销售有限责任公司	6	17	10	7	142.9
北屯市兴峰汽车贸易有限公司		4	2	2	100.0
北屯市玉门商贸有限责任公司	2	9	4	5	80.0
北屯广先矿业发展有限公司	2	5	4	1	400.0
新疆冠群钢铁有限公司	1	5	3	2	150.0
北屯华驰建材有限公司	3	8	5	3	166.7
北屯市得仁建材有限公司	2	8	4	4	100.0
北屯市耀程贸易有限公司	1	3	2	1	200.0
新疆浩宇希望商业投资有限责任公司	2	4	2	2	100.0
新疆久弘钢铁有限公司	13	30	16	14	114.3
北屯市天泰物资有限公司		3	3		
北屯市金磊建材有限责任公司	1	3	2	1	200.0
北屯幸北建材有限公司	2	8	5	3	166.7
新疆亚华贸易有限公司	2	5	2	3	66.7
北屯市利池商贸有限公司		3	2	1	200.0
北屯市益鑫物资有限公司	1	4	2	2	100.0
北屯市翊帆风顺建材租赁有限责任公司	2	5	2	3	66.7
北屯市迎鑫建材有限责任公司	2	4	2	2	100.0
北屯市金土地农业开发有限公司	10	24	13	11	118.2
新疆北屯众信惠民农资有限公司	1	3	3		
供销合作公司	1127	2305	1081	1224	88.3
阿勒泰地区新川肥业有限责任公司	2	8	4	4	100.0
北屯源田农资有限公司	2	8	4	4	100.0
北屯稼佳乐农业开发有限责任公司	3	12	4	8	50.0
北屯华润康农资有限公司	3	15	9	6	150.0
北屯益鸣农资有限责任公司	2	7	3	4	75.0
北屯丰田农资有限责任公司	1	4	2	2	100.0
北屯准噶尔农业生产资料有限责任公司	4	15	5	10	50.0

2-2续表5

单位:户、人、%

单　　位	总户数	总人口			性别比（女性=100）
		合计	男	女	
北屯市新原农业科技有限责任公司		3	2	1	200.0
北屯市国帆农业科技有限责任公司	1	2	1	1	100.0
新疆北屯市农科天翼农林植保专业合作社		3	2	1	200.0
北屯市双亚农牧科技植保专业合作社	2	3	1	2	50.0
北屯市振丰农资有限公司	1	3	1	2	50.0
北屯市锋玥农资有限公司	1	3	2	1	200.0
北屯市惠安农业发展有限公司	2	4	2	2	100.0
北屯市得仁鑫禾丰农业有限责任公司	1	3	1	2	50.0
北屯鑫盛农贸有限责任公司	1	3	2	1	200.0
北屯民乐农业农民专业合作社	2	4	2	2	100.0
北屯恒宇农资有限公司	1	3	1	2	50.0
北屯冠祥农资有限责任公司	1	4	2	2	100.0
北屯市润民农资有限公司	1	3	2	1	200.0
北屯富润农业科技服务有限责任公司	1	3	1	2	50.0
北屯金戈农资农民专业合作社	2	4	3	1	300.0
北屯新希望农资有限责任公司	2	5	3	2	150.0
新疆天地禾农业有限公司	2	5	1	4	25.0
北屯市金山农机专业合作社	1	2	1	1	100.0
北屯胜平农业农民专业合作社	1	4	2	2	100.0
北屯市天行润洁化工科技有限公司	1	3	1	2	50.0
北屯迦南机械商贸有限责任公司	2	6	4	2	200.0
北屯市发达农机有限公司	4	9	5	4	125.0
新疆东方动力商贸有限公司	2	8	4	4	100.0
北屯龙云农机销售有限公司	8	20	10	10	100.0
阿勒泰鸿宇贸易有限公司	3	8	3	5	60.0
北屯北达农机有限责任公司	4	9	5	4	125.0
北屯圣源机械商贸有限责任公司	4	13	8	5	160.0
北屯市通达商贸有限公司	5	18	8	10	80.0
阿勒泰瑞丰机械物资机电有限责任公司	2	6	3	3	100.0
北屯市启航贸易有限公司	10	26	16	10	160.0
北屯市金拓农机有限公司	4	13	7	6	116.7
新疆美丽田野贸易有限公司	6	12	5	7	71.4
北屯北方机械厂	1	5	2	3	66.7
北屯市义弘汽车贸易有限公司	2	4	1	3	33.3
北屯市金盛坤汽车销售服务有限公司	2	7	3	4	75.0

2-2续表6

单位:户、人、%

单位	总户数	总人口			性别比
		合计	男	女	(女性=100)
北屯市盛唐汽车贸易有限公司	3	8	4	4	100.0
阿勒泰地区澳科贸易有限责任公司	8	20	9	11	81.8
北屯市富鸿达汽车贸易有限责任公司	2	6	3	3	100.0
北屯市道阖天擎贸易有限公司	1	4	2	2	100.0
北屯市鑫源商贸有限公司	2	5	2	3	66.7
北屯市迪盛新能源有限公司	2	5	2	3	66.7
北屯市智路达商贸有限公司	3	6	2	4	50.0
北屯中亚商贸有限责任公司	2	10	6	4	150.0
新疆众合兴盛机械设备有限公司	2	4	2	2	100.0
新疆万鸿升国际贸易有限公司	1	3	2	1	200.0
新疆金鑫鑫环保设备有限公司	5	18	10	8	125.0
北屯徐工工程机械有限公司	2	6	3	3	100.0
北屯市力安消防器材有限公司	1	3	2	1	200.0
北屯市博辉安防信息技术有限公司	1	4	2	2	100.0
北屯市容凯供水成套设备有限公司	12	25	12	13	92.3
北屯市德仁现代农业有限公司	5	12	7	5	140.0
北屯市美智外贸有限公司	2	7	4	3	133.3
北屯市北方豪达贸易有限公司	2	4	2	2	100.0
北屯市维度信息科技有限公司	1	3	1	2	50.0
新疆丝路北站电子商务有限责任公司	2	3	1	2	50.0
北屯市万兴国际贸易有限公司	1	3	1	2	50.0
北屯市云汇电子商务有限公司	2	4	2	2	100.0
北屯市快易点电子商务有限责任公司	1	3	2	1	200.0
北屯市北青电子商务有限公司	1	3	1	2	50.0
新疆上合豫新国际贸易有限公司	2	6	3	3	100.0
北屯市旭晟对外经济贸易有限公司	1	4	2	2	100.0
新疆北通道进出口贸易有限公司	2	5	2	3	66.7
北屯市大方外贸有限责任公司	2	4	2	2	100.0
北屯市瑞驰商业投资有限责任公司	2	4	2	2	100.0
新疆中钧供应链有限公司	2	5	2	3	66.7
北屯市宏伟药业有限公司	4	11	6	5	120.0
北屯市边疆锦盛进出口贸易有限公司	1	3	2	1	200.0
北屯市恒润农贸有限公司	14	47	32	15	213.3
北屯市好家园超市有限公司	8	20	10	10	100.0
北屯利佳商行	1	3	2	1	200.0

2-2续表7 单位：户、人、%

单　　位	总户数	总人口			性别比 （女性=100）
		合　计	男	女	
北屯德晟达对外经济贸易有限公司	3	10	7	3	233.3
北屯市万宏贸易有限公司	4	12	7	5	140.0
北屯恒裕沣国际贸易有限公司	10	20	9	11	81.8
北屯市华迅贸易有限公司	1	5	3	2	150.0
北屯市益铭商贸有限公司	1	3	1	2	50.0
北屯新联商贸有限公司	3	8	4	4	100.0
北屯安吉食品批发商行	1	3	2	1	200.0
北屯德利发商行	1	3	1	2	50.0
北屯市好利安商贸有限责任公司	8	25	10	15	66.7
北屯诚信商贸有限责任公司	1	2	1	1	100.0
北屯市永利商贸有限公司	1	4	2	2	100.0
新疆华睿博业国际贸易有限责任公司	2	6	4	2	200.0
北屯市俊发金街商贸有限责任公司	7	26	12	14	85.7
北屯福玲贸易有限公司	1	4	2	2	100.0
北屯市哈吉斯贸易商行	1	2	1	1	100.0
新疆鸿源天浩商贸有限公司		2	2		
北屯市百上恒发商贸有限公司	1	3	1	2	50.0
北屯宝山粮油批发部	2	5	2	3	66.7
北屯市鑫璞蔬菜种植专业合作社	1	3	1	2	50.0
新疆额河明珠商贸有限公司	2	4	2	2	100.0
北屯北冰洋特有鱼类有限责任公司	2	6	3	3	100.0
北屯市东阳商贸有限公司	3	8	5	3	166.7
新疆凯丽时尚商贸有限公司	16	45	18	27	66.7
北屯市风笛服饰店	2	4	1	3	33.3
北屯市福江电子商务贸易有限公司		2	2		
北屯金岩商贸有限责任公司	4	6	3	3	100.0
北屯市北漠旅游开发有限公司	1	3	2	1	200.0
北屯天合汽车贸易有限公司	3	7	3	4	75.0
北屯博远汽车贸易有限公司	1	3	1	2	50.0
阿勒泰辰丰汽车销售服务有限公司	3	8	5	3	166.7
阿勒泰地区新阳光汽车贸易有限公司	5	12	6	6	100.0
北屯市北云峰汽车销售服务有限公司	3	8	5	3	166.7
新疆润信通汽车贸易有限责任公司	7	15	8	7	114.3
神州物流园工程建筑机械有限责任公司	1	3	3		
北屯鑫众和汽车销售有限责任公司	2	5	3	2	150.0

2-2续表8　　单位:户、人、%

单　　位	总户数	总人口			性别比（女性=100）
		合计	男	女	
新疆豫鑫隆汽车贸易有限公司	2	13	5	8	62.5
北屯鑫丰众汇汽车销售有限公司	5	9	4	5	80.0
北屯欣齐燃气有限责任公司	5	10	6	4	150.0
北屯市九洲兴城商贸有限公司	3	9	5	4	125.0
北屯得仁公共交通有限责任公司	102	124	79	45	175.6
阿勒泰海天旅客运输有限公司	200	370	242	128	189.1
北屯旅客运输有限公司	153	380	197	183	107.7
新疆得仁连接物流有限责任公司	8	28	15	13	115.4
公路养护管理所	12	16	7	9	77.8
北屯连接路桥装卸有限公司	5	9	6	3	200.0
新疆北屯宾馆	65	141	60	81	74.1
北屯市阳光商务酒店有限公司	7	12	4	8	50.0
北屯市迅豪国际大酒店有限公司	11	36	24	12	200.0
北屯得仁山大酒店有限责任公司	15	42	20	22	90.9
北屯龙凤餐饮有限公司	12	27	13	14	92.9
新彊北屯饭店	10	25	8	17	47.1
北屯国民村镇银行有限责任公司	54	125	62	63	98.4
北屯农村信用合作联社	65	127	62	65	95.4
北屯市凯宏房地产开发有限公司	5	11	6	5	120.0
北屯苏锡常润房地产开发有限公司	13	33	22	11	200.0
北屯俊发房地产开发有限公司	8	18	9	9	100.0
北屯市新世纪房地产开发有限公司	4	16	7	9	77.8
新疆华旦房地产开发有限公司	18	29	15	14	107.1
新疆正茂源房地产开发有限责任公司	3	8	3	5	60.0
北屯市宏汇百盛房地产开发有限公司	12	30	12	18	66.7
北屯市金山房地产开发有限公司	1	5	4	1	400.0
新疆屯富鸿源房地产开发有限公司	2	5	2	3	66.7
北屯市兴泰房地产开发有限公司	6	20	14	6	233.3
新疆北屯振北房地产开发有限责任公司	4	26	11	15	73.3
北屯九千房地产开发有限责任公司	9	11	4	7	57.1
新疆方大房地产开发有限公司	1	3	1	2	50.0
阿勒泰嘉瑞房地产开发有限责任公司	3	11	4	7	57.1
北屯北方置业房地产开发有限公司	2	2		2	
北屯腾辉物业有限公司	3	15	7	8	87.5
北屯市房屋交易中心	8	14	5	9	55.6

2-2续表9

单位:户、人、%

单位	总户数	总人口			性别比（女性=100）
		合计	男	女	
北屯市海川机械设备发展有限责任公司	2	6	3	3	100.0
北屯市康润机械设备发展有限公司	2	5	3	2	150.0
北屯市五环机械工程有限公司	1	5	3	2	150.0
北屯百顺吊装有限责任公司	2	5	2	3	66.7
新疆双禧投资担保有限公司	4	14	9	5	180.0
北屯市得仁投资管理服务有限公司	2	6	3	3	100.0
北屯市万帮投资有限责任公司	2	4	2	2	100.0
北屯市白沙湖投资有限公司	1	5	3	2	150.0
北屯市祥瑞投资咨询有限公司	2	6	3	3	100.0
北屯市欧亚资产管理有限公司	5	12	5	7	71.4
北屯市双华钱来钱往投资管理有限责任公司	1	3	2	1	200.0
北屯得仁城市建设投资经营有限公司	45	52	29	23	126.1
北屯额河经营发展有限公司	1	3	1	2	50.0
新疆龙江投资有限公司	13	68	46	22	209.1
第十师社会保险事业管理局	70	84	31	53	58.5
第十师国有资产经营有限公司	29	44	24	20	120.0
北屯市国泰能源有限公司	1	3	1	2	50.0
新疆上合豫新投资发展有限公司	1	3	1	2	50.0
北屯市金融服务中心有限责任公司	2	4	2	2	100.0
北屯市百上恒发建设投资有限责任公司	2	3	1	2	50.0
北屯市博悦酒店管理有限公司	2	7	3	4	75.0
新疆瑞合律师事务所	2	5	3	2	150.0
新疆北屯律师事务所	3	10	4	6	66.7
新疆兰河律师事务所	8	23	8	15	53.3
北屯得仁中小企业服务中心(有限公司)	1	3	2	1	200.0
北屯市新瑞财务咨询有限公司	2	4	1	3	33.3
北屯得仁会计师事务所(普通合伙)	2	5	2	3	66.7
阿勒泰金诚资产评估有限责任公司	2	4	2	2	100.0
会计核算中心	13	28	8	20	40.0
第十师农牧团场第一审计中心	13	21	8	13	61.5
北屯市汇丰财务服务有限公司	1	3	1	2	50.0
北屯市立帮财务代理服务有限责任公司	1	3	1	2	50.0
北屯市万信达会计服务有限公司	1	2		2	
北屯市金信银通投资理财咨询有限公司	7	21	9	12	75.0

2-2续表10　　　　单位:户、人、%

单　　位	总户数	总人口			性别比（女性=100）
		合　计	男	女	
北屯市融汇网络信息投资咨询有限责任公司	2	5	3	2	150.0
北屯市融信财富管理咨询有限公司	1	5	3	2	150.0
北屯市新起点文化科贸有限公司		2	1	1	100.0
北屯市恒泰商业管理有限公司	1	5	3	2	150.0
北屯市诚信企业服务有限责任公司	1	5	2	3	66.7
北屯金典财富金融咨询服务有限公司	7	18	7	11	63.6
北屯天权文化传媒有限责任公司	2	5	3	2	150.0
北屯得仁文化传媒有限责任公司	10	25	15	10	150.0
北屯额河文化传媒有限责任公司	2	4	2	2	100.0
北屯市华美广告装饰有限责任公司	4	12	7	5	140.0
北屯市致强信息技术有限责任公司	2	6	4	2	200.0
北屯市骋远广告装饰有限责任公司	2	5	3	2	150.0
北屯市盛嘉传媒有限公司	1	3	1	2	50.0
北屯三和广告设计制作有限责任公司	3	6	4	2	200.0
北屯瑞峰广告装饰有限公司	2	5	2	3	66.7
北屯红人广告有限责任公司	1	3	1	2	50.0
北屯艺通广告科技发展有限责任公司	1	3	2	1	200.0
北屯市俊享盛世文化传媒有限公司	2	5	2	3	66.7
新疆联合空间广告传媒有限公司	1	4	3	1	300.0
农十师劳动就业管理服务中心	24	74	36	38	94.7
北屯川北工程建设劳务有限责任公司	3	10	7	3	233.3
职业技能鉴定中心	6	16	10	6	166.7
新疆荣得劳务有限公司	3	6	4	2	200.0
北屯市北方望达劳务有限公司	2	6	4	2	200.0
北屯富元劳务有限公司	1	5	2	3	66.7
北屯市鑫达劳务派遣服务有限责任公司	2	5	2	3	66.7
北屯市安顺劳务承包有限责任公司	2	4	2	2	100.0
北屯龙翔旅游服务有限责任公司		3	2	1	200.0
北屯市红日国际旅行社有限责任公司	2	6	4	2	200.0
北屯市额河旅行社有限责任公司	2	4	1	3	33.3
新疆额河旅游有限责任公司	10	38	24	14	171.4
北屯市得仁马业有限公司	3	8	5	3	166.7
北屯市新纪元保安服务有限公司	10	23	18	5	360.0
公共资源交易中心	10	20	11	9	122.2
北屯广美建材市场管理有限公司	5	16	10	6	166.7

2-2续表11

单位:户、人、%

单位	总户数	总人口			性别比（女性=100）
		合计	男	女	
新疆北屯雪嵘商贸有限责任公司	105	55	24	31	77.4
北屯汇鑫融资担保有限公司	8	22	13	9	144.4
北屯市信达小额贷款有限公司	2	5	3	2	150.0
阿勒泰地区迅豪融资担保有限公司	2	4	2	2	100.0
北屯阳光融资担保有限责任公司	1	4	2	2	100.0
第十师下岗失业人员小额贷款担保管理中心	2	8	3	5	60.0
北屯恒达拍卖有限责任公司	2	6	4	2	200.0
北屯市迅豪典当有限公司	2	5	3	2	150.0
北屯市汇荣投资咨询服务有限公司	2	6	3	3	100.0
北屯新北进出口有限责任公司	2	6	4	2	200.0
北屯市金旺称重计量有限公司	1	4	2	2	100.0
北屯鑫露节水工程设计有限公司	3	9	6	3	200.0
北屯市开心汽车帮卖有限责任公司	1	3	1	2	50.0
农业科学研究所	18	40	21	19	110.5
十师北屯气象站	4	10	6	4	150.0
北屯市共明节能环保评价有限公司	3	8	4	4	100.0
北屯北辰综合检测中心有限公司	10	27	19	8	237.5
北屯市正安安全技术咨询服务有限公司	2	5	3	2	150.0
北屯启汇德建材检测有限责任公司	4	12	5	7	71.4
北屯社会公正称重有限责任公司	1	3	1	2	50.0
北屯安泰综合检测中心有限责任公司	2	5	3	2	150.0
北屯市得仁综合检测有限公司	1	4	2	2	100.0
北屯市德信试验检测有限公司	2	7	4	3	133.3
综合检验检测中心	9	28	17	11	154.5
新疆新秦源矿产地质勘查有限公司	3	7	6	1	600.0
新疆华瑞工程管理咨询公司	36	57	31	26	119.2
北屯海洲工程装饰设计有限公司	4	4	2	2	100.0
北屯市恒丰勘察设计开发有限责任公司	45	122	79	43	183.7
畜牧兽医站	13	42	22	20	110.0
北屯市泰丰农业技术服务有限责任公司	10	38	18	20	90.0
水产技术推广站	3	8	5	3	166.7
林木种苗管理站	4	8	4	4	100.0
新疆实纳环保节能科技发展有限责任公司	2	5	3	2	150.0
水利工程管理处	41	106	80	26	307.7
第十师水利工程质量监督站	2	5	3	2	150.0

2-2续表12　　　　　　　　　　　　　　　　　　　　　　　　　　单位:户、人、%

单　　位	总户数	总人口			性别比（女性=100）
		合　计	男	女	
北屯市市政管理处	3	8	4	4	100.0
北屯市恒诚绿化服务有限公司	3	7	4	3	133.3
北屯市长青园林绿化有限公司	2	8	5	3	166.7
绿化委员会办公室	4	8	2	6	33.3
北屯市常景园林绿化有限责任公司	4	14	7	7	100.0
北屯园林绿化环境卫生管理处	89	211	87	124	70.2
北屯市得仁旅游开发有限公司	3	9	5	4	125.0
北屯市万福家政服务有限责任公司	8	20	8	12	66.7
北屯得仁生态园有限责任公司	2	5	3	2	150.0
北屯市天奕盛达商贸有限公司	6	7	4	3	133.3
北屯幼儿园	93	153	33	120	27.5
小红花幼儿园	93	160	64	96	66.7
明珠幼儿园	47	146	65	81	80.2
北屯中学	299	565	144	421	34.2
北屯高级中学	763	2845	1273	1572	81.0
北屯职业技术学校	69	88	47	41	114.6
中共委员会党校	20	34	16	18	88.9
北屯市海川迅豪驾驶员考场服务有限公司	6	16	9	7	128.6
教育技术装备站	8	18	9	9	100.0
新疆市生产建设兵团第十师一八九团医院	49	120	61	59	103.4
北屯医院	430	973	368	605	60.8
北屯博爱综合门诊部	1	6	2	4	50.0
第十师人口和计划生育服务指导中心	3	8	2	6	33.3
老干部休养所	11	20	11	9	122.2
新闻中心	61	116	58	58	100.0
秦剧团	9	13	5	8	62.5
档案馆	1	3	1	2	50.0
文化馆	10	25	17	8	212.5
北屯商贸城网吧	1	5	3	2	150.0
北屯祥乐网吧	2	5	3	2	150.0
北屯三友网吧	1	5	3	2	150.0
北屯水元素网吧	1	5	3	2	150.0
北屯市极速空间网吧	2	5	3	2	150.0
北屯蓝色沸点网吧	1	5	3	2	150.0
阿勒泰地区北屯国家税务局	38	92	44	48	91.7

2-2续表13 单位:户、人、%

单　　位	总户数	总人口			性别比（女性=100）
		合计	男	女	
新疆维吾尔自治区北屯地方税务局	44	96	47	49	95.9
师机关	210	612	434	178	243.8
人才中心		1	1		
社会经济调查队	3	6	2	4	50.0
公安局	185	388	303	85	356.5
司法局	65	112	67	45	148.9
国土资源局	18	54	42	12	350.0
客运管理所	2	5	3	2	150.0
农机安全监理所	4	10	5	5	100.0
国库集中支付中心	3	9	2	7	28.6
第十师交通基础设施项目建设管理处	1	5	4	1	400.0
北屯工业物流园区管理委员会	8	21	15	6	250.0
信息中心	3	8	5	3	166.7
北屯公墓管理所	2	4	2	2	100.0
第十师残疾人劳动就业服务中心		2	2		
农业技术推广站	2	6	3	3	100.0
北屯工商行政管理局	6	32	20	12	166.7
疾病预防控制中心(新疆生产建	15	33	16	17	94.1
北屯市城市管理综合执法局	2	20	18	2	900.0
第十师商务综合行政执法大队	1	6	3	3	100.0
第十师建设工程质量安全监督站	3	11	8	3	266.7
路政管理局	4	13	9	4	225.0
环境监察支队	6	13	9	4	225.0
卫生局卫生监督所	16	47	26	21	123.8
第十师劳动保障监察支队	3	13	6	7	85.7
环境监测站	3	8	3	5	60.0
第十师安全生产执法监察支队		3	3		
第十师旅游质量监督管理所	2	5	3	2	150.0
中级人民法院	55	181	68	113	60.2
新疆生产建设兵团人民检察院第十师分院	66	133	71	62	114.5
工会	3	6	3	3	100.0
北屯阳光社区	5972	14847	7489	7358	101.8
北屯幸福社区	262	495	230	265	86.8
师直其他单位	801	2157	1112	1045	106.4

2-3 北屯市按单位分民族人口数

（2016年）

单位:人

单位	农业人口	一年内流动人口	分民族人口					
			汉族	维吾尔族	哈萨克族	回族	蒙古	其他
总计	10496	8609	60204	135	594	634	63	218
一八三团	2154	1065	8175	9	73	77	19	40
一八七团	3417	792	6238		31	48	7	34
一八八团	4925	532	10363	6	32	47		65
北屯矿业有限责任公司			20					
北屯额河草原食品有限责任公司			237		4	16		
汇祥农业发展有限公司			396			1		3
北屯慧尔肥业有限责任公司			32					
得仁供热有限公司			55			3		
北屯电力工业有限公司			654		13	11		
屯富热电有限责任公司			229	2	7	2		
十师北屯绿环供排水公司			199		3			
北屯交通建设有限公司			81		1	2		1
北屯电力工程安装有限责任公司			69					
北屯第十师工程安装公司			5					
得仁工程安装有限公司			3					
惠仁医药有限责任公司			48					
供销合作公司			2248	14		32		11
北屯得仁公共交通有限责任公司			120		3	1		
北屯旅客运输有限公司			372		3	5		
公路养护管理所			16					
北屯宾馆			141					
北屯国民村镇银行有限责任公司			125					
北屯农村信用合作联社			120		6	1		
北屯得仁融资性担保有限责任公司			5					
兆和置业有限公司			39					
房屋交易中心			14					
北屯得仁城市建设投资经营有限公司			49					3
北屯额河经营发展有限公司			3					

2-3续表1　　　　单位:人

单位	农业人口	一年内流动人口	分民族人口					
			汉族	维吾尔族	哈萨克族	回族	蒙古	其他
龙江投资有限公司			66		2			
国有资产经营有限公司			44					
会计核算中心			28					
农牧团场第一审计中心			19		1	1		
诚信企业服务有限责任公司			5					
北屯额河文化传媒有限责任公司			4					
第十师劳动就业管理服务中心			74					
第十师职业技能鉴定中心			14	2				
额河旅行社有限责任公司			4					
额河旅游有限责任公司			38					
新纪元保安服务有限公司			15		5	3		
公共资源交易中心			20					
北屯阳光融资担保有限责任公司			4					
第十师农业科学研究所			40					
十师北屯气象站			7					3
得仁综合检测有限公司			4					
综合检验检测中心			28					
新秦源矿产地质勘查有限公司			7					
华瑞工程管理咨询公司			56			1		
畜牧兽医站			40		1			1
水产技术推广站			8					
林木种苗管理站			8					
水利工程管理处			93		3	10		
水利工程质量监督站			5					
市政管理处			8					
绿化委员会办公室			8					
北屯园林绿化环境卫生管理处			207	2		2		
北屯幼儿园			148		2	3		
小红花幼儿园			156		3	1		

2-3续表2

单位：人

单位	农业人口	一年内流动人口	分民族人口					
			汉族	维吾尔族	哈萨克族	回族	蒙古	其他
明珠幼儿园			138	3		5		
北屯中学			549	2	1	7	3	3
北屯高级中学			2689	5	94	27	14	16
北屯职业技术学校			84		3	1		
中共委员会党校			33			1		
一八九团医院			115	5				
北屯医院			921	1	23	25		3
新闻中心			109		2	5		
档案馆			1			2		
阿勒泰地区北屯国家税务局			87		5			
维吾尔自治区北屯地方税务局			83		10	1		2
师机关			603		3	4		2
公安局			369		10	5	1	3
司法局			109	1	1			1
北屯工商行政管理局			30			2		
疾病预防控制中心(生产建			32					1
社会保险事业管理局(社			82		1			1
路政管理局			10		1			2
卫生局卫生监督所			46			1		
中级人民法院			176		2	3		
人民检察院第十师分院			129		4			
国土资源局			54					
北屯工业物流园区管理委员会			21					
城市管理综合执法局			20					
老干部休养所			20					
文化馆			25					
北屯阳光社区		6220	14345	78	154	239	13	18
北屯幸福社区			494			1		
其他单位			7616	5	87	38	6	5

2-4 北屯市全社会就业人员人数

（2016年）　　单位：人

指　　标	年末人数	在年末从业人数中				#团场从业人员	年平均人数
		非私营单位从业人员	私营单位从业人员	个体从业人员	乡村及其他从业人员		
总　　计	24375	12551	6856	4968		12389	25581
第一产业	3464	3177	121	166		3398	3556
农业	2185	2032	26	127		2159	2385
林业	83	76	2	5		81	82
畜牧业	1085	963	88	34		1052	981
渔业	111	106	5			106	108
农、林、牧、渔服务业	332	289	12	31		320	317
第二产业	7461	3182	3598	681		4170	8900
采掘业	20	20					20
制造业	4746	1653	2412	681		3384	4516
电力煤气及水的生产和供应业	807	622	185				817
建筑业	1888	887	1001			786	3547
第三产业	13450	6192	3137	4121		4821	13125
交通运输、仓储和邮政业	1259	542	241	476		832	1221
道路运输业	700	141	182	377		332	690
城市公共交通业	25			25		25	25
公路旅客运输	71			71		71	68
道路货物运输	256	11	9	236		236	248
航空运输业							
装卸搬运和其他运输服务业	502	401	59	42		443	480
仓储业	44			44		44	38
邮政业	13			13		13	13
批发和零售业	4121	133	1739	2249		1261	4003
批发业	2082	98	1345	639		798	1989
零售业	2039	35	394	1610		463	2014
住宿和餐饮业	1102	102	166	834		563	1055
住宿业	232	102	9	121		52	226
餐饮业	870		157	713		511	829
信息传输、计算机服务和软件业	43		43				43

2-4续表

单位:人

项　　目	年末人数	在年末从业人数中				#团场从业人员	年平均人数
		非私营单位从业人员	私营单位从业人员	个体从业人员	乡村及其他从业人员		
金 融 业	181	158	23			18	180
货币金融服务	140	135	5				140
资本市场服务	13		13				13
保险业							
其他金融活动	28	23	5			18	27
房地产业	445	29	416			6	445
租赁和商务服务业	711	351	360				711
租赁业	30		30				30
商务服务业	681	351	330				681
科学研究和技术服务业	220	169	51			46	220
研究与试验发展	94	94					94
专业技术服务业	58	26	32				58
科技交流和推广服务业	68	49	19			46	68
水利、环境和公共设施管理业	213	178	32	3		83	207
水利管理业	128	119	6	3		32	122
生态保护和环境治理业							
公共设施管理业	85	59	26			51	85
居民服务和其他服务业	933	503	16	414		827	874
居民服务业	577	369	9	199		496	536
机动车电子和日用产品修理业	222	93	7	122		215	205
其他服务业	134	41		93		116	133
教　育	1172	1138	7	27		359	1169
卫生和社会工作	893	843	3	47		244	896
卫　生	887	837	3	47		244	890
社会工作	6	6					6
文化、体育和娱乐业	202	138	24	40		49	209
新闻出版社	99	99				15	104
广播电视电影和影视录音制作	37	37				18	39
文化艺术业	8	2	6				8
体　育							
娱乐业	58		18	40		16	58
公共管理和社会组织	1623	1619	4			213	1575

2-5 北屯市按行业分非私营单位就业人员人数

（2016年）

单位：人

指　　标	总　计	国　有	集　体	其　他
总　计	12924	9840	88	2996
按企事业机关分				
企　业	8946	5982		2964
事　业	2909	2789	88	32
机　关	1069	1069		
按经济类型分				
国　有	9840	9840		
集　体	88		88	
其　他	2996			2996
内　资	2870			2870
有限责任公司	2758			2758
股份有限公司	70			70
其　他	42			42
港、澳、台商投资	126			126
外商投资				
按国民经济行业分组				
农林牧渔业	5520	5520		
采掘业	981			981
制造业	914			914
电力煤气及水的生产和供应业	766	284		482
建筑业	206			206
交通运输、仓储和邮政业	141	11		130
信息传输、计算机服务和软件业				
批发和零售业	49	2		47
住宿和餐饮业	26	26		
金融业	135		88	47
房地产业	92	10		82
租赁和商务服务业	167	92		75
科学研究、技术服务和地质勘查业	168	168		
水利、环境和公共设施管理业	197	197		
居民服务和其他服务业	105	73		32
教　育	1206	1206		
卫生、社会保障和社会福利业	881	881		
文化、体育和娱乐业	107	107		
公共管理和社会组织	1263	1263		

2-6 北屯市按单位、行业分就业人员人数

（2016年）

单位：人

单位	年末人数	分产业就业人员					
		第一产业		第二产业		第三产业	
		单位从业人员	个体劳动者	单位从业人员	个体劳动者	单位从业人员	个体劳动者
总计	24375	3298	166	6780	681	9329	4121
一八三团	3293	1155		853	59	676	550
一八七团	3468	905		1332	167	549	515
一八八团	5628	1172	166	1304	455	1125	1406
北屯矿业有限责任公司	20			20			
北屯额河草原食品有限责任公司	98			98			
新疆汇祥农业发展有限公司	400			400			
新疆北屯慧尔肥业有限责任公司	25			25			
北屯市得仁供热有限公司	25			25			
新疆北屯电力工业有限公司	327			327			
新疆屯富热电有限责任公司	184			184			
十师北屯绿环供排水公司	100			100			
北屯交通建设有限公司	56			56			
北屯电力工程安装有限责任公司	31			31			
北屯市惠仁医药有限责任公司	30					30	
供销合作公司	1510					89	1421
北屯得仁公共交通有限责任公司	74					74	
北屯旅客运输有限公司	86					41	45
公路养护管理所	11					11	
新疆北屯宾馆	80					80	
新疆北屯饭店	20					20	
北屯国民村镇银行有限责任公司	47					47	
北屯农村信用合作联社	88					88	
北屯得仁融资性担保有限责任公司	5					5	
北屯市房屋交易中心	10					10	
北屯得仁城市建设投资经营有限公司	32					32	
新疆龙江投资有限公司	16					16	

2-6 续表1 单位：人

单位	年末人数	分产业就业人员					
		第一产业		第二产业		第三产业	
		单位从业人员	个体劳动者	单位从业人员	个体劳动者	单位从业人员	个体劳动者
国有资产经营有限公司	17					17	
会计核算中心	17					17	
农牧团场第一审计中心	15					15	
劳动就业管理服务中心	24					24	
职业技能鉴定中心	5					5	
新疆额河旅游有限责任公司	37					37	
公共资源交易中心	11					11	
北屯阳光融资担保有限责任公司	4					4	
农业科学研究所	19					19	
十师北屯气象站	4					4	
北屯市得仁综合检测有限公司	4					4	
综合检验检测中心	21					21	
新疆新秦源矿产地质勘查有限公司	7					7	
新疆华瑞工程管理咨询公司	75					75	
畜牧兽医站	19					19	
水产技术推广站	6					6	
水利工程管理处	87					87	
水利工程建设管理局	6					6	
北屯市市政管理处	8					8	
绿化委员会办公室	8					8	
北屯园林绿化环境卫生管理处	93					93	
北屯幼儿园	82					82	
小红花幼儿园	70					70	
明珠幼儿园	59					59	
北屯中学	299					299	
北屯高级中学	318					251	67
北屯职业技术学校	56					56	

2-6 续表2 单位:人

单位	年末人数	分产业就业人员					
		第一产业		第二产业		第三产业	
		单位从业人员	个体劳动者	单位从业人员	个体劳动者	单位从业人员	个体劳动者
中共委员会党校	30					30	
教育技术装备站	9					9	
一八九团医院	51					51	
北屯医院	551					551	
人口和计划生育服务指导中心	4					4	
老干部休养所	6					6	
新闻中心	84					84	
农业技术推广站	4					4	
北屯工商行政管理局	11					11	
疾病预防控制中心	15					15	
社会保险事业管理局	55					55	
北屯市城市管理综合执法局	20					20	
商务综合行政执法大队	6					6	
建设工程质量安全监督站	10					10	
路政管理局	11					11	
环境监察支队	7					7	
卫生局卫生监督所	24					24	
农业建设第十师劳动保障监察支队	5					5	
环境监测站	6					6	
安全生产执法监察支队	3					3	
旅游质量监督管理所	3					3	
中级人民法院	138					138	
人民检察院第十师分院	109					109	
工会	4					4	
北屯阳光社区	149					32	117
北屯幸福社区	19					19	
师直其他单位	6006	66		2025		3915	

2-7 北屯市按行业分在岗职工人数

（2016年） 单位：人

指标	总计	国有	集体	其他
总计	11671	9966	82	1623
按企事业机关分				
企业	8271	6665		1606
事业	2590	2491	82	17
机关	810	810		
按经济类型分				
国有	9966	9966		
集体	82		82	
其他	1623			1623
内资	1593			1593
有限责任公司	1496			1496
股份有限公司	70			70
其他	27			27
港、澳、台商投资	30			30
外商投资				
按国民经济行业分组				
农林牧渔业	5417	5417		
采掘业	15			15
制造业	734			734
电力煤气及水的生产和供应业	607	273		334
建筑业	768	566		202
交通运输、仓储和邮政业	128	6		122
信息传输、计算机服务和软件业				
批发和零售业	136	91		45
住宿和餐饮业	100	100		
金融业	129		82	47
房地产业	63	28		35
租赁和商务服务业	147	75		72
科学研究、技术服务和地质勘查业	208	208		
水利、环境和公共设施管理业	197	197		
居民服务和其他服务业	38	21		17
教育	1158	1158		
卫生、社会保障和社会福利业	742	742		
文化、体育和娱乐业	92	92		
公共管理和社会组织	992	992		

2-8 北屯市按行业分女职工人数

（2016年）

单位:人

指　标	总　计	国　有	集　体	其　他
总　计	4618	3971	47	600
按企事业机关分				
企　业	2462	1885		577
事　业	1809	1739	47	23
机　关	347	347		
按经济类型分				
国　有	3971	3971		
集　体	47		47	
其　他	600			600
内　资	550			550
有限责任公司	485			485
股份有限公司	40			40
其　他				25
港、澳、台商投资				50
外商投资				
按国民经济行业分组				
农林牧渔业	1383	1383		
采掘业	1			1
制造业	239			239
电力煤气及水的生产和供应业	224	94		130
建筑业	277	215		62
交通运输、仓储和邮政业	38	6		32
信息传输、计算机服务和软件业				
批发和零售业	62	37		25
住宿和餐饮业	63	63		
金融业	72		47	25
房地产业	50	16		34
租赁和商务服务业	86	57		29
科学研究、技术服务和地质勘查业	64	64		
水利、环境和公共设施管理业	84	84		
居民服务和其他服务业	38	15		23
教　育	867	867		
卫生、社会保障和社会福利业	592	592		
文化、体育和娱乐业	46	46		
公共管理和社会组织	432	432		

2-9 北屯市按行业分在岗职工平均人数

（2016年）

单位：人

指　　标	总　计	国　有	集　体	其　他
总　计	12148	9634	82	2432
按企事业机关分				
企　业	8774	6362		2412
事　业	2564	2462	82	20
机　关	810	810		
按经济类型分				
国　有	9634	9634		
集　体	82		82	
其　他	2432			2432
内　资	2421			2421
有限责任公司	2321			2321
股份有限公司	70			70
其　他				30
港、澳、台商投资				11
外商投资				
按国民经济行业分组				
农林牧渔业	5168	5168		
采掘业	15			15
制造业	686			686
电力煤气及水的生产和供应业	622	273		349
建筑业	1557	511		1046
交通运输、仓储和邮政业	127	6		121
信息传输、计算机服务和软件业				
批发和零售业	135	92		43
住宿和餐饮业	100	100		
金融业	127		82	45
房地产业	63	28		35
租赁和商务服务业	147	75		72
科学研究、技术服务和地质勘查业	207	207		
水利、环境和公共设施管理业	197	197		
居民服务和其他服务业	41	21		20
教　育	1141	1141		
卫生、社会保障和社会福利业	742	742		
文化、体育和娱乐业	92	92		
公共管理和社会组织	981	981		

2-10 北屯市按行业分在岗职工工资总额

（2016年）　　单位：千元

指　　标	总 计	国 有	集 体	其 他
总　计	559005	408382	8200	142423
按企事业机关分				
企　业	328802	187018		141784
事　业	174110	165271	8200	639
机　关	56093	56093		
按经济类型分				
国　有		408382		
集　体			8200	
其　他	142423			142423
内　资	141383			141383
有限责任公司	134892			134892
股份有限公司	5662			5662
其　他				829
港、澳、台商投资				1040
外商投资				
按国民经济行业分组				
农林牧渔业	114845	114845		
采掘业	965			965
制造业	35776			35776
电力煤气及水的生产和供应业	33375	13600		19775
建筑业	101961	35658		66303
交通运输、仓储和邮政业	6665	464		6201
信息传输、计算机服务和软件业				
批发和零售业	6339	4089		2250
住宿和餐饮业	3618	3618		
金融业	13099		8200	4899
房地产业	2948	1789		1159
租赁和商务服务业	10344	5888		4456
科学研究、技术服务和地质勘查业	14470	14470		
水利、环境和公共设施管理业	12144	12144		
居民服务和其他服务业	1662	1023		639
教　育	70629	70629		
卫生、社会保障和社会福利业	58093	58093		
文化、体育和娱乐业	5121	5121		
公共管理和社会组织	66951	66951		

2-11 北屯市按行业分在岗职工平均工资

（2016年）

单位:元

指　标	总 计	国 有	集 体	其 他
总　计	46016	42390	100000	58562
按企事业机关分				
企　业	37475	29396		58783
事　业	67906	67129	100000	31950
机　关	69251	69251		
按经济类型分				
国　有		42390		
集　体			100000	
其　他	58562			58562
内　资	58399			58399
有限责任公司	58118			58118
股份有限公司	80886			80886
其　他				27633
港、澳、台商投资				94545
外商投资				
按国民经济行业分组				
农林牧渔业	22222	22222		
采掘业	64333			64333
制造业	52152			52152
电力煤气及水的生产和供应业	53658	49817		56662
建筑业	65486	69781		63387
交通运输、仓储和邮政业	52480	77333		51248
信息传输、计算机服务和软件业				
批发和零售业	46956	44446		52326
住宿和餐饮业	36180	36180		
金融业	103142		100000	108867
房地产业	46794	63893		33114
租赁和商务服务业	70367	78507		61889
科学研究、技术服务和地质勘查业	69903	69903		
水利、环境和公共设施管理业	61645	61645		
居民服务和其他服务业	40537	48714		31950
教　育	61901	61901		
卫生、社会保障和社会福利业	78292	78292		
文化、体育和娱乐业	55663	55663		
公共管理和社会组织	68248	68248		

2-12 北屯市按单位分在岗职工人数、平均人数、工资总额、平均工资

（2016年）　　单位:人、千元、元

单　位	在岗职工人数	在岗职工平均人数	工资总额	平均工资
总　计	11671	12148	559005	46016
一八三团	2412	2382	88286	37064
一八七团	1900	1996	70137	35139
一八八团	2562	3011	101600	33743
北屯矿业有限责任公司	15	15	965	64333
北屯额河草原食品有限责任公司	98	92	3765	40924
好丽友(北屯)农业科技	30	11	1040	94545
新疆汇祥农业发展有限公司	400	395	20109	50909
新疆北屯慧尔肥业有限责任公司	25	25	550	22000
北屯市得仁供热有限公司	25	25	1410	56400
新疆北屯电力工业有限公司	309	324	18365	56682
新疆屯富热电有限责任公司	184	184	8438	45859
十师北屯绿环供排水公司	89	89	5162	58000
北屯交通建设有限公司	56	65	2590	39846
北屯电力工程安装有限责任公司	27	27	1805	66852
北屯市惠仁医药有限责任公司	28	26	1731	66577
供销合作公司	89	87	3958	45494
准噶尔农业生产资料有限责任公司	7	7	329	47000
北屯得仁公共交通有限责任公司	74	73	3809	52178
北屯旅客运输有限公司	38	38	1250	32895
新疆得仁连接物流有限责任公司	10	10	1142	114200
新疆北屯宾馆	80	80	2836	35450
北屯国民村镇银行有限责任公司	47	45	4899	108867

2-12续表1

单位：人、千元、元

单　　位	在岗职工人数	在岗职工平均人数	工资总额	平均工资
北屯农村信用合作联社	82	82	8200	100000
北屯市兴泰房地产开发有限公司	11	11	396	36000
新疆兆和置业有限公司	8	8	321	40125
北屯市房屋交易中心	9	9	540	60000
北屯得仁城市建设投资经营有限公司	30	30	2592	86400
新疆龙江投资有限公司	13	13	700	53846
国有资产经营有限公司	17	17	1812	106588
会计核算中心	17	17	1252	73647
农牧团场第一审计中心	15	15	1085	72333
劳动就业管理服务中心	9	9	580	64444
新疆额河旅游有限责任公司	37	37	1405	37973
公共资源交易中心	11	11	991	90091
农业科学研究所	19	19	1433	75421
综合检验检测中心	21	20	1268	63400
新疆华瑞工程管理咨询公司	45	45	2975	66111
新疆兵团农十师勘测设计院	63	63	3916	62159
畜牧兽医站	19	19	1464	77053
水利工程管理处	87	82	5286	64463
北屯市市政管理处	8	8	581	72625
北屯园林绿化环境卫生管理处	93	98	5789	59071
北屯幼儿园	76	76	4448	58526
小红花幼儿园	63	63	3463	54968
明珠幼儿园	59	59	1180	20000
北屯中学	291	270	16470	61000
北屯高级中学	240	240	18440	76833

2-12续表2　　单位：人、千元、元

单　　位	在岗职工人数	在岗职工平均人数	工资总额	平均工资
北屯职业技术学校	46	46	3333	72457
中共委员会党校	24	24	1861	77542
教育技术装备站	9	9	963	107000
一八九团医院	25	25	2490	99600
北屯医院	499	499	39317	78792
新闻中心	81	81	4455	55000
文化馆	7	7	389	55571
阿勒泰地区北屯国家税务局	47	47	2844	60511
北屯地方税务局	45	45	3864	85867
师机关	316	316	21488	68000
公安局	193	193	10995	56969
司法局	51	51	4371	85706
国土资源局	37	37	2544	68757
农机安全监理所	7	7	476	68000
北屯工业物流园区管理委员会	13	13	829	63769
阿勒泰地区工商行政管理局北屯分局	11	11	1085	98636
疾病预防控制中心	15	15	1322	88133
社会保险事业管理局	55	50	3174	63480
北屯市城市管理综合执法局	20	20	1115	55750
卫生局卫生监督所	24	18	792	44000
中级人民法院	60	60	4564	76067
人民检察院第十师分院	45	45	4116	91467
人口和计划生育服务指导中心	4	4	210	52500
北屯阳光社区	17	20	639	31950
北屯幸福社区	19	19	898	47263

3-1 北屯市500万元以上固定资产投资基本情况

单位:万元、平方米、个

指 标 名 称	2016年	2015年	2016年比2015年增长%
一、计划投资			
1. 计划总投资	1397964	1428812	-2.2
2. 自开始建设累计完成投资	867539	810547	.7
二、自年初累计完成投资	568972	508448	11.9
其中:国有经济控股	414197	336753	23
其中:住宅	26991	15984	68.9
1. 按登记注册类型分			
内资企业	566770	501598	13
国有企业	391758	319753	22.5
股份合作企业	11141		
有限责任公司	31259	22980	36
其他有限责任公司	9220	22980	-59.9
股份有限公司		9000	
私营企业	132612	143265	-7.4
私营有限责任公司	128182	143265	-10.5
其他企业		6600	
个体私营	202	6850	-97.1
2. 按建设性质分			
(1)新建	426303	358891	18.8
(2)扩建	123837	108713	13.9
(3)改建和技术改造	10647	29054	-63.4
3. 按构成分			
建筑工程	456096	374623	21.7
安装工程	72585	49278	47.3
设备工器具购置	38348	76089	-49.6
其中:用于更新的设备		2241	
其他费用	1943	8458	-77
其中:旧建筑物购置费			
其中:建设用地费	1043	23	4434.8
4. 按国民经济行业分			
农、林、牧、渔业	40558	42179	-3.8
农业	4353	6787	-35.9
林业		1000	
畜牧业	4043	5469	-26.1
农、林、牧、渔服务业	26694	28923	-7.7

3-1续表1　　单位:万元、平方米、个

指 标 名 称	2016年	2015年	2016年比2015年增长%
采矿业	3070		
制造业	29558	58383	-49.4
农副食品加工业	5400	8250	-34.5
食品制造业	2620	18200	-85.6
造纸和纸制品业		1000	
化学原料和化学制品制造业	5190	6000	-13.5
橡胶和塑料制品业	2200	2733	-19.5
非金属矿物制品业	1710	7500	-77.2
黑色金属冶炼和压延加工业	4118		
金属制品业	520	2200	-76.4
专用设备制造业	5300	12500	-57.6
电力、热力、燃气及水生产和供应业	104680	116841	-10.4
电力、热力生产和供应业	44432	97981	-54.7
燃气生产和供应业	120	900	-86.7
水的生产和供应业	60128	17960	234.8
建筑业	2637		
批发和零售业	17666	28050	-37.0
批发业	9252	16500	-43.9
零售业	8414	11550	-27.2
交通运输、仓储和邮政业	68698	80112	-14.2
道路运输业	65748	64132	2.5
仓储业	1950	15900	-87.7
住宿和餐饮业	3374	470	617.9
餐饮业	3374	470	617.9
信息传输、软件和信息技术服务业	17850		
金融业		1000	
房地产业	73339	70200	4.5
租赁和商务服务业	2726		
科学研究和技术服务业	1050	200	425.0
专业技术服务业	1050	200	425.0
水利、环境和公共设施管理业	160711	63911	151.5
水利管理业	48223	14581	230.7
生态保护和环境治理业	0	1986	-100.0
公共设施管理业	112488	47344	137.6
居民服务、修理和其他服务业	515	1259	-59.1

3-1续表2

单位:万元、平方米、个

指标名称	2016年	2015年	2016年比2015年增长%
居民服务业	515	1259	-59.1
教育	7434	14266	-47.9
教育	7434	14266	-47.9
卫生和社会工作	16090	6750	138.4
卫生	9590	3950	142.8
社会工作	6500	2800	132.1
文化、体育和娱乐业	12792	10168	25.8
文化艺术业	8292	6367	30.2
广播、电视、电影和影视录音制作业	4500		
公共管理、社会保障和社会组织	6224	5326	16.9
国家机构	6224	5326	16.9
三、本年新增固定资产	324366	304334	6.6
四、项目个数			
1.施工项目个数	206	165	24.8
其中:本年新开工	141	98	43.9
2.本年投产项目个数	95	85	11.8
五、房屋建筑面积			
1.房屋施工面积	871990	1426836	-38.9
其中:住宅	427596	429873	-0.5
2.本年房屋竣工面积	102885	365929	-71.9
其中:住宅	72750	185567	-60.8
六、本年实际到位资金合计	421768	443210	-4.8
1.上年末结余资金	22217	22031	0.8
2.本年实际到位资金小计	399551	421179	-5.1
(1)国家预算资金	120456	110919	8.6
其中:中央预算资金	63855	75401	-15.3
(2)国内贷款	77871	12135	541.7
(3)自筹资金	158079	265756	-40.5
其中:企、事业单位自有资金	105673	90929	16.2
其中:股东投入资金	24614	41275	-40.4
其中:借入资金	15760	71010	-77.8
(4)其他资金来源	43145	32369	33.3
七、各项应付款合计	164026	92721	76.9
其中:工程款	161650	83590	93.4

3-2 北屯市各单位500万元以上固定资产投资完成情况

单位:万元

单位	2016年	2015年	2016年比2015年增长%
总计	568972	508448	11.9
一八三团	24254	19179	26.5
一八七团	19450	17379	11.9
一八八团	53397	43261	23.4
电力公司	19375	7786	148.8
水利工程建管处	47623	18997	150.7
交通局建管处	65358	64972	0.6
工业物流园区	107544	108751	-1.1
城投公司	63914	65871	-3.0
师直其他单位	168057	162252	3.6

3-3 北屯市各单位按登记类型分500万元以上固定资产投资完成情况

(2016年)

单位:万元

单位	国有经济	其他	#房地产投资
总计	414197	154775	62290
一八三团	22454	1800	
一八七团	18420	1030	
一八八团	41156	12241	
电力公司	19375		
水利工程建管处	47623		
交通局建管处	65358		
工业物流园区	46170	61374	
城投公司	63914		
师直其他单位	89727	78330	62290

3-4 北屯市各单位按行业分500万元以上固定资产投资完成情况

单位：万元

指　　标	总　计	183团	187团	188团	电力公司
总　计	568972	24254	19450	53397	19375
第一产业	40558	8247	3060	29251	
农、林、牧、渔业	40558	8247	3060	29251	
第二产业	139945	1800	2774	6216	19375
采矿业	3070				
制造业	29558		1030	5710	
电力、热力、燃气及水的生产和供应业	104680	1800			19375
第三产业	388469	14207	13616	17930	
批发和零售业	17666		880	1100	
交通运输、仓储和邮政业	68698				
住宿和餐饮业	3374		134		
房地产业	73339	3320		7500	
租赁和商务服务业	2726				
科学研究和技术服务业	1050				
水利、环境和公共设施管理业	160711	7927	12602	7265	
居民服务、修理和其他服务业	515			515	
教育	7434			1000	
卫生和社会工作	16090	660			
文化、体育和娱乐业	12792	2300		550	
公共管理和社会组织	6224				

指　　标	水利工程建管处	交通局建管处	工业物流园区	城投公司	师直其他单位
总　计	47623	65358	107544	63914	168057
第一产业					
农、林、牧、渔业					
第二产业			36337	3200	70243
采矿业			3070		
制造业			22818		
电力、热力、燃气及水的生产和供应业			10062	3200	70243
第三产业	47623	65358	71207	60714	97814
批发和零售业			15686		
交通运输、仓储和邮政业		65358	2950		390
住宿和餐饮业				2360	880
信息传输、软件和信息技术服务业			17850		
房地产业				229	62290
租赁和商务服务业				1500	1226
科学研究和技术服务业					1050
水利、环境和公共设施管理业	47623		34721	21555	29018
居民服务、修理和其他服务业					
教育				6434	
卫生和社会工作				13460	1970
文化、体育和娱乐业				9942	
公共管理和社会组织				5234	990

3-5 北屯市各单位500万元以上固定资产投资基本情况

（2016年）　　　　单位：万元、平方米

指标名称	总计	183团	187团	188团	电力公司
全社会固定资产投资总额	568972	24254	19450	53397	19375
按登记注册类型分					
内资企业	566770	24254	19450	53397	19375
国有企业	391758	22454	18420	40756	623
股份合作企业	11141			11141	
有限责任公司	31259			400	18752
私营企业	132612	1800	1030	1100	
个体经营	202				
按工程构成分					
建筑工程	456096	24254	13642	52408	750
安装工程	72585		2639	446	6113
设备工器具购置	38348		2969	543	12512
其他费用	1943		200		
新增固定资产	324366	25036	18329	46207	16040
本年资金来源合计	421768	21427	5554	53722	19456
1. 上年末结余资金	22217			1900	
2. 本年资金来源小计	399551	21427	5554	51822	19456
(1)国家预算资金	120456	4750	2075	7600	6436
(2)国内贷款	77871			11931	13020
(3)自筹资金	158079	14877	3479	31991	
(4)其他资金来源	43145	1800		300	
房屋建筑面积					
1. 施工面积	871990	111151		69100	
其中：住宅	427596	92239		48750	
2. 竣工面积	102885	68567			
其中：住宅	72750	68567			

3-5续表

单位:万元、平方米

指　标　名　称	水利工程建管处	交通局建管处	工业物流园区	城投公司	师直其他单位
全社会固定资产投资总额	47623	65358	107544	63914	168057
按登记注册类型分					
内资企业	47623	65358	105342	63914	168057
国有企业	47623	65358	46170	63914	86440
股份合作企业					
有限责任公司			2800		9307
私营企业			56372		72310
个体经营			202		
按工程构成分					
建筑工程	47623	65358	65402	55544	131115
安装工程			34042	3178	26167
设备工器具购置			8000	5192	9132
其他费用			100		1643
新增固定资产	18200	36408	70110	56691	37345
本年资金来源合计	25735	64218	55749	57114	118793
1. 上年末结余资金	7300		500		12517
2. 本年资金来源小计	18435	64218	55249	57114	106276
(1)国家预算资金	8235	21300	17000	47114	5946
(2)国内贷款			21100		31820
(3)自筹资金	10200	42918	17149		37465
(4)其他资金来源				10000	31045
房屋建筑面积					
1. 施工面积					691739
其中:住宅					286607
2. 竣工面积					34318
其中:住宅					4183

4-1 北屯市农业生产情况主要指标

指　　标	2016年	2015年	2016年比2015年增长%
农林牧渔业总产值(万元)	159656	153350	4.1
农业	85674	87315	-1.9
林业	1695	1481	15.6
牧业	41775	37979	9.7
渔业	20414	17600	15.6
农林牧渔服务业	10098	8975	12.2
农林牧渔业增加值(万元)	52843	49666	6.5
农业	30428	30145	0.9
林业	419	356	19.1
牧业	13382	11813	12.9
渔业	5960	5017	18.3
农林牧渔服务业	2654	2335	13.3
总播种面积(万亩)	35.93	33.27	8.0
粮食	10.24	10.28	-0.4
#小麦	6.37	6.28	1.4
玉米	1.17	1.86	-37.1
油料	2.05	1.30	57.7
苜蓿(万亩)	2.35	1.79	31.3
主要产品产量(吨)			
粮食	44990	48617	-7.5
#小麦	30089	44472	-32.3
玉米	8916	14072	-36.6
油料	5985	2325	157.4
水果	1410	878	60.6
牲畜年末存栏数(万头(只))	16.5	16.21	1.8
大牲畜	1.21	1.19	1.7
#牛	1.21	1.19	1.7
猪	2.55	2.4	6.3
羊	12.74	12.62	1.0
主要畜产品产量(吨)			
肉类总产量	9446	8777	7.6
羊毛	302	272	11.0
牛奶	6909	6400	8.0
禽蛋	3166	2905	9.0
水产品产量	8255	7161	15.3

4-2 分团场补充资料

（2016年）

指　　标	单位	北屯市	一八三团	一八七团	一八八团
团场占地面积	平方公里	1033	353	290	390
连队个数	个	48	17	15	16
其中:通自来水的连	个	48	17	15	16
通电话的连	个	48	17	15	16
通有线电视的连	个	48	17	15	16
境内公路里程	公里	329	81	115	133
境内火车站个数	个	1			1
普通中学数	所	3	1	1	1
小学数	所	3	1	1	1
普通中学专任教师数	人	128	37	36	55
小学专任教师数	人	148	49	30	69
普通中学在校学生数	人	819	288	155	376
其中:女生	人	404	132	89	183
小学在校学生数	人	1508	556	257	695
其中:女生	人	697	255	117	325
初中升学率	%	99	100	98	100
农业科技与服务单位个数	个	8	1	1	6
体育场馆数	个	2	1		1
公务图书馆图书总藏量	千册	171	62	40	69
医院、卫生院数	所	3	1	1	1
医院、卫生院床位数	床	300	30	35	235
医院、卫生院技术人员数	人	166	44	46	76
其中:执业(助理)医师	人	70	18	17	35
卫生防疫人员数	人	22	8	6	8
采棉机	台				
实际机械采收面积	亩				
制种玉米面积	亩				
制种玉米产量	吨				

4-3 北屯市各团场按行业划分农业总产值

（2016年）

单位：万元

单位	合计	农业	林业	牧业	渔业	农林牧渔服务业
北屯市	159656	85674	1695	41775	20414	10098
一八三团	81420	54303	286	11303	9069	6459
一八七团	35502	19696	567	8836	4734	1669
一八八团	42106	11675	842	21636	6521	1432

4-4 北屯市各团场按行业划分农业增加值

（2016年）

单位：万元

单位	合计	农业	林业	牧业	渔业	农林牧渔服务业
北屯市	52843	30428	419	13382	5960	2654
一八三团	25892	19093	75	3414	1986	1324
一八七团	12319	7080	159	2872	1586	622
一八八团	14400	4255	185	7096	2348	516

4-5 北屯市各团场农业总产值

（2016年） 单位:万元

指　　标	序号	北屯市	183团	187团	188团
农林牧渔业总产值总计	1	159656	81420	35502	42106
一.农业产值合计	2	85674	54303	19696	11675
（一）谷物及其他作物	3	59186	32181	17585	9420
谷　物	4	9532	5705	2737	1090
#小　麦	5	7328	4902	1548	878
玉　米	6	1794	609	1079	106
豆　类	7	5084	1000	3434	650
折粮薯类	8				
油料作物	9	2672	1136	944	592
其他作物	10	41898	24340	10470	7088
#打瓜籽	11	6354	4918	911	525
苜　蓿	12	2270	245	1549	476
其他饲料作物	13	3593		3063	530
其　他	14	29681	19177	4947	5557
（二）蔬菜园艺作物	15	6769	3640	1451	1678
#蔬菜	16	6769	3640	1451	1678
工业用辣椒	17				
#花卉园艺	18				
（三）水果	19	19059	18482		577
（四）中草药材	20	660		660	
#枸　杞	21	660		660	
其　他	22				
二．林业产值合计	23	1695	286	567	842
#林木的培育和种植	24	1571	162	567	842
林产品	25	124	124		
木材采运	26				
三.牧业产值合计	27	41775	11303	8836	21636
（一）牲畜饲养	28	34871	10763	7897	16211
#牛	29	8996	3900	1806	3290
羊	30	13668	4447	4959	4262
猪的饲养	31	8584	1300	350	6934
其他牲畜饲养	32				
生　奶	33	3376	1056	720	1600
毛绒产品	34	247	60	62	125
（二）家禽的饲养	35	6269	540	504	5225
#家禽	36	3372	380	112	2880
禽蛋	37	2897	160	392	2345
（三）其他动物及产品	38	635		435	200
#蜂　蜜	39	635		435	200
四.渔业产值合计	40	20414	9069	4734	6521
#鱼　类	41	19753	8919	4223	6521
虾蟹类	42	661	150	511	
五.农林牧渔服务业产值合计	43	10098	6459	1669	1432

4–6 北屯市主要农业机械拥有量

指　　标	计量单位	2016年	2015年	2016年比2015年增长%
农业机械总动力	千瓦	142781	129416	10.3
主要机械与设备	千瓦	126609	124004	2.1
#大中型农用拖拉机	台	2408	2636	-8.6
	千瓦	86954	87212	-0.3
小型手扶拖拉机	台	165	165	0.0
	千瓦	2296	2296	0.0
大中型拖拉机农具	部	3723	3613	3.0
农用排灌动力机械	千瓦	25252	16478	53.2
节水灌溉机械	套	1416	1185	19.5
联合收割机	台	47	49	-4.1
	千瓦	4633	4478	3.5
自走式机动割晒机	台			
	千瓦			
机动脱粒机	台	35	35	0.0
	千瓦	156	684	-77.2
渔用机动船	艘	47	54	-13.0
	千瓦	340	443	-23.3
农用运输车	辆	72	72	0.0
	千瓦	6978	6978	0.0

4-7 北屯市各团场主要农业机械拥有量

（2016年）

指　　标	计量单位	北屯市	一八三团	一八七团	一八八团
（一）农业机械总动力	千瓦	142781	69480	37877	35424
（二）主要机械与设备	千瓦	126609	58973	36057	31579
#大中型农用拖拉机	台	2408	941	780	687
	千瓦	86954	32576	28811	25567
小型手扶拖拉机	台	165	130		35
	千瓦	2296	1911		385
大中型拖拉机配套农具	部	3723	2625	570	528
小型拖拉机配套农具	部	185	150		35
农用排灌柴油机	台	826	452	259	115
农用排灌柴油机	千瓦	16042	10500	3426	2116
农用排灌电动机	台	180	135	26	19
农用排灌电动机	千瓦	9210	7425	1430	355
农用水泵	台	252		252	
节水灌溉机械	套	1416	560	474	382
联合收割机	台	47	12	25	10
	千瓦	4633	1232	2317	1084
机动脱粒机	台	35			35
	千瓦	156			156
渔用机动船	艘	47	2	5	40
	千瓦	340	29	73	238
农用运输车	辆	72	42		30
	千瓦	6978	5300		1678

4-8 北屯市农业生产条件

指标	计量单位	2016年	2015年	2016年比2015年增长%
农场用电量	万千瓦小时	2790	2643	5.6
按实物量计算	吨	41927	39534	6.1
氮肥	吨	22488	20849	7.9
磷肥	吨	10119	9801	3.2
钾肥	吨	3978	3842	3.5
复合肥	吨	5342	5042	6.0
化肥按折纯量计算	吨	18521	17424	6.3
氮肥	吨	10148	9404	7.9
磷肥	吨	3847	3700	4.0
钾肥	吨	1830	1772	3.3
复合肥	吨	2696	2548	5.8
农用塑料薄膜使用量	吨	1335	1108	20.5
#地膜使用量	吨	1215	988	23.0
地膜覆盖面积	万亩	336354	275614	22.0
农用柴油使用量	吨	11648	10008	16.4
农药使用量(实物量)	吨	299966	296290	1.2
有效灌溉面积	万亩	403352	403202	0.0
旱涝保收面积	万亩	359258	361802	-0.7
机电排灌面积	万亩	318603	299084	6.5
机电井	眼	9	9	0.0

4–9 北屯市各团场农业生产条件

（2016年）

指　　标	计量单位	北屯市	一八三团	一八七团	一八八团
一.农业主要能源及物资消耗					
农村用电量	万千瓦小时	2790	1125	940	725
农用化肥施用量					
按实物量计算	吨	41927	28633	5924	7370
氮　　肥	吨	22488	15239	3225	4024
磷　　肥	吨	10119	7183	1395	1541
钾　　肥	吨	3978	3029	629	320
复 合 肥	吨	5342	3182	675	1485
按折纯法计算	吨	18521	12356	2659	3506
氮　　肥	吨	10148	6858	1439	1851
磷　　肥	吨	3847	2514	609	724
钾　　肥	吨	1830	1393	280	157
复 合 肥	吨	2696	1591	331	774
农用塑料薄膜使用量	吨	1335	566	266	503
# 地膜使用量	吨	1215	446	266	503
地膜覆盖面积	亩	336354	111432	91697	133225
农用柴油使用量	吨	11648	5900	508	5240
农药使用量(实物量)	公斤	299966	206120	52518	41328
二.农田水利建设情况					
有效灌溉面积	亩	403352	160167	131985	111200
# 高新节水灌溉面积	亩	318603	155000	96497	67106
旱涝保收面积	亩	359258	160167	131985	67106
机电排灌面积	亩	318603	155000	96497	67106
机电井	眼	9			9

4-10 北屯市各团场农作物播种面积

（2016年）　　单位:亩

指　　标	北屯市	一八三团	一八七团	一八八团
农作物总播种面积	359306	188289	103911	67106
一.粮食作物合计	102420	52585	34322	15513
(一) 谷　　物	75385	46072	19260	10053
#小　麦	63659	41000	13286	9373
#冬小麦	4154	1040	3114	
春小麦	59505	39960	10172	9373
玉　米	11726	5072	5974	680
(二) 豆类合计	27035	6513	15062	5460
(三) 折粮薯类				
# 马铃薯				
二.油料作物	20481	8451	5472	6558
#葵　花　籽	20481	8451	5472	6558
三.棉　　花				
五.甜　　菜				
六.中草药材	1163		783	380
# 甘　　草				
枸　　杞	783		783	
七.蔬菜及食用菌	3636	2350	556	730
# 工业用辣椒				
九.瓜果类	24113	24113		
#甜　瓜	24113	24113		
十.其他作物	207493	100790	62778	43925
#打瓜籽	32949	24103	5031	3815
苜　蓿	23488	5385	13843	4260
其他饲料	4479		2659	1820
# 青贮玉米	4479		2659	1820
其它作物	146577	71302	41245	34030

4-11 北屯市各团场主要农作物总产量

（2016年）

单位:吨

指　　标	北 屯 市	一八三团	一八七团	一八八团
一.粮食作物合计	44990	25131	15025	4834
（一）谷　　物	39005	23894	11034	4077
#小　麦	30089	20090	6344	3655
#冬小麦	2073	510	1563	
春小麦	28016	19580	4781	3655
玉　米	8916	3804	4690	422
（二）豆类合计	5985	1237	3991	757
（三）折粮薯类				
# 马铃薯				
二.油料作物	4082	1859	1239	984
#葵　花　籽	4082	1859	1239	984
三.棉　　花				
五.甜　　菜				
六.中草药材	110		110	
# 甘　　草				
枸　　杞	110		110	
七.蔬菜及食用菌	18668	11750	2502	4416
# 工业用辣椒				
九.瓜果类	86807	86807		
#甜　瓜	86807	86807		
十.其他作物	52120		33020	19100
#打瓜籽	5247	4098	729	420
苜　蓿	17491	3500	10327	3664
其他饲料	27610		17018	10592
# 青贮玉米	27610		17018	10592
其它作物	18639	9269	4946	4424

4-12 北屯市水果生产情况

（2016年）

单位：亩、吨

指　　标	年末实有面积	本年新增面积	结果面积	产　　量
合 计	1358	505	853	1410
苹 果	704		704	1065
#红富士	391		391	535
黄元帅	313		313	530
国光				
葡 萄	539	505	34	118
#无核葡萄	525	505	20	70
桃	115		115	227
#蟠桃	115		115	227
红枣				

4-13 北屯市水产品生产情况

（2016年）

指　　标	产　量(吨)	养殖面积(亩)	单产(公斤/亩)
一、水产品产量	8255		
(一)淡水捕捞	330		
(二)淡水养殖	7925		
#鱼　类	7333		
虾蟹类	592		
其　它			
按养殖方式分	7925	119000	217
池塘养殖	159	430	865
河沟养殖			
水库养殖	2260	40980	151
其它养殖	5506	77590	288

4-14 北屯市各团场水果面积

单位：亩

单位	合计		苹果		葡萄		桃	
	2016年	2015年	2016年	2015年	2016年	2015年	2016年	2015年
北屯市	1358	1358	704	704	539	539	115	115
一八三团	525	525			525	525		
一八七团								
一八八团	833	833	704	704	14	14	115	115

4-15 北屯市各团场水果产量

单位：吨

单位	合计		苹果		葡萄		桃	
	2016年	2015年	2016年	2015年	2016年	2015年	2016年	2015年
北屯市	1410	893	1065	721	118	37	227	135
一八三团	70	15			70	15		
一八七团								
一八八团	1340	878	1065	721	48	22	227	135

4-16 北屯市畜牧业生产情况

（2016年）

单位：万头（只）

指标	年初数	年内增加数	繁殖成活数	买入数	其他	年内减少数	成、幼畜死亡数
总计	16.21	22.29	16.6	5.69		22	0.14
大牲畜	1.19	1.8	1.08	0.72		1.78	
#实际从事农事劳役							
牛	1.19	1.8	1.08	0.72		1.78	
#奶牛	0.43	0.07	0.07			0.08	
马							
驴							
猪	2.4	3.91	3.55	0.36		3.76	
羊	12.62	16.58	11.97	4.61		16.46	0.14
山羊	0.95	0.82	0.66	0.16		0.89	0.02
绵羊	11.67	15.76	11.31	4.45		15.57	0.12
#细毛羊及改良羊							
家禽							

指标	卖出数	仔畜	自宰自食	其他	年末实有数	能繁殖的母畜	年内仔畜死亡
总计	21.27	0.07	0.59		16.5	10.97	0.09
大牲畜	1.74		0.04		1.21	0.8	
#实际从事农事劳役							
牛	1.74		0.04		1.21	0.8	
#奶牛	0.08				0.42	0.21	
马							
驴							
猪	3.65	0.07	0.11		2.55	0.29	
羊	15.88		0.44		12.74	9.88	0.09
山羊	0.81		0.06		0.88	0.62	
绵羊	15.07		0.38		11.86	9.26	0.09
#细毛羊及改良羊							
家禽	46		1.65		32.92		

4–17 北屯市各团场畜牧业生产情况

(2016年)

单位:万头(只)

指标	年初数	年内增加数	繁殖成活数	买入数	年内减少数	成、幼畜死亡数
北屯市	16.21	22.29	16.6	5.69	22	0.14
一八三团	4.78	6.32	4.66	1.66	6.02	0.1
一八七团	3.95	6.28	3.45	2.83	6.75	
一八八团	7.48	9.69	8.49	1.2	9.23	0.04

指标	卖出数	仔畜	自宰自食	年末实有数	能繁殖的母畜	年内仔畜死亡
北屯市	21.27	0.07	0.59	16.5	10.97	0.09
一八三团	5.58		0.34	5.08	3.91	0.09
一八七团	6.62		0.13	3.48	2.87	
一八八团	9.07	0.07	0.12	7.94	4.19	

4–18 北屯市各团场年末畜禽存栏头数

(2016年)

单位:万头(只)

单位	总计	大牲畜	牛	奶牛	驴	猪
北屯市	16.5	1.21	1.21	0.42		2.55
一八三团	5.08	0.5	0.5	0.11		0.35
一八七团	3.48	0.2	0.2	0.15		0.2
一八八团	7.94	0.51	0.51	0.16		2

单位	羊	山羊	绵羊	家禽	肉鸡	蛋鸡
北屯市	12.74	0.88	11.86	32.92	6.25	20.51
一八三团	4.23	0.23	4	2.25	0.93	1.32
一八七团	3.08		3.08	3.5	0.42	3.08
一八八团	5.43	0.65	4.78	27.17	9.5	17.67

4-19 北屯市各团场牛生产情况

（2016年）

单位：万头

指标	年初数	年内增加数	繁殖成活数	买入数	其他	年内减少数	成、幼畜死亡数
北屯市	1.19	1.8	1.08	0.72		1.78	
一八三团	0.45	0.7	0.24	0.46		0.65	
一八七团	0.21	0.42	0.22	0.2		0.43	
一八八团	0.53	0.68	0.62	0.06		0.7	

指标	卖出数	仔畜	自宰自食	其他	年末实有数	能繁殖的母畜	年内仔畜死亡
北屯市	1.74		0.04		1.21	0.8	
一八三团	0.63		0.02		0.5	0.27	
一八七团	0.41		0.02		0.2	0.18	
一八八团	0.7				0.51	0.35	

4-20 北屯市各团场猪生产情况

（2016年）

单位：万头

指标	年初数	年内增加数	繁殖成活数	买入数	其他	年内减少数	成、幼畜死亡数
北屯市	2.4	3.91	3.55	0.36		3.76	
一八三团	0.32	0.55	0.5	0.05		0.52	
一八七团	0.21	0.19	0.16	0.03		0.2	
一八八团	1.87	3.17	2.89	0.28		3.04	

指标	卖出数	仔畜	自宰自食	其他	年末实有数	能繁殖的母畜	年内仔畜死亡
北屯市	3.65	0.07	0.11		2.55	0.29	
一八三团	0.46		0.06		0.35	0.04	
一八七团	0.19		0.01		0.2	0.03	
一八八团	3	0.07	0.04		2	0.22	

4-21 北屯市各团场羊生产情况

（2016年）

单位：万只

指标	年初数	年内增加数	繁殖成活数	买入数	其他	年内减少数	成、幼畜死亡数
北屯市	12.62	16.58	11.97	4.61		16.46	0.14
一八三团	4.01	5.07	3.92	1.15		4.85	0.1
一八七团	3.53	5.67	3.07	2.6		6.12	
一八八团	5.08	5.84	4.98	0.86		5.49	0.04

指标	卖出数	仔畜	自宰自食	其他	年末实有数	能繁殖的母畜	年内仔畜死亡
北屯市	15.88	0	0.44		12.74	9.88	0.09
一八三团	4.49		0.26		4.23	3.6	0.09
一八七团	6.02		0.1		3.08	2.66	
一八八团	5.37		0.08		5.43	3.62	

4-22 北屯市各团场绵羊生产情况

（2016年）

单位：万只

指标	年初数	年内增加数	繁殖成活数	买入数	其他	年内减少数	成、幼畜死亡数
北屯市	11.67	15.76	11.31		0	15.57	0.12
一八三团	3.81	4.83	3.76	1.07		4.64	0.1
一八七团	3.53	5.67	3.07	2.6		6.12	
一八八团	4.33	5.26	4.48	0.78		4.81	0.02

指标	卖出数	仔畜	自宰自食	其他	年末实有数	能繁殖的母畜	年内仔畜死亡
北屯市	15.07	0	0.38		11.86	9.26	0.09
一八三团	4.34		0.2		4	3.44	0.09
一八七团	6.02		0.1		3.08	2.66	
一八八团	4.71		0.08		4.78	3.16	

4-23 北屯市畜产品产量

指标	单位	2016年	2015年	2016年比2015年增减%
肉类总产量	吨	9446	8777	7.6
牛	吨	2690	2488	8.1
猪	吨	2643	2556	3.4
羊	吨	3110	2947	5.5
#绵羊	吨	2960	2863	3.4
家禽	吨	1003	786	27.6
绵羊毛	吨	302	272	11.0
#细羊毛	吨	138	120	
半细羊毛	吨	164	152	7.9
奶类产量	吨	6909	6400	8.0
#牛奶	吨	6909	6400	8.0
牛皮	吨	100	100	
羊皮	吨	4700	5000	-6.0
#绵羊皮	吨	4200	4500	-6.7
蜂群数	箱	2107	1002	110.3
蜂蜜产量	吨	515	285	80.7
禽蛋产量	吨	3166	2905	9.0

4-24 北屯市各团场畜产品产量

（2016年）

单位:吨

单位	肉产量	牛	猪	羊	#绵羊	家禽	禽蛋	牛奶
北屯市	9446	2690	2643	3110	2960	1003	3166	6909
一八三团	2427	982	370	905	880	170	160	2111
一八七团	2022	649	145	1160	1160	68	400	1800
一八八团	4997	1059	2128	1045	920	765	2606	2998

单位	绵羊毛	细羊毛	半细羊毛	牛皮(张)	羊皮(张)	绵羊皮(张)	蜂群数(箱)	蜂蜜(吨)
北屯市	302	138	164	100	4700	4200	2107	515
一八三团	60		60	100	2900	2400		
一八七团	138	138			1000	1000	1107	315
一八八团	104		104		800	800	1000	200

5-1 分单位工业总产值和增加值

（2016年）

单位：万元

单　　位	总 产 值	增 加 值	增加值率
总　　计	358302	127722	35.65
一八三团	73681	27842	37.79
一八七团	55759	20785	37.28
一八八团	121791	48503	39.82
北屯油脂化工有限责任公司	12857	3343	26.00
新疆北屯电力工业有限公司	14433	5346	37.04
北屯额河草原食品有限责任公司	8725	2268	25.99
新疆汇祥农业发展有限公司	27000	4006	14.84
新疆大罗素马铃薯制品有限公司	8219	3060	37.23
新疆北屯慧尔肥业有限责任公司	4872	1850	37.98
好丽友(北屯)农业科技发展有限责任公司	3444	1300	37.74
北屯西区供热有限责任公司	1422	476	33.48
北屯热力有限责任公司	2011	576	28.65
北屯市苇业有限责任公司	200	122	61.04
北屯晟彩印刷有限公司	133	55	41.29
十师北屯绿环供排水公司	2057	710	34.51
北屯矿业有限责任公司	716	268	37.42
阿勒泰新华能电气有限公司	549	113	20.59
北屯市得仁供热有限公司	2045	589	28.80
师直其它工业单位	18388	6510	35.40

5-2 北屯市全部单位工业总产值

单位:万元

单位	2016年产值	2015年产值	2016年比2015年增减		企业规模	备注
			绝对数	%		
北屯市(238家)总计	358302	326557	31745	12.44		
其中规上工业单位(21家)	188894	136384	52510	41.94		
规下工业单位(79家)	113571	52831	60740	120.30		
附营工业单位(6家)	26339	118593	-92253	-77.24		
个体工业汇总(132家)	29498	18750	10748	61.22		
师直(56家)小计	107071	99478	7593	10.30		
其中规上工业单位(7家)	79550	80912	-1362	0.75		
规下工业单位(21家)	23153	15796	7357	50.21		
个体工业(28家)	4368	2770	1598	61.62		
新疆北屯油脂化工有限公司	12857	16201	-3344	-18.67	规上	农副产品加工
新疆大罗素马铃薯制品有限公司	8219	7112	1107	18.42	规上	农副产品加工
新疆北屯电力工业有限公司	14433	15881	-1448	-6.86	规上	
北屯额河草原食品有限责任公司	8725	8705	20	2.71	规上	农副产品加工
汇祥农业发展有限公司	27000	31005	-4005	-10.76	规上	农副产品加工
新疆北屯慧尔肥业有限责任公司	4872	2009	2863	148.55	规上	

5-2续表 1

单位:万元

单　　位	2016年产　值	2015年产　值	2016年比2015年增减		企业规模	备　注
			绝对数	%		
好丽友(北屯)农业科技发展有限责任公司	3444		3444		规上	农副产品加工
新疆大屯北业商品混凝土有限责任公司	2082	1980	102	7.78	规下	
十师绿环供排水公司	2057	1774	283	18.85	规下	
北屯晟彩印刷有限公司	133	131	2	4.12	规下	
北屯苇业有限责任公司	200	214	-14	-4.42	规下	农副产品加工
十师热力公司	2011	1957	53	5.27	规下	
北屯市得仁供热有限公司	2045	761	1284	175.25	规下	
十师西区供热公司	1422	1422		2.48	规下	
北屯好德丽新材料科技有限公司	386	242	143	63.03	规下	
北屯市帅通管业有限公司	425	332	94	31.42	规下	
北屯矿业有限责任公司	716	364	353	101.85	规下	
阿勒泰新华能电气有限公司	549	288	261	95.31	规下	
北屯市蒙可乳业有限公司	551	534	17	5.65	规下	农副产品加工
北屯市腾云节水设备有限公司	1100	2022	-922	-44.26	规下	
北屯市亚通科技发展有限责任公司	1857	1714	142	10.97	规下	
海之蓝包装有限公司	392	238	154	68.90	规下	
北屯市七彩建材有限公司	1776	1456	321	25.05	规下	
北屯市金宝源建材有限公司	256	256		2.48	规下	

5-2续表 2　　　　单位:万元

单　　位	2016年产　值	2015年产　值	2016年比2015年增减		企业规模	备　注
			绝对数	%		
北屯顺峰建材厂	1003				规下	新增
北屯市蜀森金属制品有限公司	1487				规下	新增
新疆双亚昇农业植保科技发展有限公司	1763				规下	新增
阿勒泰地区新川肥业有限责任公司	942				规下	新增
北屯市双华挂面有限责任公司		110	-110	-100	规下	农副产品加工
师直个体工业	4368	2770	1598	61.62	个体	农副产品加工
183团(35家)总计	73681	69433	4247	8.75		
其中规上工业单位(5家)	37002	18751	18251	102.23		
规下工业单位(7家)	12065	2951	9114	319.00		
附营工业单位(5家)	21886	46232	-24345	-51.49		
个体工业(28家)	2727	1500	1227	86.31		
额河酒业有限公司	11145	9808	1337	16.45	规上	农副产品加工
沐淋节水设备有限公司	9564	8943	621	9.59	规上	
北屯市额河融利农业科技发展有限公司	2925		2925		规上	新增
北屯市强润节水有限责任公司	3450		3450		规上	附营转
北屯市一八三团额河金穗农业有限公司	9918		9918		规上	附营转
北屯一八三团郅拓农机科技有限公司	1848	1053	795	79.88	规下	
北屯市隆润达节水有限公司	2099	1898	201	13.33	规下	
北屯市天惠农业发展有限责任公司	1667		1667		规下	新增
北屯市额河惠民农业经营有限公司	1515		1515		规下	新增
北屯市屯鑫塑钢建材有限责任公司	1697		1697		规下	新增
北屯市永振东商贸有限公司	1565		1565		规下	新增
北屯市新天地节水滴灌设备有限公司	1675		1675		规下	新增

5-2续表 3　　　　单位:万元

单　　位	2016年产　值	2015年产　值	2016年比2015年增减		企业规模	备　注
			绝对数	%		
十师一八三团预制厂	4550	3250	1300	43.47	附营	
十师一八三团服务中心	2626	2388	239	12.73	附营	
十师一八三团龙胜花砖厂	5200	3900	1300	36.64	附营	
十师一八三团苇板厂	750	720	30	6.75	附营	农副产品加工
十师一八三团额河塑业加工厂	8760	7008	1752	28.10	附营	
北屯市强润节水有限责任公司		3750	-3750	-100.00	注销	
北屯市一八三团额河金穗农业有限公司		9570	-9570	-100.00	注销	农副产品加工
十师一八三团福海县天惠农业发展有限责任公司		5250	-5250	-100.00	注销	
十师一八三团砂石料场		2800	-2800	-100.00	注销	
十师一八三团屯鑫塑钢厂		7596	-7596	-100.00	注销	
十师一八三团个体工业	2727	1500	1227	86.31	个体	
187团(29家)总计	55759	45722	10037	24.98		
其中规上工业单位(3家)	31282	25368	5914	26.37		
规下工业单位(13家)	17165	9593	7572	83.36		
附营工业单位(0家)		4565	-4565	-100.00		
个体工业(13家)	7313	6197	1116	20.93		
丰庆贸易有限责任公司	24805	19744	5061	28.75	规上	农副产品加工
新疆九洲龙腾丰庆水泥制品有限责任公司	3823	3744	79	4.64	规上	
北屯市丰庆广新建材有限责任公司	2654	1879	774	44.71	规上	
丰庆水泥制品有限责任公司	2010	1854	155	11.06	规下	
福海丰庆塑业有限责任公司	2058	1894	164	11.38	规下	
阿勒泰丰庆矿业有限公司	2057	1884	173	11.88	规下	
北屯金泽轻型建材有限公司	2036	1832	204	13.86	规下	

5-2续表 4　　　　单位:万元

单　　位	2016年产　值	2015年产　值	2016年比2015年增减		企业规模	备　注
			绝对数	%		
北屯市雷明新型建材有限公司	2012	1870	143	10.31	规下	
北屯丰庆兴屯建材有限公司	1504	104	1401	1386.71	规下	新增
北屯市旭欣园峰业有限公司	532	156	377	250.50	规下	农副产品加工
北屯市丰庆精艺手工制作专业合作社	4		4		规下	新增
北屯市丰庆龙云机械制造有限责任公司	11		11		规下	新增
北屯市丰庆晋兴新型建材有限责任公司	648		648		规下	新增
北屯市丰庆雨辰节水有限责任公司	1289		1289		规下	新增
北屯市丰庆天淼节水有限责任公司	1084		1084		规下	新增
北屯市丰庆腾龙新型建材有限责任公司	1919		1919		规下	新增
十师一八七团红砖厂		2365	-2365	-100.00	关闭	
十师一八七团有机肥厂		2200	-2200	-100.00	关闭	
十师一八七团个体工业	7313	6197	1116	20.93	个体	
188团(108家)总计	121791	111924	9867	11.51		
其中规上工业单位(6家)	41060	11353	29707	270.63		
规下工业单位(38家)	61188	24491	36697	156.03		
附营工业单位(1家)	4453	67797	-63344	-93.27		
个体工业(63家)	15090	8284	6807	86.69		
石河子预制拌砼有限责任公司海川分公司	5349	4773	576	14.84	规上	
北屯市恒润农贸有限公司	9734	2903	6831	243.62	规上	农副产品加工
新疆海川三新食品进出口有限公司	7995	1845	6150	344.00	规上	农副产品加工
北屯市海川开心食品有限责任公司	7025	1832	5193	293.02	规上	农副产品加工
福海北屯海川电力水泥制品有限公司(股份)	2437		2437		规上	
北屯多得利农贸有限责任公司	8521		8521		规上	农副产品加工
十师一八八团银桥乳业阿勒泰有限公司	886	558	328	62.9	规下	农副产品加工

5-2续表 5　　　　单位:万元

单位	2016年产值	2015年产值	2016年比2015年增减		企业规模	备注
			绝对数	%		
新疆北屯额尔齐斯河特种鱼开发有限责任公司	1597	1861	-264	-12.07	规下	农副产品加工
新疆海川亚南新型建材有限责任公司	2027	1900	127	9.35	规下	
北屯市海川格瑞复合材料有限公司	2060	1920	140	9.97	规下	
新疆海川远航新型建材有限责任公司	2049	1920	129	9.38	规下	
北屯市海川固峰新型建材有限公司	2005	1929	77	6.56	规下	
北屯市众意肉食品有限公司	1103	851	252	32.89	规下	农副产品加工
新疆鑫宏达新型建材有限责任公司	2052	1768	283	18.90	规下	
北屯海川矿业有限公司	1950	1595	355	25.30	规下	
新疆海川都得利农业发展有限公司	1994	688	1306	196.94	规下	农副产品加工
北屯市海川蓝天新型建材有限公司	1634	1748	-113	-4.17	规下	
北屯市海川金翔建材有限公司	1673	1677	-4	2.23	规下	
北屯市金鑫建材有限责任公司	1802	1730	72	6.74	规下	
北屯市海川万胜新型建材有限公司	2040	1790	250	16.79	规下	关闭
北屯广泰农牧业机械科技有限责任公司	1864	875	989	118.25	规下	
北屯市嘉盛节水工程有限责任公司	1588	1683	-95	-3.32	规下	
北屯华泰新能源开发有限公司	347		347		规下	新增
北屯市海川犇香食品有限责任公司	1814		1814		规下	新增
北屯海洲工程装饰设计有限公司	1994		1994		规下	农副产品加工
新疆海川宏强贸易有限公司	2070		2070		规下	新增
阿勒泰润禾纯净水有限公司	775		775		规下	新增
北屯市金山清泉纯净水生产厂	1313		1313		规下	新增
北屯市海川鸿疆挂面加工有限公司	602		602		规下	新增
北屯市盛达塑业有限责任公司	988		988		规下	农副产品加工
北屯市海川铭钰玉石加工有限公司	891		891		规下	新增

5-2续表 6 单位:万元

单位	2016年产值	2015年产值	2016年比2015年增减		企业规模	备注
			绝对数	%		
新疆顺福纸制品包装有限责任公司	881		881		规下	新增
新疆北屯市海川葵庄食品有限责任公司	1794		1794		规下	新增
北屯市泰福机械制造有限公司	1699		1699		规下	新增
北屯市丰盛艺术围栏有限公司	2032		2032		规下	
新疆雨润海川高效农业发展有限公司	1537		1537		规下	
阿勒泰鑫金域肉食品有限公司	1258		1258		规下	农副产品加工
新疆海川力合实创商贸有限公司	1835		1835		规下	农副产品加工
北屯市鸿远建材制品有限公司	1907		1907		规下	
北屯市创宏毛发有限公司	1240		1240		规下	农副产品加工
北屯市海川开吉门业有限责任公司	1999		1999		规下	农副产品加工
北屯市海川海福建材有限责任公司	1942		1942		规下	新增
北屯市海川天和塑业有限公司	1985		1985		规下	新增
北屯市泰兴农牧机械制造有限公司	1963		1963		规下	新增
十师一八八团海川大地食品加工厂(股份)	4453	26437	-21984	-82.74	附营	农副产品加工
新疆兵团农十师一八八团十三连加气块厂		1392	-1392	-100.00	规下	关闭
北屯农十师绿翔塑业有限责任公司		1847	-1847	-100.00	规下	关闭
新疆北屯屯川供热有限公司		869	-869	-100.00	规下	关闭
十师一八八团海川建材厂		17731	-17731	-100.00	附营	注销
十师一八八团海川轻型建材厂		3570	-3570	-100.00	附营	注销
十师一八八团海川南大坑砖窑厂		2677	-2677	-100.00	附营	注销
北屯多得利农贸有限责任公司		7675	-7675	-100.00	附营	注销
十师一八八团福海北屯海川电力水泥制品有限公司(股份)		5599	-5599	-100.00	附营	注销
十师一八八团个体工业	15090	8284	6807	86.69	个体	

备注:企业个数仅包含正常生产营业的企业,不包括停产企业;企业规模分为规模以上企业、规模以下法人企业、附营企业、个体。备注中标有农副产品加工的企业属于农副产品加工企业性质。

5-3 北屯市主要工业产品产量

产品名称	计量单位	2016年	2015年	2016比2015增长%
发电量	万千瓦时	3219	2819	14.2
火电	万千瓦时			
水电	万千瓦时	3219	2819	14.2
小麦粉	吨	860		
食用植物油	吨	3294	2177	51.3
乳制品	吨	98	186.5	-47.5
固体及半固体乳制品	吨	98	186.5	-47.5
鲜、冷藏肉	吨	2008	1601	25.4
饮料酒	千升	5000	4400	13.6
# 白酒(折65度,商品量)	千升	5000	4400	13.6
自来水的生产及供应	万立方米	1216	1187	2.4
机制纸	吨	379	363	4.4
供热量	万吉焦	255.31	216	18.2
砖	万块	12539	20348	-38.4
水泥混凝土电杆	根	29041		
商品混凝土	立方米	150000	151195	-0.8
单色印刷品	令	2472	2553	-3.2
多色印刷品	对开色令	2275	2395	-5.0
塑料制品	吨	33067	25243	31.0

5-4 规模以上工业总产值和增加值

（2016年）

单位：万元

单 位	总产值	增加值	增加值率
总 计	204094	76002	37.24
新疆额河酒业有限责任公司(183)	11145	5308	47.63
新疆沐淋节水有限责任公司(183)	9564	3994	41.76
北屯市额河融利农业科技发展有限公司(183)	2925	1117	38.19
北屯市强润节水有限责任公司(183)	3450	1321	38.29
北屯市一八三团额河金穗农业有限公司(183)	9918	3796	38.27
新疆丰庆贸易有限责任公司(187)	24805	10005	40.33
新疆九洲龙腾丰庆水泥制品有限责任公司(187)	3823	1441	37.69
北屯市丰庆广新建材有限责任公司(187)	2654	1135	42.77
石河子白杨预拌砼有限责任公司海川分公司(188)	5349	2818	52.69
北屯市恒润农贸有限公司(188)	9734	2925	30.05
新疆海川三新食品进出口有限公司(188)	7995	3609	45.14
北屯市海川开心食品有限责任公司(188)	7025	3469	49.38
北屯海川电力水泥制品有限公司(股份)(188)	2437	1258	51.63
北屯多得利农贸有限责任公司(188)	8521	3739	43.88
北屯油脂化工有限责任公司	12857	3343	26.00
新疆北屯电力工业有限公司	14433	5346	37.04
北屯额河草原食品有限责任公司	8725	2268	25.99
新疆汇祥农业发展有限公司	27000	4006	14.84
新疆大罗素马铃薯制品有限公司	8219	3060	37.23
新疆北屯慧尔肥业有限责任公司	4872	1850	37.98
好丽友(北屯)农业科技发展有限责任公司	3444	1300	37.74

5-5 北屯市规模以上工业企业能源购进、消费与库存

（2016年）

项目	计量单位	年初库存量	购进量	本年消费量			期末库存量
				合计	工业生产消费	非工业生产消费	
原煤	吨	1955.00	15145.94	14549.74	14549.74		2551.20
汽油	吨		406.03	406.03	406.03		
柴油	吨		629.43	629.43	629.43		
热力	百万千焦		300.00	300.00	300.00		
电力	万千瓦时		1397.63	1397.63	1397.63		
能源合计	吨标准煤			13654.82	13654.82		

5-6 规模以上工业企业能源消费情况

（2016年）

项目	计量单位	数值
上年同期综合能源消费量	吨标准煤	13169.1
上年同期工业总产值	万元	136384
上年同期电力消费合计	万千瓦时	1148.69
上年同期工业生产电力消费	万千瓦时	1148.69
本期综合能源消费量	吨标准煤	13532.01
本期工业总产值	万元	188894

6-1 北屯市建筑业生产情况

指　　标	计量单位	2016年	2015年	2016年比2015年增长%
一、建筑业单位数	个	10	10	
二、建筑业产值	万元	215770	185916	16.1
1. 建筑工程	万元	213011	184022	15.8
2. 安装工程	万元	2759	1894	45.7
3. 其他产值	万元			
三、竣工产值	万元	123697	120823	2.4
四、房屋建筑施工面积	万平方米	116.3	138.0	-15.7
五、房屋建筑竣工面积	万平方米	72.9	40.2	81.3
六、自有机械设备净值	万元	3480	3471	0.3
七、年末自有机械设备总台数	台	285	161	77.0
机械设备总功率	千瓦	13170	9369	40.6
八、期末从业人员	人	1470	1379	6.6

6-2 北屯市资质以上建筑企业生产情况

（2016年）

单　　位	施工产值（万元）	竣工产值（万元）	施工面积（万平方米）	竣工面积（万平方米）
总　　计	215770	123697	116.3	72.9
新疆额河建筑安装有限责任公司	39938	24448	17.9	7.2
新疆丰庆建筑安装公司	37040	50797	25.5	22.9
北屯新城建筑安装有限责任公司	45000	31505	24.8	24.7
新疆禹王工建筑工程有限公司	2752		0.9	
新疆北屯第一建筑安装工程有限责任公司	74924	13723	18.5	17.5
北屯电力工程安装有限责任公司	2759	2759		
新疆金盛元建设工程有限公司	1865	465	1.9	0.6
北屯利龙建筑安装有限责任公司	2400		2.0	
北屯万佳建筑安装有限责任公司	5742		24.8	
北屯交通建设有限公司	3350			

6-3 北屯市建筑业分单位施工产值完成情况

计量单位:万元

单位	2016年	2015年	2016年比2015年增长%
总计	215770	185916	16.1
新疆额河建筑安装有限责任公司	39938	33685	18.6
新疆丰庆建筑安装公司	37040	32033	15.6
北屯新城建筑安装有限责任公司	45000	47500	-5.3
新疆禹王工建筑工程有限公司	2752	2924	-5.9
新疆北屯第一建筑安装工程有限责任公司	74924	49857	50.3
北屯电力工程安装有限责任公司	2759	1894	45.7
新疆金盛元建设工程有限公司	1865	3173	-41.2
北屯利龙建筑安装有限责任公司	2400	4500	-46.7
北屯万佳建筑安装有限责任公司	5742	8350	-31.2
北屯交通建设有限公司	3350	2000	67.5

6-4 北屯市建筑业分单位竣工产值完成情况

计量单位:万元

单位	2016年	2015年	2016年比2015年增长%
总计	123697	120823	2.4
新疆额河建筑安装有限责任公司	24448	19941	22.6
新疆丰庆建筑安装公司	50797	23397	117.1
北屯新城建筑安装有限责任公司	31505	47500	-33.7
新疆禹王工建筑工程有限公司			
新疆北屯第一建筑安装工程有限责任公司	13723	26597	-48.4
北屯电力工程安装有限责任公司	2759	1894	45.7
新疆金盛元建设工程有限公司	465		
北屯利龙建筑安装有限责任公司		1494	
北屯万佳建筑安装有限责任公司			
北屯交通建设有限公司			

6-5 北屯市建筑业分单位生产情况

(2016年)

单位	年末从业人数(人)	年末自有机械设备净值(万元)	年末自有机械设备总台数(台)	机械设备总功率(千瓦)
总计	1470	3480	285	13170
新疆额河建筑安装有限责任公司	91	926	155	7380
新疆丰庆建筑安装公司	566			
北屯新城建筑安装有限责任公司	24	279	53	2408
新疆禹王工建筑工程有限公司	92	120	2	60
新疆北屯第一建筑安装工程有限责任公司	175			
北屯电力工程安装有限责任公司	31	14	31	100
新疆金盛元建设工程有限公司	8	84	2	190
北屯利龙建筑安装有限责任公司	226			
北屯万佳建筑安装有限责任公司	201	440	20	534
北屯交通建设有限公司	56	1617	22	2498

7-1 民用车辆拥有量

（2016年）

单位:辆

指　标	合　计	营　运	非营运	个　人
合　计	10211	2903	7308	9269
汽　车	4957	1603	3354	4099
载客汽车	3806	708	3098	3109
大　型	87	79	8	3
中　型	45	16	29	15
小　型	2483	139	2344	2171
微　型	1191	474	717	920
# 轿　车	2640	463	2177	2202
载货汽车	977	837	140	867
重　型	180	165	15	167
中　型	320	302	18	302
轻　型	294	239	55	251
微　型	183	131	52	147
#普通载货	641	599	42	603
其他汽车	174	58	116	123
三　轮	24		24	22
四　轮	105	57	48	104
农用运输车	139	57	82	99
摩托车	2710		2710	2701
普　通	2593		2593	2584
轻　便	117		117	117
拖拉机	2464	1293	1171	2462
挂　车	7	7		7
其他类型车	73		73	

7-2 北屯市公路运输业基本情况

（2016年）

单　　位	运　　量		周　转　量	
	客 运 量（万人）	货 运 量（万吨）	旅客周转量（万人公里）	货物周转量（万吨公里）
北屯市	2500	404	36365	74037
一八三团	75	38	2530	12900
一八七团	32	166	1470	21852
一八八团	453	152	3976	22160
运输公司	14	14	5300	5520
得仁公交	725		8338	
海天旅客	1201		14751	

8-1 北屯市社会消费品零售总额完成情况

单位:万元

指　　标	2016年	2015年	2016年比2015年增长	
			绝对数	%
按行业分零售总额	204610	147703	56907	38.5
一、贸易业零售额	156766	124059	32707	26.4
限额以上单位	17747	11935	5812	48.7
限额以下单位	33013	25838	7175	27.8
限额以上个体	12739	3798	8941	235.4
限额以下个体	93267	82489	10778	13.1
二、餐饮业零售额	47844	23644	24200	102.4
限额以上单位	1425	788	637	80.8
限额以下单位	2150	982	1168	118.9
限额以上个体	7799	3693	4106	111.2
限额以下个体	36470	18181	18289	100.6

8-2 北屯市分单位社会消费品零售总额完成情况

单位:万元

指标	一八三团			一八七团		
	2016年	2015年	同比增长(%)	2016年	2015年	同比增长(%)
按行业分零售总额	23252	13950	66.7	20857	13539	54.1
一、贸易业零售额	18706	10805	73.1	18384	11593	58.6
限额以上单位				6178	5180	19.3
限额以下单位				2268	2000	13.4
限额以上个体	5697	3798	50.0	3992		
限额以下个体	13009	7007	85.7	5946	4413	34.7
二、餐饮业零售额	4546	3145	44.5	2473	1946	27.1
限额以上单位						
限额以下单位						
限额以上个体	2418	1425	69.6	210		
限额以下个体	2128	1720	23.7	2263	1946	16.3

8-2续表1

单位:万元

指标	一八八团			供销公司		
	2016年	2015年	同比增长(%)	2016年	2015年	同比增长(%)
按行业分零售总额	22019	18295	20.4	28135	25119	12.0
一、贸易业零售额	11804	11080	6.5	26802	23880	12.2
限额以上单位				2717	2556	6.3
限额以下单位						
限额以上个体	603					
限额以下个体	11201	11080	1.1	24085	21324	12.9
二、餐饮业零售额	10215	7215	41.6	1333	1239	7.6
限额以上单位	304					
限额以下单位						
限额以下个体	3633	2268	60.2			
限额以下个体	6279	4947	26.9	1333	1239	7.6

8-2续表2　　单位:万元

指　　标	北屯宾馆			高级中学			市其他企业及个体		
	2016年	2015年	同比增长(%)	2016年	2015年	同比增长(%)	2016年	2015年	同比增长(%)
按行业分零售总额	173	118	46.3	987	495	99.4	109187	76187	43.3
一、贸易业零售额				0	187	-100	81070	66514	21.9
限额以上单位							8852	4199	110.8
限额以下单位							30745	23838	29.0
限额以上个体							2447		
限额以下个体					187	-100	39026	38478	1.4
二、餐饮业零售额	173	118	46.3	987	308	220.5	28117	9673	190.7
限额以上单位	173	118	46.3				948	669	41.7
限额以下单位							2150	982	118.9
限额以上个体							1539		
限额以下个体				987	308	220.5	23480	8021	192.7

8-3 北屯市批发零售贸易业商品销售总额

（2016年）　　　　单位:万元

单　　位	商品销售总额	其　　中	
		批 发 额	零 售 额
总　计	1073359	916593	156766
一八三团	106881	88175	18706
一八七团	35106	16722	18384
一八八团	176089	164285	11804
市其他法人个体	755284	647412	107872

第四部分

兵团各师、团场主要指标排序

兵团各师主要指标排序

（2016年）

单　位	生　产　总　值			
	绝对值（亿元）	排序	增长率（%）	排序
兵　团	2134.33	—	9.1	—
一　师	279.61	2	10.5	6
二　师	125.22	7	11.8	3
三　师	108.14	8	9.1	8
四　师	157.53	5	7.9	9
五　师	59.08	12	-8.6	14
六　师	257.69	3	11.6	4
七　师	147.18	6	11.2	5
八　师	455.62	1	7.1	10
九　师	32.2	13	2.1	13
十　师	60.05	11	14.2	2
十一师	100.32	9	6.2	12
十二师	170.26	4	10.2	7
十三师	100.05	10	17.2	1
十四师	17.5	14	6.7	11

注:①生产总值总量按当年价格计算,增长率按可比价格计算。

兵团各师主要指标排序

（2016年）

单　位	第　一　产　业　增　加　值			
	绝对值（亿元）	排序	增长率（%）	排序
兵　团	467.87	—	6.0	—
一　师	113.29	1	7.1	5
二　师	37.62	7	7.3	4
三　师	38.86	5	8.2	2
四　师	38.41	6	0.8	13
五　师	17.69	8	0.9	12
六　师	46.00	3	5.4	11
七　师	42.34	4	8.1	3
八　师	77.56	2	6.6	6
九　师	13.63	10	5.8	9
十　师	11.40	11	6.3	7
十一师	0.09	14	13.0	1
十二师	8.50	12	5.5	10
十三师	14.44	9	6.0	8
十四师	8.03	13	-1.1	14

兵团各师主要指标排序

（2016年）

单　位	第二产业增加值			
	绝对值（亿元）	排序	增长率（%）	排序
兵　团	965.58	—	10.2	—
一　师	110.91	3	15.8	6
二　师	55.68	9	16	5
三　师	41.68	10	12.1	9
四　师	84.11	5	9.7	10
五　师	19.78	12	-25.6	14
六　师	133.93	2	16	4
七　师	63.26	7	16.8	3
八　师	189.47	1	2.5	12
九　师	6.96	13	-11.9	13
十　师	28.92	11	13.1	8
十一师	86.49	4	5.5	11
十二师	70.98	6	15.6	7
十三师	59.7	8	22.8	1
十四师	5.62	14	18	2

兵团各师主要指标排序

（2016年）

单　位	工业增加值			
	绝对值（亿元）	排序	增长率（%）	排序
兵　团	665.79	—	15.5	—
一　师	69.25	4	22.1	5
二　师	38.98	7	24.2	4
三　师	26.95	9	27.4	1
四　师	71.41	3	13.3	8
五　师	12	11	-10.1	14
六　师	104.46	2	16.7	6
七　师	32.21	8	26.4	3
八　师	153.27	1	9	9
九　师	3.92	13	6.7	10
十　师	20.64	10	6	11
十一师	6.54	12	-4.4	13
十二师	66.35	5	16.6	7
十三师	51.61	6	27	2
十四师	1.12	14	-4.3	12

兵团各师主要指标排序

（2016年）

单　位	建筑业增加值			
	绝对值（亿元）	排序	增长率（%）	排序
兵　团	299.97	—	-0.1	—
一　师	41.7	2	6.5	6
二　师	16.7	6	0.3	9
三　师	14.73	7	-8.1	11
四　师	12.7	8	-7.2	10
五　师	7.79	11	-41.6	14
六　师	29.47	5	13.5	3
七　师	31.09	4	8.1	4
八　师	36.23	3	-18.1	12
九　师	3.05	14	-28.1	13
十　师	8.28	9	35.9	1
十一师	79.94	1	6.6	5
十二师	4.7	12	3.3	7
十三师	8.09	10	1	8
十四师	4.51	13	31.2	2

兵团各师主要指标排序

（2016年）

单　位	第三产增加值			
	绝对值（亿元）	排序	增长率（%）	排序
兵　团	700.88	—	9.6	—
一　师	55.41	4	7.3	10
二　师	31.92	7	10.1	6
三　师	27.6	8	5.7	14
四　师	35.01	6	12.3	4
五　师	21.61	10	6.4	12
六　师	77.76	3	8.2	7
七　师	41.57	5	6.2	13
八　师	188.59	1	12.5	3
九　师	11.6	13	8.1	8
十　师	19.73	11	21.1	1
十一师	13.75	12	12.9	2
十二师	90.78	2	6.6	11
十三师	25.91	9	11.8	5
十四师	3.84	14	7.8	9

兵团各师主要指标排序

（2016年）

单　位	500万元以上固定资产投资			
	绝对值（万元）	排　序	增长率（%）	排　序
兵　团	17212068	—	-3.6	—
一　师	1315408	7	-22.9	12
二　师	1302846	8	4.2	6
三　师	1616706	4	10.4	3
四　师	1063984	9	-7.4	11
五　师	422706	11	-38.7	13
六　师	1915349	2	-4.6	9
七　师	1520267	5	1.7	7
八　师	3324756	1	-5.2	10
九　师	207778	14	-42.9	14
十　师	700130	10	12.6	2
十一师	325925	13	0.1	8
十二师	1428371	6	7	4
十三师	1666295	3	5.3	5
十四师	363274	12	20.5	1

兵团各师主要指标排序

（2016年）

单　位	各师年末人口数	
	绝对数（人）	排序
兵　团	2834099	—
一　师	326845	3
二　师	197857	7
三　师	235136	4
四　师	233686	5
五　师	121193	8
六　师	347084	2
七　师	227963	6
八　师	608839	1
九　师	74529	12
十　师	94017	11
十一师	68395	13
十二师	104396	9
十三师	102496	10
十四师	51042	14

兵团各师主要指标排序

（2016年）

单　位	就　业　人　数	
	绝 对 数 （人）	排 序
兵　团	1381017	—
一　师	158169	3
二　师	93569	7
三　师	107668	5
四　师	105527	6
五　师	58358	8
六　师	164202	2
七　师	112710	4
八　师	301363	1
九　师	36741	13
十　师	39873	12
十一师	47260	11
十二师	55512	10
十三师	55797	9
十四师	24328	14

兵团各师主要指标排序

（2016年）

单位	在岗职工人数	
	绝对数（人）	排序
兵团	705325	—
一师	75775	3
二师	49558	5
三师	46328	6
四师	60370	4
五师	38851	8
六师	81571	2
七师	45112	7
八师	144578	1
九师	23106	11
十师	21014	12
十一师	37317	9
十二师	25319	10
十三师	20504	13
十四师	19290	14

兵团各师主要指标排序

（2016年）

单位	在岗职工工资总额		在岗职工平均工资	
	绝对数（万元）	排序	绝对数（元/人）	排序
兵团	4625477	—	56345	—
一师	441986	3	51378	9
二师	352913	5	55553	5
三师	335589	7	60647	3
四师	345229	6	50919	10
五师	197175	9	48810	11
六师	436542	4	52994	8
七师	248383	8	53875	7
八师	946175	1	63744	1
九师	79897	14	34723	14
十师	91846	13	41161	13
十一师	640897	2	63327	2
十二师	141689	10	55840	4
十三师	110676	11	54528	6
十四师	100594	12	45712	12

兵团各师主要指标排序

（2016年）

单　位	城镇常住居民人均可支配收入		连队常住居民人均可支配收入	
	绝 对 数（元）	排 序	绝 对 数（元）	排 序
兵　团	34089	—	16401	—
一　师	33794	8	17737	1
二　师	34000	6	16786	4
三　师	33759	9	15534	10
四　师	33328	12	14812	11
五　师	33467	11	16301	8
六　师	33719	10	16426	7
七　师	33942	7	16654	5
八　师	34619	3	17601	2
九　师	33020	14	14763	12
十　师	33128	13	15538	9
十一师	35730	1		
十二师	34489	5	16865	3
十三师	35671	2	16481	6
十四师	34509	4	12636	13

兵团各师主要指标排序

（2016年）

单位	农作物播种面积		粮食总产量	
	绝对数（千公顷）	排序	绝对数（吨）	排序
兵团	1372.21	—	2713046	—
一师	181.42	2	244750	4
二师	88.23	7	94387	10
三师	130.47	5	218166	6
四师	128.50	6	707076	1
五师	67.46	9	112243	9
六师	181.33	3	437628	2
七师	140.43	4	172386	7
八师	267.74	1	225692	5
九师	79.58	8	286056	3
十师	59.99	10	122627	8
十一师	0.42	14	601	14
十二师	12.35	12	26037	13
十三师	24.22	11	37673	11
十四师	10.08	13	27724	12

兵团各师主要指标排序

（2016年）

单　位	棉花总产量		油料总产量	
	绝对数（吨）	排序	绝对数（吨）	排序
兵　团	1495743	—	234301	—
一　师	343350	2	1361	11
二　师	93483	6	6323	8
三　师	131646	4	9741	6
四　师	10691	9	59948	2
五　师	83072	7	7176	7
六　师	131055	5	79074	1
七　师	195342	3	23566	3
八　师	470411	1	3935	9
九　师			18184	5
十　师			21270	4
十一师	334	11	253	13
十二师			2687	10
十三师	35419	8	743	12
十四师	940	10	40	14

兵团各师主要指标排序

（2016年）

单位	牲畜存栏头数		肉类总产量	
	绝对数（万头、只）	排序	绝对数（吨）	排序
兵团	763.85	—	411478	—
一师	64.67	7	30338	5
二师	65.80	6	38834	4
三师	87.38	3	23422	7
四师	113.01	1	53440	3
五师	35.75	9	17810	9
六师	90.36	2	72484	2
七师	53.44	8	29677	5
八师	77.94	5	72485	1
九师	83.10	4	25260	6
十师	34.81	10	16107	10
十一师				
十二师	12.29	13	8543	11
十三师	30.21	11	18406	8
十四师	15.09	12	4672	12

兵团各师主要指标排序

（2016年）

单位	工业总产值			
	绝对数（亿元）	排序	增长率（%）	排序
兵团	2285.66	—	12.9	—
一师	264.08	3	24.9	3
二师	157.80	6	25.8	2
三师	113.49	7	31.6	1
四师	183.42	5	12.0	7
五师	44.69	11	-15.5	14
六师	410.53	2	8.5	9
七师	109.98	8	24.5	4
八师	618.12	1	6.6	11
九师	16.99	13	-3.5	12
十师	54.28	9	9.8	8
十一师	33.89	12	6.6	10
十二师	39.60	10	12.2	6
十三师	189.95	4	20.4	5
十四师	5.63	14	-12.3	13

兵团各师主要指标排序

（2016年）

单　位	规上工业总产值			
	绝对数（亿元）	排序	增长率（%）	排序
兵　团	1881.84	—	13.8	—
一　师	216.72	3	24.8	4
二　师	137.50	6	24.0	5
三　师	98.62	7	31.7	3
四　师	138.34	5	9.2	8
五　师	27.46	9	-13.6	14
六　师	363.23	2	9.0	9
七　师	74.27	8	35.5	2
八　师	548.74	1	7.1	10
九　师	9.80	13	-1.8	13
十　师	27.21	10	36.5	1
十一师	22.04	12	2.0	11
十二师	26.94	11	14.6	7
十三师	143.80	4	22.5	6
十四师	4.01	14	-1.3	12

兵团各师主要指标排序

（2016年）

单位	建筑业施工产值				房屋建筑施工面积	
	绝对数（万元）	排序	增长率（%）	排序	绝对数（万平方米）	排序
兵团	1247.40	—	-0.2	—	5355.54	—
一师	185.32	2	6.4	6	796.46	2
二师	74.20	6	0.2	9	279.18	5
三师	65.47	7	-8.2	11	162.27	9
四师	52.04	8	-7.3	10	244.61	7
五师	33.15	11	-41.7	14	161.66	10
六师	122.77	5	13.4	3	406.98	4
七师	129.55	4	8.0	4	256.08	6
八师	149.09	3	-18.2	12	791.86	3
九师	12.70	14	-28.2	13	67.39	13
十师	35.22	10	35.7	1	147.11	12
十一师	307.48	1	6.5	5	1575.19	1
十二师	19.99	13	3.2	7	152.84	11
十三师	35.98	9	0.9	8	222.08	8
十四师	20.03	12	31.1	2	49.57	14

兵团各师主要指标排序

（2016年）

单位	汽车年末拥有量		旅客周转量		货物周转量	
	绝对数（辆）	排序	绝对数（万人公里）	排序	绝对数（万吨公里）	排序
兵团	288074	—	1299168	—	6942946	—
一师	34311	2	228591	2	1156486	3
二师	10564	8	67259	6	173650	8
三师	10415	9	50875	9	85781	12
四师	17136	4	123739	5	470363	5
五师	8972	10	58201	7	125128	10
六师	31256	3	152298	4	1320142	2
七师	16533	5	277842	1	714626	4
八师	109627	1	173137	3	2073903	1
九师	5926	12	28456	12	122601	11
十师	7566	11	54362	8	163211	9
十一师	4253	14	11597	13	15844	13
十二师	12953	6	35460	10	199893	7
十三师	11441	7	33063	11	309801	6
十四师	5872	13	4275	14	2914	14

兵团各师主要指标排序

（2016年）

指　标	社会消费品零售总额		全社会批发和零售业商品销售总额		进出口贸易总额	
	绝对数（万元）	排序	绝对数（万元）	排序	绝对数（万美元）	排序
兵　团	6322942	—	33413664	—	707619	—
一　师	707470	3	2821060	3	427	14
二　师	606620	5	1450253	6	5141	12
三　师	382262	7	1150226	9	74237	3
四　师	264781	9	1210199	8	233687	1
五　师	203684	10	980755	11	33698	6
六　师	951792	2	2060249	5	23669	8
七　师	494124	6	2090185	4	7738	10
八　师	1105850	1	6327363	2	39585	5
九　师	134011	12	281018	13	16284	9
十　师	297332	8	1273219	7	84150	2
十一师	15693	13	313489	12	5242	11
十二师	651219	4	8558101	1	25020	7
十三师	156873	11	1095383	10	51672	4
十四师	14613	4	32414	14	679	13

注：增长速度按海关调整口径计算。

兵团各农牧团场利润总额排序

（2016年）

单位:万元

单　　位	利润总额	排序
一二五团	8311	1
一四五团	8213	2
一四四团	7668	3
一三三团	7153	4
一四二团	5213	5
一四七团	5061	6
四十五团	4860	7
一四九团	4662	8
一四八团	4562	9
一五〇团	4327	10
二十九团	4199	11
一二一团	4150	12
八十三团	4056	13
一三四团	3946	14
一二九团	3882	15
一二八团	3866	16
三　　团	3855	17
火箭农场	3815	18
三十四团	3805	19
八十六团	3709	20
一师二团	3551	21
三十三团	3500	22
一三六团	3484	23
伽师总场	3465	24
一〇四团	3461	25
红星一场	3416	26
九 十 团	3376	27
一五二团	3306	28
四十九团	3027	29
一四一团	3010	30

兵团各农牧团场粮食、棉花产量排序

（2016年）

单位:吨

单 位	粮食产量	排序	单 位	棉花产量	排序
奇台农场	170160	1	一二一团	65801	1
七十一团	76190	2	一四二团	55425	2
七十七团	74584	3	新湖农场	52193	3
一四三团	66860	4	一三三团	51000	4
六十八团	66045	5	芳草湖农场	45748	5
红旗农场	64393	6	一三四团	44800	6
一六三团	58496	7	十 六 团	39896	7
七十六团	57673	8	一二五团	35900	8
一六六团	57353	9	一四四团	35490	9
一二四团	53180	10	一五〇团	35132	10
四 团	51266	11	二 团	34654	11
一三一团	51050	12	十 团	34260	12
八十四团	50198	13	一四八团	32400	13
六十四团	49690	14	一二九团	29115	14
新湖农场	47660	15	一三〇团	28265	15
六十六团	47040	16	一二八团	28207	16
六十七团	46001	17	一三六团	28160	17
一六四团	44469	18	一四九团	26773	18
七十五团	43853	19	一 团	26423	19
四十四团	42851	20	石河子总场	26050	20
一四二团	41344	21	一四七团	26000	21
五十一团	40854	22	四十五团	25179	22
一六七团	38964	23	十 三 团	24116	23
七十二团	38620	24	一二三团	22908	24
共青团农场	37392	25	十 二 团	22650	25
二 团	36678	26	七 团	21632	26
军户农场	36376	27	三 团	21556	27
七十三团	31985	28	一二六团	21200	28
一六八团	31474	29	三十三团	21075	29
一三〇团	31457	30	一四一团	20622	30

兵团各农牧团场油料、甜菜产量排序

（2016年）

单位：吨

单　位	油料产量	排 序	单　位	甜菜产量	排 序
七十六团	21847	1	一三一团	231000	1
一〇三团	17960	2	一六六团	158439	2
七十七团	13668	3	一六八团	149739	3
芳草湖农场	12215	4	一六四团	140616	4
奇台农场	10733	5	一六七团	116765	5
一〇二团	10551	6	六十七团	96151	6
一三〇团	8486	7	二十二团	93335	7
一三一团	8400	8	六十三团	92647	8
红旗农场	8311	9	六十四团	85624	9
一六八团	7633	10	八十八团	81000	10
一八一团	7200	11	七十九团	80695	11
八十四团	5860	12	七十一团	78683	12
二十二团	4974	13	二十九团	70094	13
共青团农场	4887	14	一三〇团	65000	14
六运湖农场	4664	15	奇台农场	64852	15
土墩子农场	4275	16	一六三团	58091	16
一八二团	4097	17	七十二团	45807	17
七十四团	3775	18	二十七团	38994	18
七十三团	3649	19	二十一团	36814	19
七 〇 团	3625	20	一二四团	35000	20
四十九团	3098	21	一二九团	29100	21
四十一团	3000	22	二十五团	27357	22
一六七团	2932	23	七 〇 团	25227	23
一六一团	2912	24	奎东农场	24600	24
一八六团	2778	25	六十六团	24075	25
二二二团	2674	26	六十一团	21000	26
一六五团	2585	27	八十三团	20000	27
一二五团	2320	28	六十九团	16800	28
一二四团	2240	29	二十四团	10700	29
六十一团	2112	30	六十二团	9818	30

兵团各农牧团场牲畜存栏头数、肉产量排序

（2016年）

单　位	牲畜存栏头数（万头、只）	排 序	单　位	肉类产量（吨）	排 序
二十二团	17.65	1	石河子总场	17656	1
一三七团	17.28	2	一四二团	12633	2
石河子总场	17.11	3	一四四团	11350	3
芳草湖农场	16.57	4	奇台农场	11194	4
一六一团	16.13	5	军户农场	9494	5
一六五团	13.92	6	共青团农场	9116	6
奇台农场	13.53	7	新湖农场	8069	7
新湖农场	12.37	8	一〇二团	6987	8
红山农场	10.81	9	一〇五团	6763	9
七十七团	10.36	10	一〇三团	6686	10
二十九团	10.12	11	一四三团	6339	11
一四二团	10.07	12	芳草湖农场	5873	12
四十五团	9.95	13	一二三团	5618	13
五十三团	9.70	14	六十二团	5603	14
一六六团	9.59	15	六十六团	5114	15
七十九团	9.57	16	一八八团	4997	16
一八一团	9.52	17	一六一团	4269	17
四十四团	9.24	18	一三一团	4268	18
五十一团	9.18	19	一六五团	4265	19
七十八团	9.01	20	七十三团	4222	20
六十六团	9.01	21	红星一场	4153	21
五 〇 团	8.87	22	黄田农场	4137	22
一六八团	8.78	23	七十一团	3783	23
六十四团	8.74	24	一五二团	3625	24
一六三团	8.63	25	六十四团	3607	25
一六七团	8.56	26	一四八团	3597	26
七十三团	8.53	27	八十六团	3418	27
六十七团	8.18	28	一三〇团	3361	28
红旗农场	8.16	29	六十八团	3310	29
一八八团	7.94	30	四十四团	3234	30

第五部分

附　录

常用统计术语

发展速度　是表示某一时期内某一指标发展程度的相对数。它是报告期水平与基期水平之比，一般用百分比表示，即以报告期指标数值除以基期指标数值的商乘以100%，即为发展速度。计算公式为：

$$发展速度=\frac{指标当期数值}{指标基期数值}\times 100\%$$

发展速度一般用百分数表示，当比例数较大时，则用倍数表示较为合适。例：某地固定资产投资1994年末366亿元，1993年为328亿元，1994年与1993年比，366÷328 = 1.12倍。

增长速度　是反映社会经济增长程度的指标。它是报告期增长量与基本水平之比，又称增长率。增长速度指标反映国民经济和社会发展变动的情况与趋势，应用比较广泛。计算公式为：

$$增长速度=\frac{指标当期增长量}{指标基期数值}\times 100\%$$

增长量　是说明两个不同时期发展水平增减差额的指标。它说明社会经济现象在一定时期内增长（或减少）的绝对量。计算公式为：

增长量=报告水平-基期水平

当报告期水平大于基期水平，即现象水平增长时，表现为正值；反之，现象水平下降时，表现为负值。由于所选基期的不同，增长量分为逐期增长量和累积增长量。逐期增长量是报告期水平减去前一期水平差额，说明现象逐期增长的数量；累积增长量则是报告期水平与基期水平（一般是最初水平）相减的差额，说明一定时期内的总增长量。

平均发展速度　是指一定时期某个单位环比发展速度的序时平均数。它说明社会经济现象在一个较长时期内发展的平均速度。平均发展速度的计算方法：

（1）根据环比发展速度计算：

平均发展速度　$\overline{X}_g=\sqrt[n]{X_1X_2X_3...X_n}=\sqrt[n]{X}$

公式中：$\overline{x}g$代表平均发展速度；X代表环比发展速度；n代表基年以后各年的项数。

（2）根据定基发展速度计算：

环比发展速度的连乘积等于定基发展速度，然后开n次方根。

（3）根据发展水平计算：

由于定基发展速度是根据最末水平与最初水平对比计算而得的，因此，也可用最末水平与最初水平之比再开n次方根来计算。

平均增长速度　平均增长速度表明社会经济现象在一个较长时期内逐期平均增长变化的程度，它不能根据各个环比增长速度直接求得，但与平均发展速度之间存在着一定的数量关系：平均增长速度=平均发展速度-1.

平均发展速度是一种根据环比发展速度计算的序时平均数，由于各时期对比的基础不同，所以计算平均发展速度不能采用一般的序时平均数的计算方法，计算方法分为水平法和累计法。水平法，又称几何平均法，即将环比发展速度按连乘法用几何平均数公式计算。累计法，也称方程法，根据一般时期内各年发展水平总和与基期水平的关系，列出方程式计算平均发展速度。水平法着重考虑最后一年所达到的发展水平；累积法着重考虑整个时期累计发展水平的总量。

百分点 是指不同时期以百分数形式表示的相对指标(如：速度、指数、构成等)的变动幅度。例如：

我国国内生产总值中，第一产业占的比重由1992年的23.8%下降到1993年的21.2%。

从上述资料中，我们可以说：国内生产总值中，第一产业占的比重，1993年比1992年下降了2.6个百分点(21.2-23.8 = -2.6)；但不能说下降2.6%。

与上月(或上年)比较 前者是指报告期指标与前月之比，主要说明某一经济现象在不同月份之间变动的情况。后者是指报告期指标与去年同一时期之比，主要说明某一经济现象在不同年份同一月份之间的变动情况。两者都是动态相对指标。动态相对指标表明同类事物在不同时间状态下的对比关系，说明社会经济现象在时间上的运动、发展和变化。通常把用来作为比较标准的时期称为“基期”，而把同基期对比的时期称为“报告期”。动态相对指标的数值有发展速度和增长速度两种。其计算公式为：

$$发展速度(\%)=\frac{指标当期数值}{指标基期数值}\times 100\%$$

增长速度=发展速度-100%

现价 即现行价格，也称当年价格，是指报告期的实际价格。使用这种价格计算的数字，是为了使国民经济各项指标互相衔接，便于考察当年社会经济效益，便于对生产与流通、生产与消费、生产与分配进行经济核算和综合平衡。

可比价 是指在不同时期的价值指标对比时，扣除了价格变动因素，以确切反映实物量的变化。按可比价格计算有两种方法：一种是直接用产品产量乘某一年的不便价格计算；另一种是用价格指数换算。

扣除价格因素 按当年价格计算的价值指标，在不同年份之间进行对比时，有各年间价格变动因素，而不能确切反映实物量的增减变动。为此必须消除价格变动因素，使之可比，才能真实反映经济发展动态。扣除价格因素的办法，是利用可比价格进行不同年份价格指标的对比。

市场价格 是指通过市场交换而形成的价格，一般由供求关系所决定。市场价格是相对于政府定价(或称计划价格)而言的一种价格。在我国传统的计划经济体制下，市场价格一般限于农村集体贸易价格和城市农副产品集市贸易价格。随着向社会主义市场经济体制的推进，国家定价范围已明显缩小，市场调节范围日益扩大，目前已有90%左右的商品价格由市场调节。市场价格已经在我国的经济生活中发挥着越来越重要的作用。

全面统计 是指全面统计调查，即对研究对象的所有单位全部进行统计调查的一种方法。全面统计调查能够掌握所有调查单位的全面情况，但此种方法需要花费较多的人力、物力，同时可能出现的调查误差也较大，因而调查内容限于最重要的、最基本的指标。如工业产品产量、人口数、耕地面积、工资总额、固定资产投资等。随着我国社会主义市场经济体制的建立，统计工作中采用全面统计调查的方法将逐步减少。

重点调查 是一种非全面调查，它是在全部单位中选择一部分重点单位进行调查。这些重点单位在全部单位中虽然只是一部分，但它们在所研究现象的总量中却占有较大比重，因而对它们进行调查就能够反映全部现象的基本情况。例如，我们要了解全国钢铁生产的增长情况，只要对全国为数不多的大型钢铁企业的生产情况进行调查，就可以掌握我国钢铁生产的基本情况。重点调查的单位可以是一些企业、行业，也可以是一些地区、城市。此种方法的优点是，所投入的人力、物力少，而又较快地搜集到统计信息资料。一般来讲，在调查任务只要求掌握基本情况，而部分单位又能比较集中反映研究项目和指标时，就可以采用重点调查。

典型调查　是根据调查的目的和要求，在对所研究对象进行全面分析的基础上，选择少数有代表性的单位作典型，进行深入周密的调查研究，所谓"解剖麻雀"就是典型调查。典型调查的特点在于：调查单位少，且调查单位经过全面分析选择，具有代表性，便于进行深入、具体、周密的调查。典型调查和全面统计结合，既可以掌握全面情况，又具有典型材料，为分析问题、解决问题提供了丰富生动的资料。

抽样调查　是按照随机原则从总体中抽取部分单位进行观察，并根据观察结果推断总体的一种非全面调查方法。其主要特点是：

(1)总体的各单位都有一个指定的概率被抽取。其中，每个单位有同等概率被抽中的，称为等概率抽样；被抽中的概率不相等的，称为不等概率抽样。

(2)随机原则。不论是等概率或不等概率抽样，在抽取样本单位时必须通过一个或几个随机的步骤进行，而不得采取主观、有意的选择方式。

(3)从数量上推断总体。即以样本的估计值来推断总体有关参数，并可以控制抽样误差的大小。

抽样调查相对于全面调查，具有节省人力、物力、调查误差小、操作灵活和取得资料较快等优点，因此，被人们看作是统计调查中的重要方法之一。目前，我国政府统计部门的人口变动情况调查、城乡住户调查、农产量调查、物价调查以及农村劳动力结构、固定资产结构等调查均采用了抽样调查的方法。今后，随着社会主义市场经济体制的建立和完善，抽样调查将得到更加广泛的应用。

科学估算　是以实际统计调查资料为基础，根据事物的联系及其发展规律，间接地估算和预计有关社会经济现象的数量关系和变化前景。

科学估算是一种非常重要的、不可替代的分析研究方法。无论是从一种现象估算另一种现象，还是从局部估算总体，亦或是从现在预测未来，都离不开科学估算。

预测　是研究事物未来发展方向和发展度的一门科学或一种方法。统计预测是对事物未来的发展趋势和各种社会经济现象之间的联系进行研究，从而做出科学的量的判断和预见，为制定计划和决策提供依据。根据社会经济统计预测，可以调整经济发展战略，制定经济管理措施，提高经济效益，平衡市场供求等。

统计预测是我国长期使用并行之有效的方法，吸收了西方建立经济数学模型的方法，使统计预测有了发展。需要注意的是经济情况的发展变化是复杂的，必须把数学模型预测与调研预测结合运用，相互补充，才能使统计预测更适合我国的实际情况。

翻番及计算方法　翻番是指基期的数量按几何级数递增。

1. 已知基期水平和翻番数，求报告期到达的水平。

公式:A1=2nA0

(A1 表示翻番后的水平，A0 表示基期水平，n 表示翻番数)。

2. 已知基期和报告期水平，求达到的翻番次数。公式为：

n= [lg(A1÷A0)] ÷lg2

n= $n=\frac{\lg(\frac{A1}{A0})}{\lg 2}$

(n 表示翻番数，A0 表示基期水平，A1 表示报告期水平)

成数　就是分母中是10的分数，1成即1/10，1成半即1.5/10，10成即10/10。

权数　在统计计算中，用来衡量总体中各单位标志值在总体中作用大小的数值叫权数。权数一般有两种表现形式，一是用绝对数（频数）表示，另一个是用相对数（频率）表示。相对数是用绝对数计算出来的百分数（%）或千分数（‰），又称比重。平均数的大小不仅取决于总体中各单位的标志值（变量值）的大小，而且取决于各标志值出现的次数（频率），由于各标志值出现的次数对其在平均数中的影响起着权衡轻重的作用，因此叫权数。

通货膨胀　指一国经济中货币供应量超过商品流通所需要的货币量而引起的货币贬值、物价普遍上涨的现象。通货膨胀按形成的原因一般可分为需求拉动型通货膨胀、成本推进型通货膨胀和结构性通货膨胀。衡量通货膨胀状况，一般以物价指数为标志。年度指标通常以国民经济总和物价指数为依据，即国内生产总值的现价发展指数除以可比价格发展指数；月度指标可以居民消费价格指数为依据，有时居民消费价格指数也可用来反映年度的通货膨胀情况。

国民经济行业分类标准　指按照经济活动的同质性原则，对从事各种生产经营活动或其他社会经济活动的企业、事业、机关团体等基本单位进行国民经济行业分别归类的统一规定。是科学地取得和加工整理分行业的数据资料，准确反映国民经济行业结构和发展情况的依据。

三次产业划分　第一产业指农、林、牧、渔业。第二产业指采矿业，制造业，电力、煤气及水的生产和供应业，建筑业。第三产业是指除第一、二产业以外的其他行业。第三产业包括：农林牧渔服务业、交通运输、仓储和邮政业，信息传输、计算机服务和软件业，批发和零售业，住宿和餐饮业，金融业，房地产业，租赁和商务服务业，科学研究、技术服务和地质勘查业，水利、环境和公共设施管理业，居民服务和其他服务业，教育，卫生、社会保障和社会福利业，文化、体育和娱乐业，公共管理和社会组织，国际组织。

中华人民共和国统计法

《中华人民共和国统计法》已由中华人民共和国第十一届全国人民代表大会常务委员会第九次会议于2009年6月27日修订通过，现将修订后的《中华人民共和国统计法》公布，自2010年1月1日起施行。

第一章　总　　则

第一条　为了科学、有效地组织统计工作，保障统计资料的真实性、准确性、完整性和及时性，发挥统计在了解国情国力、服务经济社会发展中的重要作用，促进社会主义现代化建设事业发展，制定本法。

第二条　本法适用于各级人民政府、县级以上人民政府统计机构和有关部门组织实施的统计活动。

统计的基本任务是对经济社会发展情况进行统计调查、统计分析，提供统计资料和统计咨询意见，实行统计监督。

第三条　国家建立集中统一的统计系统，实行统一领导、分级负责的统计管理体制。

第四条　国务院和地方各级人民政府、各有关部门应当加强对统计工作的组织领导，为统计工作提供必要的保障。

第五条　国家加强统计科学研究，健全科学的统计指标体系，不断改进统计调查方法，提高统计的科学性。

国家有计划地加强统计信息化建设，推进统计信息搜集、处理、传输、共享、存储技术和统计数据库体系的现代化。

第六条　统计机构和统计人员依照本法规定独立行使统计调查、统计报告、统计监督的职权，不受侵犯。地方各级人民政府、政府统计机构和有关部门以及各单位的负责人，不得自行修改统计机构和统计人员依法搜集、整理的统计资料，不得以任何方式要求统计机构、统计人员及其他机构、人员伪造、篡改统计资料，不得对依法履行职责或者拒绝、抵制统计违法行为的统计人员打击报复。

第七条　国家机关、企业事业单位和其他组织以及个体工商户和个人等统计调查对象，必须依照本法和国家有关规定，真实、准确、完整、及时地提供统计调查所需的资料，不得提供不真实或者不完整的统计资料，不得迟报、拒报统计资料。

第八条　统计工作应当接受社会公众的监督。任何单位和个人有权检举统计中弄虚作假等违法行为。对检举有功的单位和个人应当给予表彰和奖励。

第九条　统计机构和统计人员对在统计工作中知悉的国家秘密、商业秘密和个人信息，应当予以保密。

第十条　任何单位和个人不得利用虚假统计资料骗取荣誉称号、物质利益或者职务晋升。

第二章　统计调查管理

第十一条　统计调查项目包括国家统计调查项目、部门统计调查项目和地方统计调查项目。

国家统计调查项目是指全国性基本情况的统计调查项目。部门统计调查项目是指国务院有关部门的专业性统计调查项目。地方统计调查项目是指县级以上地方人民政府及其部门的地方性统计调查项目。

国家统计调查项目、部门统计调查项目、地方统计调查项目应当明确分工，互相衔接，不得重复。

第十二条 国家统计调查项目由国家统计局制定，或者由国家统计局和国务院有关部门共同制定，报国务院备案；重大的国家统计调查项目报国务院审批。

部门统计调查项目由国务院有关部门制定。统计调查对象属于本部门管辖系统的，报国家统计局备案；统计调查对象超出本部门管辖系统的，报国家统计局审批。

地方统计调查项目由县级以上地方人民政府统计机构和有关部门分别制定或者共同制定。其中，由省级人民政府统计机构单独制定或者和有关部门共同制定的，报国家统计局审批；由省级以下人民政府统计机构单独制定或者和有关部门共同制定的，报省级人民政府统计机构审批；由县级以上地方人民政府有关部门制定的，报本级人民政府统计机构审批。

第十三条 统计调查项目的审批机关应当对调查项目的必要性、可行性、科学性进行审查，对符合法定条件的，作出予以批准的书面决定，并公布；对不符合法定条件的，作出不予批准的书面决定，并说明理由。

第十四条 制定统计调查项目，应当同时制定该项目的统计调查制度，并依照本法第十二条的规定一并报经审批或者备案。

统计调查制度应当对调查目的、调查内容、调查方法、调查对象、调查组织方式、调查表式、统计资料的报送和公布等作出规定。

统计调查应当按照统计调查制度组织实施。变更统计调查制度的内容，应当报经原审批机关批准或者原备案机关备案。

第十五条 统计调查表应当标明表号、制定机关、批准或者备案文号、有效期限等标志。

对未标明前款规定的标志或者超过有效期限的统计调查表，统计调查对象有权拒绝填报；县级以上人民政府统计机构应当依法责令停止有关统计调查活动。

第十六条 搜集、整理统计资料，应当以周期性普查为基础，以经常性抽样调查为主体，综合运用全面调查、重点调查等方法，并充分利用行政记录等资料。

重大国情国力普查由国务院统一领导，国务院和地方人民政府组织统计机构和有关部门共同实施。

第十七条 国家制定统一的统计标准，保障统计调查采用的指标涵义、计算方法、分类目录、调查表式和统计编码等的标准化。

国家统计标准由国家统计局制定，或者由国家统计局和国务院标准化主管部门共同制定。

国务院有关部门可以制定补充性的部门统计标准，报国家统计局审批。部门统计标准不得与国家统计标准相抵触。

第十八条 县级以上人民政府统计机构根据统计任务的需要，可以在统计调查对象中推广使用计算机网络报送统计资料。

第十九条 县级以上人民政府应当将统计工作所需经费列入财政预算。

重大国情国力普查所需经费，由国务院和地方人民政府共同负担，列入相应年度的财政预算，按时拨付，确保到位。

第三章　统计资料的管理和公布

第二十条　县级以上人民政府统计机构和有关部门以及乡、镇人民政府，应当按照国家有关规定建立统计资料的保存、管理制度，建立健全统计信息共享机制。

第二十一条　国家机关、企业事业单位和其他组织等统计调查对象，应当按照国家有关规定设置原始记录、统计台账，建立健全统计资料的审核、签署、交接、归档等管理制度。

统计资料的审核、签署人员应当对其审核、签署的统计资料的真实性、准确性和完整性负责。

第二十二条　县级以上人民政府有关部门应当及时向本级人民政府统计机构提供统计所需的行政记录资料和国民经济核算所需的财务资料、财政资料及其他资料，并按照统计调查制度的规定及时向本级人民政府统计机构报送其组织实施统计调查取得的有关资料。

县级以上人民政府统计机构应当及时向本级人民政府有关部门提供有关统计资料。

第二十三条　县级以上人民政府统计机构按照国家有关规定，定期公布统计资料。

国家统计数据以国家统计局公布的数据为准。

第二十四条　县级以上人民政府有关部门统计调查取得的统计资料，由本部门按照国家有关规定公布。

第二十五条　统计调查中获得的能够识别或者推断单个统计调查对象身份的资料，任何单位和个人不得对外提供、泄露，不得用于统计以外的目的。

第二十六条　县级以上人民政府统计机构和有关部门统计调查取得的统计资料，除依法应当保密的外，应当及时公开，供社会公众查询。

第四章　统计机构和统计人员

第二十七条　国务院设立国家统计局，依法组织领导和协调全国的统计工作。

国家统计局根据工作需要设立的派出调查机构，承担国家统计局布置的统计调查等任务。

县级以上地方人民政府设立独立的统计机构，乡、镇人民政府设置统计工作岗位，配备专职或者兼职统计人员，依法管理、开展统计工作，实施统计调查。

第二十八条　县级以上人民政府有关部门根据统计任务的需要设立统计机构，或者在有关机构中设置统计人员，并指定统计负责人，依法组织、管理本部门职责范围内的统计工作，实施统计调查，在统计业务上受本级人民政府统计机构的指导。

第二十九条　统计机构、统计人员应当依法履行职责，如实搜集、报送统计资料，不得伪造、篡改统计资料，不得以任何方式要求任何单位和个人提供不真实的统计资料，不得有其他违反本法规定的行为。

统计人员应当坚持实事求是，恪守职业道德，对其负责搜集、审核、录入的统计资料与统计调查对象报送的统计资料的一致性负责。

第三十条　统计人员进行统计调查时，有权就与统计有关的问题询问有关人员，要求其如实提供有关情况、资料并改正不真实、不准确的资料。

统计人员进行统计调查时，应当出示县级以上人民政府统计机构或者有关部门颁发的工作证件；未出示的，统计调查对象有权拒绝调查。

第三十一条 国家实行统计专业技术职务资格考试、评聘制度，提高统计人员的专业素质，保障统计队伍的稳定性。

统计人员应当具备与其从事的统计工作相适应的专业知识和业务能力。

县级以上人民政府统计机构和有关部门应当加强对统计人员的专业培训和职业道德教育。

第五章 监督检查

第三十二条 县级以上人民政府及其监察机关对下级人民政府、本级人民政府统计机构和有关部门执行本法的情况，实施监督。

第三十三条 国家统计局组织管理全国统计工作的监督检查，查处重大统计违法行为。

县级以上地方人民政府统计机构依法查处本行政区域内发生的统计违法行为。但是，国家统计局派出的调查机构组织实施的统计调查活动中发生的统计违法行为，由组织实施该项统计调查的调查机构负责查处。

法律、行政法规对有关部门查处统计违法行为另有规定的，从其规定。

第三十四条 县级以上人民政府有关部门应当积极协助本级人民政府统计机构查处统计违法行为，及时向本级人民政府统计机构移送有关统计违法案件材料。

第三十五条 县级以上人民政府统计机构在调查统计违法行为或者核查统计数据时，有权采取下列措施：

(一)发出统计检查查询书，向检查对象查询有关事项；

(二)要求检查对象提供有关原始记录和凭证、统计台账、统计调查表、会计资料及其他相关证明和资料；

(三)就与检查有关的事项询问有关人员；

(四)进入检查对象的业务场所和统计数据处理信息系统进行检查、核对；

(五)经本机构负责人批准，登记保存检查对象的有关原始记录和凭证、统计台账、统计调查表、会计资料及其他相关证明和资料；

(六)对与检查事项有关的情况和资料进行记录、录音、录像、照相和复制。

县级以上人民政府统计机构进行监督检查时，监督检查人员不得少于二人，并应当出示执法证件；未出示的，有关单位和个人有权拒绝检查。

第三十六条 县级以上人民政府统计机构履行监督检查职责时，有关单位和个人应当如实反映情况，提供相关证明和资料，不得拒绝、阻碍检查，不得转移、隐匿、篡改、毁弃原始记录和凭证、统计台账、统计调查表、会计资料及其他相关证明和资料。

第六章 法律责任

第三十七条 地方人民政府、政府统计机构或者有关部门、单位的负责人有下列行为之一的，由任免机关或者监察机关依法给予处分，并由县级以上人民政府统计机构予以通报：

(一)自行修改统计资料、编造虚假统计数据的；

（二）要求统计机构、统计人员或者其他机构、人员伪造、篡改统计资料的；

（三）对依法履行职责或者拒绝、抵制统计违法行为的统计人员打击报复的；

（四）对本地方、本部门、本单位发生的严重统计违法行为失察的。

第三十八条　县级以上人民政府统计机构或者有关部门在组织实施统计调查活动中有下列行为之一的，由本级人民政府、上级人民政府统计机构或者本级人民政府统计机构责令改正，予以通报；对直接负责的主管人员和其他直接责任人员，由任免机关或者监察机关依法给予处分：

（一）未经批准擅自组织实施统计调查的；

（二）未经批准擅自变更统计调查制度的内容的；

（三）伪造、篡改统计资料的；

（四）要求统计调查对象或者其他机构、人员提供不真实的统计资料的；

（五）未按照统计调查制度的规定报送有关资料的。

统计人员有前款第三项至第五项所列行为之一的，责令改正，依法给予处分。

第三十九条　县级以上人民政府统计机构或者有关部门有下列行为之一的，对直接负责的主管人员和其他直接责任人员由任免机关或者监察机关依法给予处分：

（一）违法公布统计资料的；

（二）泄露统计调查对象的商业秘密、个人信息或者提供、泄露在统计调查中获得的能够识别或者推断单个统计调查对象身份的资料的；

（三）违反国家有关规定，造成统计资料毁损、灭失的。

统计人员有前款所列行为之一的，依法给予处分。

第四十条　统计机构、统计人员泄露国家秘密的，依法追究法律责任。

第四十一条　作为统计调查对象的国家机关、企业事业单位或者其他组织有下列行为之一的，由县级以上人民政府统计机构责令改正，给予警告，可以予以通报；其直接负责的主管人员和其他直接责任人员属于国家工作人员的，由任免机关或者监察机关依法给予处分：

（一）拒绝提供统计资料或者经催报后仍未按时提供统计资料的；

（二）提供不真实或者不完整的统计资料的；

（三）拒绝答复或者不如实答复统计检查查询书的；

（四）拒绝、阻碍统计调查、统计检查的；

（五）转移、隐匿、篡改、毁弃或者拒绝提供原始记录和凭证、统计台账、统计调查表及其他相关证明和资料的。

企业事业单位或者其他组织有前款所列行为之一的，可以并处五万元以下的罚款；情节严重的，并处五万元以上二十万元以下的罚款。

个体工商户有本条第一款所列行为之一的，由县级以上人民政府统计机构责令改正，给予警告，可以并处一万元以下的罚款。

第四十二条　作为统计调查对象的国家机关、企业事业单位或者其他组织迟报统计资料，或者未按照国家有关规定设置原始记录、统计台账的，由县级以上人民政府统计机构责令改正，给予警告。

企业事业单位或者其他组织有前款所列行为之一的，可以并处一万元以下的罚款。

个体工商户迟报统计资料的，由县级以上人民政府统计机构责令改正，给予警告，可以并处一千元以下的罚款。

第四十三条 县级以上人民政府统计机构查处统计违法行为时，认为对有关国家工作人员依法应当给予处分的，应当提出给予处分的建议；该国家工作人员的任免机关或者监察机关应当依法及时作出决定，并将结果书面通知县级以上人民政府统计机构。

第四十四条 作为统计调查对象的个人在重大国情国力普查活动中拒绝、阻碍统计调查，或者提供不真实或者不完整的普查资料的，由县级以上人民政府统计机构责令改正，予以批评教育。

第四十五条 违反本法规定，利用虚假统计资料骗取荣誉称号、物质利益或者职务晋升的，除对其编造虚假统计资料或者要求他人编造虚假统计资料的行为依法追究法律责任外，由作出有关决定的单位或者其上级单位、监察机关取消其荣誉称号，追缴获得的物质利益，撤销晋升的职务。

第四十六条 当事人对县级以上人民政府统计机构作出的行政处罚决定不服的，可以依法申请行政复议或者提起行政诉讼。其中，对国家统计局在省、自治区、直辖市派出的调查机构作出的行政处罚决定不服的，向国家统计局申请行政复议；对国家统计局派出的其他调查机构作出的行政处罚决定不服的，向国家统计局在该派出机构所在的省、自治区、直辖市派出的调查机构申请行政复议。

第四十七条 违反本法规定，构成犯罪的，依法追究刑事责任。

第七章 附 则

第四十八条 本法所称县级以上人民政府统计机构，是指国家统计局及其派出的调查机构、县级以上地方人民政府统计机构。

第四十九条 民间统计调查活动的管理办法，由国务院制定。

中华人民共和国境外的组织、个人需要在中华人民共和国境内进行统计调查活动的，应当按照国务院的规定报请审批。

利用统计调查危害国家安全、损害社会公共利益或者进行欺诈活动的，依法追究法律责任。

第五十条 本法自2010年1月1日起施行。

全国经济普查条例

中华人民共和国国务院令

第415号

现公布《全国经济普查条例》，自公布之日起施行。

总理 温家宝

二○○四年九月五日

全国经济普查条例

第一章 总 则

第一条 为了科学、有效地组织实施全国经济普查，保障经济普查数据的准确性和及时性，根据《中华人民共和国统计法》，制定本条例。

第二条 经济普查的目的，是为了全面掌握我国第二产业、第三产业的发展规模、结构和效益等情况，建立健全基本单位名录库及其数据库系统，为研究制定国民经济和社会发展规划，提高决策和管理水平奠定基础。

第三条 经济普查工作按照全国统一领导、部门分工协作、地方分级负责、各方共同参与的原则组织实施。

第四条 国家机关、社会团体、企业事业单位、其他组织和个体经营户应当依照《中华人民共和国统计法》和本条例的规定，积极参与并密切配合经济普查工作。

第五条 各级宣传部门应当充分利用报刊、广播、电视、互联网和户外广告等媒体，认真做好经济普查的社会宣传、动员工作。

第六条 经济普查所需经费，由中央和地方各级人民政府共同负担，并列入相应年度的财政预算，按时拨付，确保到位。

经济普查经费应当统一管理、专款专用，从严控制支出。

第七条 经济普查每5年进行一次，标准时点为普查年份的12月31日。

第二章 经济普查对象、范围和方法

第八条 经济普查对象是在中华人民共和国境内从事第二产业、第三产业活动的全部法人单位、产业活动单位和个体经营户。

第九条 经济普查对象有义务接受经济普查机构和经普查人员依法进行的调查。

经济普查对象应当如实、按时填报经济普查表，不得虚报、瞒报、拒报和迟报经济普查数据。

经济普查对象应当按照经济普查机构和经济普查人员的要求，及时提供与经济普查有关的资料。

第十条　经济普查的行业范围包括：

（一）采矿业；

（二）制造业；

（三）电力、燃气及水的生产和供应业；

（四）建筑业；

（五）交通运输、仓储和邮政业；

（六）信息传输、计算机服务和软件业；

（七）批发和零售业；

（八）住宿和餐饮业；

（九）金融业；

（十）房地产业；

（十一）租赁和商务服务业；

（十二）科学研究、技术服务和地质勘查业；

（十三）水利、环境和公共设施管理业；

（十四）居民服务和其他服务业；

（十五）教育；

（十六）卫生、社会保障和社会福利业；

（十七）文化、体育和娱乐业；

（十八）公共管理和社会组织等。

第十一条　经济普查采用全面调查的方法，但对个体经营户的生产经营情况可以采用抽样调查的方法。

第三章　经济普查表式、主要内容和标准

第十二条　经济普查按照对象的不同类型，设置法人单位调查表、产业活动单位调查表和个体经营户调查表。

第十三条　经济普查的主要内容包括：单位基本属性、从业人员、财务状况、生产经营情况、生产能力、原材料和能源消耗、科技活动情况等。

第十四条　经济普查采用国家规定的统计分类标准和目录。

第四章　经济普查的组织实施

第十五条　国务院设立经济普查领导小组及其办公室。国务院经济普查领导小组负责经济普查的组织和实施。领导小组办公室设在国家统计局，具体负责经济普查的日常组织和协调。

国务院各有关部门应当各负其责、密切配合，认真做好相关工作。

第十六条　地方各级人民政府设立经济普查领导小组及其办公室，按照国务院经济普查领导小组及其办公室的统一规定和要求，具体组织实施当地的经济普查工作。

街道办事处和居(村)民委员会应当广泛动员和组织社会力量积极参与并认真做好经济普查工作。

第十七条　国务院和地方各级人民政府有关部门设立经济普查机构,负责完成国务院和本级地方人民政府经济普查领导小组办公室指定的经济普查任务。

第十八条　大型企业应当设立经济普查机构,负责本企业经济普查表的填报工作。其他各类法人单位应当指定相关人员负责本单位经济普查表的填报工作。

第十九条　地方各级经济普查机构应当根据工作需要,聘用或者从有关单位商调普查指导员和普查员。各有关单位应当积极推荐符合条件的人员担任普查指导员和普查员。

普查指导员和普查员应当身体健康、责任心强并具有相应的专业知识。

第二十条　聘用人员应当由当地经济普查机构支付劳动报酬。商调人员的工资由原单位支付,其福利待遇保持不变。

第二十一条　地方各级经济普查机构应当统一对普查指导员和普查员进行业务培训,并经考核合格后颁发普查指导员证或者普查员证。普查指导员和普查员在执行经济普查任务时,应当主动出示证件。

普查员负责组织指导经济普查对象填报经济普查表,普查指导员负责指导、检查普查员的工作。

第二十二条　普查指导员和普查员有权查阅法人单位、产业活动单位和个体经营户与经济普查有关的财务会计、统计和业务核算等相关原始资料及有关经营证件,有权要求经济普查对象改正其经济普查表中不确实的内容。

第二十三条　各级经济普查机构在经济普查准备阶段应当进行单位清查,准确界定经济普查表的种类。

各级编制、民政、税务、工商、质检以及其他具有单位设立审批、登记职能的部门,负责向同级经济普查机构提供其审批或者登记的单位资料,并共同做好单位清查工作。

县级经济普查机构以本地区现有基本单位名录库为基础,结合有关部门提供的单位资料,按照经济普查小区逐一核实清查,形成经济普查单位名录。

第二十四条　县级经济普查机构应当按照清查形成的单位名录,做好经济普查表的发放、收集、审核、录入和上报工作。

法人单位填报法人单位调查表,并负责组织其下属的产业活动单位填报产业活动单位调查表。

第二十五条　各级经济普查机构和经济普查人员依法独立行使调查、报告、监督的职权,任何单位和个人不得干涉。

各地方、各部门、各单位的领导人对经济普查机构和经济普查人员依法提供的经济普查资料不得自行修改,不得强令或者授意经济普查机构、经济普查人员篡改经济普查资料或者编造虚假数据。

第五章　数据处理和质量控制

第二十六条　经济普查的数据处理工作由县级以上各级经济普查机构组织实施。

国务院经济普查领导小组办公室负责提供各地方使用的数据处理标准和程序。

地方各级经济普查机构按照国务院经济普查领导小组办公室的统一要求和标准进行数据处理,并逐级上报经济普查数据。

第二十七条　经济普查数据处理结束后,各级经济普查机构应当做好数据备份和数据入库工作,建立健全基本单位名录库及其数据库系统，并强化日常管理和维护更新。

第二十八条 地方各级经济普查机构应当根据国务院经济普查领导小组办公室的统一规定，建立经济普查数据质量控制岗位责任制，并对经济普查实施中的每个环节实行质量控制和检查验收。

第二十九条 国务院经济普查领导小组办公室统一组织经济普查数据的质量抽查工作，抽查结果作为评估全国及各地区经济普查数据质量的主要依据。

各级经济普查机构应当对经济普查的汇总数据进行认真分析和综合评估。

第六章 数据公布、资料管理和开发应用

第三十条 各级经济普查机构应当按照国家规定发布经济普查公报。

地方各级经济普查机构发布经济普查公报应当经上一级经济普查机构核准。

第三十一条 各级经济普查机构应当认真做好经济普查资料的保存、管理和对社会公众提供服务等项工作，并对经济普查资料进行开发和应用。

第三十二条 各级经济普查机构及其工作人员应当遵守《中华人民共和国统计法》和《中华人民共和国统计法实施细则》的有关规定，对在经济普查中所知悉的国家秘密和经济普查对象的商业秘密，履行保密义务。

第三十三条 经济普查取得的单位和个人资料，严格限定用于经济普查的目的，不作为任何单位对经济普查对象实施处罚的依据。

第七章 表彰和处罚

第三十四条 对在经济普查工作中贡献突出的先进集体和先进个人，由各级经济普查机构给予表彰和奖励。

第三十五条 地方、部门、单位的领导人自行修改经济普查资料、编造虚假数据或者强令、授意经济普查机构、经济普查人员篡改经济普查资料或者编造虚假数据的，依法给予行政处分或者纪律处分，并由县级以上人民政府统计机构给予通报批评。

经济普查人员参与篡改经济普查资料、编造虚假数据的，由县级以上人民政府统计机构给予通报批评，依法给予行政处分，或者建议有关部门、单位依法给予行政处分或者纪律处分。

第三十六条 经济普查对象有下列违法行为之一的，由县级以上人民政府统计机构责令改正，给予通报批评；情节较重的，可以建议有关部门、单位对负有直接责任的主管人员和其他直接责任人员依法给予行政处分或者纪律处分：

（一）拒绝或者妨碍接受经济普查机构、经济普查人员依法进行的调查的；

（二）提供虚假或者不完整的经济普查资料的；

（三）未按时提供与经济普查有关的资料，经催报后仍未提供的。

企业事业组织有前款所列违法行为之一的，由县级以上人民政府统计机构给予警告，并可以处5万元以下罚款；个体经营户有前款所列违法行为之一的，由县级以上人民政府统计机构给予警告，并可以处1万元以

下罚款。

第三十七条　各级经济普查机构应当设立举报电话，接受社会各界对经济普查中单位和个人违法行为的检举和监督，并对举报有功人员给予奖励。

第八章　附 则

第三十八条　本条例自公布之日起施行。

全国农业普查条例

中华人民共和国国务院令

第473号

现公布《全国农业普查条例》，自公布之日起施行。

总　理　温家宝

二〇〇六年八月二十三日

全国农业普查条例

第一章　总　　则

第一条　为了科学、有效地组织实施全国农业普查，保障农业普查数据的准确性和及时性，根据《中华人民共和国统计法》，制定本条例。

第二条　农业普查的目的，是全面掌握我国农业、农村和农民的基本情况，为研究制定经济社会发展战略、规划、政策和科学决策提供依据，并为农业生产经营者和社会公众提供统计信息服务。

第三条　农业普查工作按照全国统一领导、部门分工协作、地方分级负责的原则组织实施。

第四条　国家机关、社会团体以及与农业普查有关的单位和个人，应当依照《中华人民共和国统计法》和本条例的规定，积极参与并密切配合农业普查工作。

第五条　各级农业普查领导小组办公室（以下简称普查办公室）和普查办公室工作人员、普查指导员、普查员（以下统称普查人员）依法独立行使调查、报告、监督的职权，任何单位和个人不得干涉。

各地方、各部门、各单位的领导人对普查办公室和普查人员依法提供的农业普查资料不得自行修改，不得强令、授意普查办公室、普查人员和普查对象篡改农业普查资料或者编造虚假数据，不得对拒绝、抵制篡改农业普查资料或者拒绝、抵制编造虚假数据的人员打击报复。

第六条　各级宣传部门应当充分利用报刊、广播、电视、互联网和户外广告等媒体，采取多种形式，认真做好农业普查的宣传动员工作。

第七条　农业普查所需经费，由中央和地方各级人民政府共同负担，并列入相应年度的财政预算，按时拨付，确保足额到位。

农业普查经费应当统一管理、专款专用、从严控制支出。

第八条　农业普查每10年进行一次，尾数逢6的年份为普查年度，标准时点为普查年度的12月31日24时。特殊地区的普查登记时间经国务院农业普查领导小组办公室批准，可以适当调整。

第二章　农业普查的对象、范围和内容

第九条　农业普查对象是在中华人民共和国境内的下列个人和单位：

（一）农村住户，包括农村农业生产经营户和其他住户；

（二）城镇农业生产经营户；

（三）农业生产经营单位；

（四）村民委员会；

（五）乡镇人民政府。

第十条　农业普查对象应当如实回答普查人员的询问，按时填报农业普查表，不得虚报、瞒报、拒报和迟报。

农业普查对象应当配合县级以上人民政府统计机构和国家统计局派出的调查队依法进行的监督检查，如实反映情况，提供有关资料，不得拒绝、推诿和阻挠检查，不得转移、隐匿、篡改、毁弃原始记录、统计台账、普查表、会计资料及其他相关资料。

第十一条　农业普查行业范围包括：农作物种植业、林业、畜牧业、渔业和农林牧渔服务业。

第十二条　农业普查内容包括：农业生产条件、农业生产经营活动、农业土地利用、农村劳动力及就业、农村基础设施、农村社会服务、农民生活，以及乡镇、村民委员会和社区环境等情况。

前款规定的农业普查内容，国务院农业普查领导小组办公室可以根据具体情况进行调整。

第十三条　农业普查采用全面调查的方法。国务院农业普查领导小组办公室可以决定对特定内容采用抽样调查的方法。

第十四条　农业普查采用国家统计分类标准。

第十五条　农业普查方案由国务院农业普查领导小组办公室统一制订。

省级普查办公室可以根据需要增设农业普查附表，报经国务院农业普查领导小组办公室批准后实施。

第三章　农业普查的组织实施

第十六条　国务院设立农业普查领导小组及其办公室。国务院农业普查领导小组负责组织和领导全国农业普查工作。国务院农业普查领导小组办公室设在国家统计局，具体负责农业普查日常工作的组织和协调。

第十七条　地方各级人民政府设立农业普查领导小组及其办公室，按照国务院农业普查领导小组及其办公室的统一规定和要求，负责本行政区域内农业普查的组织实施工作。国家统计局派出的调查队作为农业普查领导小组及其办公室的成员单位，参与农业普查的组织实施工作。

村民委员会应当在乡镇人民政府的指导下做好本区域内的农业普查工作。

第十八条　国务院和地方各级人民政府的有关部门应当积极参与并密切配合普查办公室开展农业普查工作。

军队、武警部队所属农业生产单位的农业普查工作，由军队、武警部队分别负责组织实施。

新疆生产建设兵团的农业普查工作，由新疆生产建设兵团农业普查领导小组及其办公室负责组织实施。

第十九条　农村的普查现场登记按普查区进行。普查区以村民委员会管理地域为基础划分，每个普查区可以划分为若干个普查小区。

城镇的普查现场登记，按照普查方案的规定进行。

第二十条 每个普查小区配备一名普查员，负责普查的访问登记工作。每个普查区至少配备一名普查指导员，负责安排、指导和督促检查普查员的工作，也可以直接进行访问登记。

普查指导员和普查员主要由有较高文化水平的乡村干部、村民小组长和其他当地居民担任。

普查指导员和普查员应当身体健康、责任心强。

第二十一条 普查办公室根据工作需要，可以聘用或者从其他有关单位借调人员从事农业普查工作。有关单位应当积极推荐符合条件的人员从事农业普查工作。

聘用人员应当由聘用单位支付劳动报酬。借调人员的工资由原单位支付，其福利待遇保持不变。

农业普查经费中应当对村普查指导员、普查员安排适当的工作补贴。

第二十二条 地方普查办公室应当对普查指导员和普查员进行业务培训，并对考核合格的人员颁发全国统一的普查指导员证或者普查员证。

第二十三条 普查人员有权就与农业普查有关的问题询问有关单位和个人，要求有关单位和个人如实提供有关情况和资料、修改不真实的资料。

第二十四条 普查人员应当坚持实事求是，恪守职业道德，拒绝、抵制农业普查工作中的违法行为。

普查人员应当严格执行普查方案，不得伪造、篡改普查资料，不得强令、授意普查对象提供虚假的普查资料。

普查指导员和普查员执行农业普查任务时，应当出示普查指导员证或者普查员证。

第二十五条 普查员应当依法直接访问普查对象，当场进行询问、填报。普查表填写完成后，应当由普查对象签字或者盖章确认。普查对象应当对其签字或者盖章的普查资料的真实性负责。

普查人员应当对其负责登记、审核、录入的普查资料与普查对象签字或者盖章的普查资料的一致性负责。

普查办公室应当对其加工、整理的普查资料的准确性负责。

第四章　数据处理和质量控制

第二十六条 农业普查数据处理方案和实施办法，由国务院农业普查领导小组办公室制订。

地方普查办公室应当按照数据处理方案和实施办法的规定进行数据处理，并按时上报普查数据。

第二十七条 农业普查的数据处理工作由设区的市级以上普查办公室组织实施。

第二十八条 普查办公室应当做好数据备份和加载入库工作，建立健全农业普查数据库系统，并加强日常管理和维护更新。

第二十九条 国家建立农业普查数据质量控制制度。

普查办公室应当对普查实施中的每个环节实行质量控制和检查验收。

第三十条 普查人员实行质量控制工作责任制。

普查人员应当按照普查方案的规定对普查数据进行审核、复查和验收。

第三十一条 国务院农业普查领导小组办公室统一组织农业普查数据的事后质量抽查工作。抽查结果作为评估全国或者各省、自治区、直辖市农业普查数据质量的重要依据。

第五章　数据公布、资料管理和开发应用

第三十二条　国家建立农业普查资料公布制度。

农业普查汇总资料，除依法予以保密的外，应当及时向社会公布。

全国农业普查数据和各省、自治区、直辖市的主要农业普查数据，由国务院农业普查领导小组办公室审定并会同国务院有关部门公布。

地方普查办公室发布普查公报，应当报经上一级普查办公室核准。

第三十三条　普查办公室和普查人员对在农业普查工作中搜集的单个普查对象的资料，应予保密，不得用于普查以外的目的。

第三十四条　普查办公室应当做好农业普查资料的保存、管理和为社会公众提供服务等工作，并对农业普查资料进行开发和应用。

第三十五条　县级以上各级人民政府统计机构和有关部门可以根据农业普查结果，对有关常规统计的历史数据进行修正，具体办法由国家统计局规定。

第六章　表彰和处罚

第三十六条　对认真执行本条例，忠于职守，坚持原则，做出显著成绩的单位和个人，应当给予奖励。

第三十七条　地方、部门、单位的领导人自行修改农业普查资料，强令、授意普查办公室、普查人员和普查对象篡改农业普查资料或者编造虚假数据，对拒绝、抵制篡改农业普查资料或者拒绝、抵制编造虚假数据的人员打击报复的，依法给予行政处分或者纪律处分，并由县级以上人民政府统计机构或者国家统计局派出的调查队给予通报批评；构成犯罪的，依法追究刑事责任。

第三十八条　普查人员不执行普查方案，伪造、篡改普查资料，强令、授意普查对象提供虚假普查资料的，由县级以上人民政府统计机构或者国家统计局派出的调查队责令改正，依法给予行政处分或者纪律处分，并可以给予通报批评。

第三十九条　农业普查对象有下列违法行为之一的，由县级以上人民政府统计机构或者国家统计局派出的调查队责令改正，给予通报批评；情节严重的，对负有直接责任的主管人员和其他直接责任人员依法给予行政处分或者纪律处分：

（一）拒绝或者妨碍普查办公室、普查人员依法进行调查的；

（二）提供虚假或者不完整的农业普查资料的；

（三）未按时提供与农业普查有关的资料，经催报后仍未提供的；

（四）拒绝、推诿和阻挠依法进行的农业普查执法检查的；

（五）在接受农业普查执法检查时，转移、隐匿、篡改、毁弃原始记录、统计台账、普查表、会计资料及其他相关资料的。

农业生产经营单位有前款所列违法行为之一的，由县级以上人民政府统计机构或者国家统计局派出的调查队予以警告，并可以处5万元以下罚款；农业生产经营户有前款所列违法行为之一的，由县级以上人民政

府统计机构或者国家统计局派出的调查队予以警告，并可以处1万元以下罚款。

农业普查对象有本条第一款第(一)、(四)项所列违法行为之一的，由公安机关依法给予治安管理处罚。

第四十条　普查人员失职、渎职等造成严重后果的，应当依法给予行政处分或者纪律处分，并可以由县级以上人民政府统计机构或者国家统计局派出的调查队给予通报批评。

第四十一条　普查办公室应当设立举报电话和信箱，接受社会各界对农业普查违法行为的检举和监督，并对举报有功人员给予奖励。

第七章　附　　则

第四十二条　本条例自公布之日起施行。

全国人口普查条例

中华人民共和国国务院令

第576号

《全国人口普查条例》已经2010年5月12日国务院第111次常务会议通过，现予公布，自2010年6月1日起施行。

总理　温家宝

二〇一〇年五月二十四日

全国人口普查条例

第一章 总则

第一条　为了科学、有效地组织实施全国人口普查，保障人口普查数据的真实性、准确性、完整性和及时性，根据《中华人民共和国统计法》，制定本条例。

第二条　人口普查的目的是全面掌握全国人口的基本情况，为研究制定人口政策和经济社会发展规划提供依据，为社会公众提供人口统计信息服务。

第三条　人口普查工作按照全国统一领导、部门分工协作、地方分级负责、各方共同参与的原则组织实施。

国务院统一领导全国人口普查工作，研究决定人口普查中的重大问题。地方各级人民政府按照国务院的统一规定和要求，领导本行政区域的人口普查工作。

在人口普查工作期间，各级人民政府设立由统计机构和有关部门组成的人口普查机构(以下简称普查机构)，负责人口普查的组织实施工作。

村民委员会、居民委员会应当协助所在地人民政府动员和组织社会力量，做好本区域的人口普查工作。

国家机关、社会团体、企业事业单位应当按照《中华人民共和国统计法》和本条例的规定，参与并配合人口普查工作。

第四条　人口普查对象应当按照《中华人民共和国统计法》和本条例的规定，真实、准确、完整、及时地提供人口普查所需的资料。

人口普查对象提供的资料，应当依法予以保密。

第五条　普查机构和普查机构工作人员、普查指导员、普查员(以下统称普查人员)依法独立行使调查、报告、监督的职权，任何单位和个人不得干涉。

地方各级人民政府、各部门、各单位及其负责人，不得自行修改普查机构和普查人员依法搜集、整理的人口普查资料，不得以任何方式要求普查机构和普查人员及其他单位和个人伪造、篡改人口普查资料，不得对依法履行职责或者拒绝、抵制人口普查违法行为的普查人员打击报复。

第六条　各级人民政府应当利用报刊、广播、电视、互联网和户外广告等媒介，开展人口普查的宣传动员工作。

第七条　人口普查所需经费，由国务院和地方各级人民政府共同负担，并列入相应年度的财政预算，按时拨付，确保足额到位。

人口普查经费应当统一管理、专款专用，从严控制支出。

第八条 人口普查每10年进行一次，尾数逢0的年份为普查年度，标准时点为普查年度的11月1日零时。

第九条 国家统计局会同国务院有关部门制定全国人口普查方案（以下简称普查方案），报国务院批准。

人口普查应当按照普查方案的规定执行。

第十条 对认真执行本条例，忠于职守、坚持原则，做出显著成绩的单位和个人，按照国家有关规定给予表彰和奖励。

第二章 人口普查的对象、内容和方法

第十一条 人口普查对象是指普查标准时点在中华人民共和国境内的自然人以及在中华人民共和国境外但未定居的中国公民，不包括在中华人民共和国境内短期停留的境外人员。

第十二条 人口普查主要调查人口和住户的基本情况，内容包括姓名、性别、年龄、民族、国籍、受教育程度、行业、职业、迁移流动、社会保障、婚姻、生育、死亡、住房情况等。

第十三条 人口普查采用全面调查的方法，以户为单位进行登记。

第十四条 人口普查采用国家统计分类标准。

第三章 人口普查的组织实施

第十五条 人口普查登记前，公安机关应当按照普查方案的规定完成户口整顿工作，并将有关资料提交本级人口普查机构。

第十六条 人口普查登记前应当划分普查区，普查区以村民委员会、居民委员会所辖区域为基础划分，每个普查区划分为若干普查小区。

第十七条 每个普查小区应当至少有一名普查员，负责入户登记等普查工作。每个普查区应当至少有一名普查指导员，负责安排、指导、督促和检查普查员的工作，也可以直接进行入户登记。

第十八条 普查指导员和普查员应当具有初中以上文化水平，身体健康，责任心强。

第十九条 普查指导员和普查员可以从国家机关、社会团体、企业事业单位借调，也可以从村民委员会、居民委员会或者社会招聘。借调和招聘工作由县级人民政府负责。

国家鼓励符合条件的公民作为志愿者参与人口普查工作。

第二十条 借调的普查指导员和普查员的工资由原单位支付，其福利待遇保持不变，并保留其原有工作岗位。

招聘的普查指导员和普查员的劳动报酬，在人口普查经费中予以安排，由聘用单位支付。

第二十一条 普查机构应当对普查指导员和普查员进行业务培训，并对考核合格的人员颁发全国统一的普查指导员证或者普查员证。

普查指导员和普查员执行人口普查任务时，应当出示普查指导员证或者普查员证。

第二十二条 人口普查登记前，普查指导员、普查员应当绘制普查小区图，编制普查小区户主姓名底册。

第二十三条 普查指导员、普查员入户登记时，应当向人口普查对象说明人口普查的目的、法律依据以

及人口普查对象的权利和义务。

第二十四条　人口普查对象应当按时提供人口普查所需的资料，如实回答相关问题，不得隐瞒有关情况，不得提供虚假信息，不得拒绝或者阻碍人口普查工作。

第二十五条　人口普查对象应当在普查表上签字或者盖章确认，并对其内容的真实性负责。

第二十六条　普查人员应当坚持实事求是，恪守职业道德，拒绝、抵制人口普查工作中的违法行为。

普查机构和普查人员不得伪造、篡改普查资料，不得以任何方式要求任何单位和个人提供虚假的普查资料。

第二十七条　人口普查实行质量控制岗位责任制，普查机构应当对人口普查实施中的每个环节实行质量控制和检查，对人口普查数据进行审核、复查和验收。

第二十八条　国家统计局统一组织人口普查数据的事后质量抽查工作。

第四章　人口普查资料的管理和公布

第二十九条　地方各级普查机构应当按照普查方案的规定进行数据处理，并按时上报人口普查资料。

第三十条　人口普查汇总资料，除依法应当保密的外，应当予以公布。

全国和各省、自治区、直辖市主要人口普查数据，由国家统计局以公报形式公布。

地方人民政府统计机构公布本行政区域主要人口普查数据，应当报经上一级人民政府统计机构核准。

第三十一条　各级人民政府统计机构应当做好人口普查资料的管理、开发和应用，为社会公众提供查询、咨询等服务。

第三十二条　人口普查中获得的原始普查资料，按照国家有关规定保存、销毁。

第三十三条　人口普查中获得的能够识别或者推断单个普查对象身份的资料，任何单位和个人不得对外提供、泄露，不得作为对人口普查对象作出具体行政行为的依据，不得用于人口普查以外的目的。

人口普查数据不得作为对地方人民政府进行政绩考核和责任追究的依据。

第五章　法律责任

第三十四条　地方人民政府、政府统计机构或者有关部门、单位的负责人有下列行为之一的，由任免机关或者监察机关依法给予处分，并由县级以上人民政府统计机构予以通报；构成犯罪的，依法追究刑事责任：

（一）自行修改人口普查资料、编造虚假人口普查数据的；

（二）要求有关单位和个人伪造、篡改人口普查资料的；

（三）不按照国家有关规定保存、销毁人口普查资料的；

（四）违法公布人口普查资料的；

（五）对依法履行职责或者拒绝、抵制人口普查违法行为的普查人员打击报复的；

（六）对本地方、本部门、本单位发生的严重人口普查违法行为失察的。

第三十五条　普查机构在组织实施人口普查活动中有下列违法行为之一的，由本级人民政府或者上级人民政府统计机构责令改正，予以通报；对直接负责的主管人员和其他直接责任人员，由任免机关或者监察机关依法给予处分：

(一)不执行普查方案的；

(二)伪造、篡改人口普查资料的；

(三)要求人口普查对象提供不真实的人口普查资料的；

(四)未按照普查方案的规定报送人口普查资料的；

(五)违反国家有关规定，造成人口普查资料毁损、灭失的；

(六)泄露或者向他人提供能够识别或者推断单个普查对象身份的资料的。

普查人员有前款所列行为之一的，责令其停止执行人口普查任务，予以通报，依法给予处分。

第三十六条 人口普查对象拒绝提供人口普查所需的资料，或者提供不真实、不完整的人口普查资料的，由县级以上人民政府统计机构责令改正，予以批评教育。

人口普查对象阻碍普查机构和普查人员依法开展人口普查工作，构成违反治安管理行为的，由公安机关依法给予处罚。

第三十七条 县级以上人民政府统计机构应当设立举报电话和信箱，接受社会各界对人口普查违法行为的检举和监督。

第六章 附则

第三十八条 中国人民解放军现役军人、人民武装警察等人员的普查内容和方法，由国家统计局会同国务院有关部门、军队有关部门规定。

交通极为不便地区的人口普查登记的时间和方法，由国家统计局会同国务院有关部门规定。

第三十九条 香港特别行政区、澳门特别行政区的人口数，按照香港特别行政区政府、澳门特别行政区政府公布的资料计算。

台湾地区的人口数，按照台湾地区有关主管部门公布的资料计算。

第四十条 为及时掌握人口发展变化情况，在两次人口普查之间进行全国1%人口抽样调查。全国1%人口抽样调查参照本条例执行。

第四十一条 本条例自2010年6月1日起施行。

《统计违法违纪行为处分规定》

中华人民共和国监察部
中华人民共和国人力资源和社会保障部　令
国家统计局

第18号

《统计违法违纪行为处分规定》已经监察部2009年2月9日第一次部长办公会议、人力资源社会保障部2008年12月30日第十六次部务会议、国家统计局2008年11月6日第十八次局务会议审议通过。现予公布，自2009年5月1日起施行。

监察部部长　马驭
人力资源社会保障部部长　尹蔚民
国家统计局局长　马建堂

二〇〇九年三月二十五日

第一条　为了加强统计工作，提高统计数据的准确性和及时性，惩处和预防统计违法违纪行为，促进统计法律法规的贯彻实施，根据《中华人民共和国统计法》、《中华人民共和国行政监察法》、《中华人民共和国公务员法》、《行政机关公务员处分条例》及其他有关法律、行政法规，制定本规定。

第二条　有统计违法违纪行为的单位中负有责任的领导人员和直接责任人员，以及有统计违法违纪行为的个人，应当承担纪律责任。属于下列人员的（以下统称有关责任人员），由任免机关或者监察机关按照管理权限依法给予处分：

（一）行政机关公务员；

（二）法律、法规授权的具有公共事务管理职能的事业单位中经批准参照《中华人民共和国公务员法》管理的工作人员；

（三）行政机关依法委托的组织中除工勤人员以外的工作人员；

（四）企业、事业单位、社会团体中由行政机关任命的人员。

法律、行政法规、国务院决定和国务院监察机关、国务院人力资源社会保障部门制定的处分规章对统计违法违纪行为的处分另有规定的，从其规定。

第三条　地方、部门以及企业、事业单位、社会团体的领导人员有下列行为之一的，给予记过或者记大过处分；情节较重的，给予降级或者撤职处分；情节严重的，给予开除处分：

（一）自行修改统计资料、编造虚假数据的；

(二)强令、授意本地区、本部门、本单位统计机构、统计人员或者其他有关机构、人员拒报、虚报、瞒报或者篡改统计资料、编造虚假数据的；

(三)对拒绝、抵制篡改统计资料或者对拒绝、抵制编造虚假数据的人员进行打击报复的；

(四)对揭发、检举统计违法违纪行为的人员进行打击报复的。

有前款第(三)项、第(四)项规定行为的，应当从重处分。

第四条 地方、部门以及企业、事业单位、社会团体的领导人员，对本地区、本部门、本单位严重失实的统计数据，应当发现而未发现或者发现后不予纠正，造成不良后果的，给予警告或者记过处分；造成严重后果的，给予记大过或者降级处分；造成特别严重后果的，给予撤职或者开除处分。

第五条 各级人民政府统计机构、有关部门及其工作人员在实施统计调查活动中，有下列行为之一的，对有关责任人员，给予记过或者记大过处分；情节较重的，给予降级或者撤职处分；情节严重的，给予开除处分：

(一)强令、授意统计调查对象虚报、瞒报或者伪造、篡改统计资料的；

(二)参与篡改统计资料、编造虚假数据的。

第六条 各级人民政府统计机构、有关部门及其工作人员在实施统计调查活动中，有下列行为之一的，对有关责任人员，给予警告、记过或者记大过处分；情节较重的，给予降级处分；情节严重的，给予撤职处分：

(一)故意拖延或者拒报统计资料的；

(二)明知统计数据不实，不履行职责调查核实，造成不良后果的。

第七条 统计调查对象中的单位有下列行为之一，情节较重的，对有关责任人员，给予警告、记过或者记大过处分；情节严重的，给予降级或者撤职处分；情节特别严重的，给予开除处分：

(一)虚报、瞒报统计资料的；

(二)伪造、篡改统计资料的；

(三)拒报或者屡次迟报统计资料的；

(四)拒绝提供情况、提供虚假情况或者转移、隐匿、毁弃原始统计记录、统计台账、统计报表以及与统计有关的其他资料的。

第八条 违反国家规定的权限和程序公布统计资料，造成不良后果的，对有关责任人员，给予警告或者记过处分；情节较重的，给予记大过或者降级处分；情节严重的，给予撤职处分。

第九条 有下列行为之一，造成不良后果的，对有关责任人员，给予警告、记过或者记大过处分；情节较重的，给予降级或者撤职处分；情节严重的，给予开除处分：

(一)泄露属于国家秘密的统计资料的；

(二)未经本人同意，泄露统计调查对象个人、家庭资料的；

(三)泄露统计调查中知悉的统计调查对象商业秘密的。

第十条 包庇、纵容统计违法违纪行为的，对有关责任人员，给予记过或者记大过处分；情节较重的，给予降级或者撤职处分；情节严重的，给予开除处分。

第十一条 受到处分的人员对处分决定不服的，依照《中华人民共和国行政监察法》、《中华人民共和国公务员法》、《行政机关公务员处分条例》等有关规定，可以申请复核或者申诉。

第十二条 任免机关、监察机关和人民政府统计机构建立案件移送制度。

任免机关、监察机关查处统计违法违纪案件，认为应当由人民政府统计机构给予行政处罚的，应当将有关案件材料移送人民政府统计机构。人民政府统计机构应当依法及时查处，并将处理结果书面告知任免机关、监察机关。

人民政府统计机构查处统计行政违法案件，认为应当由任免机关或者监察机关给予处分的，应当及时将有关案件材料移送任免机关或者监察机关。任免机关或者监察机关应当依法及时查处，并将处理结果书面告知人民政府统计机构。

第十三条　有统计违法违纪行为，应当给予党纪处分的，移送党的纪律检查机关处理。涉嫌犯罪的，移送司法机关依法追究刑事责任。

第十四条　本规定由监察部、人力资源社会保障部、国家统计局负责解释。

第十五条　本规定自2009年5月1日起施行。

关于印发《兵团人口界定办法》的通知

兵统发〔2010〕91号

各师统计局、第六次全国人口普查暨兵团人口统计调查工作领导小组办公室，兵团国有资产经营公司、中基实业股份公司、供销合作总公司，兵团第六次全国人口普查暨兵团人口统计调查工作领导小组办公室成员单位、各直属单位：

现将《兵团人口界定办法》印发给你们，请遵照执行。

兵团统计局　兵团第六次全国人口普查暨兵团人口统计调查工作领导小组办公室

二〇一〇年九月十三日

为使兵团人口统计调查和人口统计规范化、科学化，根据《兵团第六次全国人口普查暨人口统计调查方案》、兵团人口统计调查和人口统计报表制度要求，制定本办法。

第一条　兵团人口由居住在兵团管辖的阿拉尔市、图木舒克市、五家渠市和石河子市4个城市、175个农牧团场、独立工矿辖区（以下简称兵团城市和团场）的常住人口，兵团国资公司、供销公司、中基公司和驻地方城区的兵团直属、各师直属单位（以下简称兵直、师直单位）人口及划定区域人口构成。

第二条　兵团管辖的阿拉尔市、图木舒克市、五家渠市和石河子市4个城市、175个农牧团场、独立工矿辖区的常住人口，按国家统计报表制度规定范围，包括下列五种人：

（一）居住在兵团城市和团场、并已在兵团城市和团场办理常住户口登记的人。

（二）居住在兵团城市和团场半年以上、常住户口在兵团城市和团场以外的人。

（三）居住在兵团城市和团场不满半年、但离开常住户口登记地半年以上的人。

（四）调查时居住在兵团城市和团场、常住户口待定的人。

（五）原居住在兵团城市和团场，调查时在国外工作或学习、暂无常住户口的人。

第三条　兵直、师直单位人口指驻地方城区的兵直、师直单位从业及从业连带关系的全部人口和离退休职工，包括下列七种人：

（一）隶属关系明确属于兵团的兵直、师直企业（包括私营企业）、事业和机关单位的全部从业人员及从业连带关系人口、离退休职工（不包括新疆境外居住、或新疆境内非兵团管辖城市居住和非兵团单位居住的离退休职工，简称异地居住离退休职工）。统计时应遵循下列规定：

1. 在兵直、师直单位的全部从业人员。

2. 夫妻双方均在兵直、师直单位从业的家庭户中全部赡养人口及未成年子女。

3. 夫妻双方中，女方在兵直、师直单位从业的家庭户中除男方外的其它人口（包括赡养人口及未成年子女）；男方在兵直、师直单位从业只统计男方一人。

4. 夫妻双方不论男方或女方在兵直、师直单位从业，其中一方无工作单位、从事个体劳动或自由职业等，家庭户中的全部人口（包括赡养人口及未成年子女）。

5. 季节性、临时性劳动用工，需连续从业半年以上。

（二）隶属兵团大中专院校（包括成人大中专院校、各类职业学校和党校）就读的在校学生。

（三）在兵直、师直单位独立管辖区域内居住的全部人口（不包括非兵团单位人口）。

（四）由兵直、师直单位管理，且不在其管辖区域内居住的全部人口（不包括异地居住离退休职工）。

（五）在兵团监狱依法服刑、劳动教养人员。

（六）兵团军事部、武警指挥部的武警官兵及居住在军事部、武警部队营院内服务的职工、非现役公勤人员以及家属、保姆等。

（七）兵团保险系统在新疆境内的全部从业人员及从业连带关系人口、离退休职工（不包括异地居住离退休职工）。

第四条　兵团单位派驻新疆境外、或新疆境内非兵团城市从业及从业连带关系的全部人口。

第五条　划定区域指按照属地原则，与地方统计部门明确划分兵地统计范围（如天北新区、大营房区）、归属兵团统计、连续从业半年以上的个体、私营业主及雇佣人员。

第六条　本办法适用于兵团人口统计调查和人口统计报表制度。

第七条　本办法由兵团人口普查暨人口统计调查领导小组办公室和兵团统计局负责解释。

第八条　本办法经兵团正式批准后实施。

国家统计局关于《印发统计单位划分及具体处理办法》的通知

国统字〔2011〕96号

各省、自治区、直辖市统计局，新疆生产建设兵团统计局，国家统计局各调查总队，各司级行政单位、在京直属事业单位：

为统一和规范各项普查、常规统计调查和专项统计调查中对统计单位的划分，避免统计单位的重复和遗漏，我局制定了《统计单位划分及具体处理办法》。现印发给你们，请遵照执行。

国家统计局

二〇一一年十月二十日

第一章 总 则

第一条 为了科学有效地开展统计调查，统一和规范统计单位，避免统计单位的重复和遗漏，提高统计数据质量，根据《中华人民共和国统计法》等相关国家法律、法规和部门规章，特制定本办法。

本办法参考联合国有关统计单位的标准和规定。

第二条 本办法适用于各项普查、常规统计调查和专项统计调查。

第二章 统计单位类型

第三条 本办法中的统计单位包括法人单位、产业活动单位、个体经营户。

第四条 法人单位是指有权拥有资产、承担负债，并独立从事社会经济活动（或与其他单位进行交易）的组织。法人单位应同时具备以下条件：

（一）依法成立，有自己的名称、组织机构和场所，能够独立承担民事责任；

（二）独立拥有（或授权使用）资产或者经费，承担负债，有权与其他单位签订合同；

（三）具有包括资产负债表在内的账户，或者能够根据需要编制账户。

第五条 法人单位包括五种类型：企业法人、事业单位法人、机关法人、社会团体和其他成员组织法人、其他法人。

（一）企业法人是指依据《中华人民共和国公司登记管理条例》、《中华人民共和国企业法人登记管理条例》等国家法律和法规，经各级工商行政管理机关登记注册，领取《企业法人营业执照》的企业。包括：

1．公司制企业法人；

2．非公司制企业法人；

3. 依据《中华人民共和国个人独资企业法》、《中华人民共和国合伙企业法》，经各级工商行政管理机关登记注册，领取《营业执照》的个人独资企业、合伙企业。

（二）事业单位法人是指经国务院或地方县级以上机构编制管理部门批准，经国家或地方县级以上事业单位登记管理部门登记或备案，领取《事业单位法人证书》，取得法人资格的事业单位。包括：

1．各级党委、政府直属事业单位；

2．中共中央、国务院直属事业单位举办的事业单位；

3．各级人大、政协机关，人民法院、人民检察院和各民主党派机关举办的事业单位；

4．各级党委部门和政府部门举办的事业单位；

5．使用财政性经费的群众团体举办的事业单位；

6．国有企业及其他组织利用国有资产举办的事业单位；

7．依照法律或有关规定，应当由各级登记管理机关登记的其他事业单位。

（三）机关法人是指各级政党机关和国家机关。包括：

1．县级以上各级中国共产党委员会及其所属各工作部门；

2．县级以上各级人民代表大会机关；

3．县级以上各级人民政府及其所属各工作部门，以及地区行政行署；

4．县级以上各级政治协商会议机关；

5．县级以上各级人民法院、检察院机关；

6．县级以上各民主党派机关；

7．乡、镇中国共产党委员会和人民政府。

（四）社会团体和其他成员组织法人是指依据《社会团体登记管理条例》，经国家或县级以上民政部门登记注册或备案、领取《社会团体法人登记证书》的各类社会团体，以及由机构编制管理部门管理其编制的群众团体。包括：

1．社会团体法人；

2．群众团体法人；

3．其他成员组织法人。

（五）其他法人是指除上述类型以外的法人，是依据《中华人民共和国居民委员会组织法》、《中华人民共和国村民委员会组织法》、《基金会管理条例》、《农民专业合作社登记管理条例》及其他法律、法规，依法成立，具备法人条件的单位。包括：

1．居民委员会和村民委员会；

2．基金会；

3．领取《民办非企业单位（法人）登记证书》的民办非企业单位；

4．宗教组织和活动场所；

5．农民专业合作社；

6．其他未列明法人单位。

第六条　产业活动单位是指位于一个地点，从事一种或主要从事一种社会经济活动的组织或组织的一部分。产业活动单位应同时具备以下条件：

（一）在一个场所从事一种或主要从事一种社会经济活动；

（二）相对独立地组织生产活动或经营活动；

(三)能提供收入、支出等相关资料。

产业活动单位是法人单位的组成部分。仅包含一个产业活动单位的法人单位,称为单产业法人单位,该法人单位同时也是一个产业活动单位;由两个及以上产业活动单位组成的法人单位,称为多产业法人单位,这些产业活动单位接受法人单位的管理和控制。

第七条 个体经营户是指生产资料归劳动者个人所有,以个体劳动为基础,劳动成果归劳动者个人占有和支配的一种经营组织。个体经营户包括:

(一)按照《中华人民共和国民法通则》和《城乡个体工商户管理暂行条例》规定,经各级工商行政管理机关登记注册、领取《营业执照》的个体工商户;

(二)依据《民办非企业单位登记管理暂行条例》,经国务院民政部门和县级以上地方各级人民政府民政部门核准登记,并领取《民办非企业单位(合伙)登记证书》或《民办非企业单位(个人)登记证书》的民办非企业单位。

第三章 统计单位的统计原则

第八条 对统计单位按照在地原则进行统计,即统计单位按照以下情况归入所在区域的统计范围:

(一)经营地与行政登记住所在同一县级行政区域的统计单位,归入该县级区域的统计范围;

(二)经营地与行政登记住所不在同一县级行政区域的统计单位,原则上归入经营地所在的县级区域的统计范围;

(三)有两处或两处以上经营地的统计单位,归入主要经营地所在的县级区域的统计范围。

第九条 在对法人单位开展统计调查时,按照本办法第八条确定法人单位所属的县级行政区域。含有多个法人单位的多法人联合体,应分别对每个法人单位开展统计调查,不能将多个法人单位作为一个统计单位。

在对产业活动单位开展统计调查时,按其经营地确定所属的县级行政区域。对多产业法人单位,应按照各产业活动单位的经营地分别对每个产业活动单位开展统计调查。

第十条 法人单位下属跨省的分支机构,符合以下条件的,经与分支机构上级法人单位协商一致,并经国家统计局认可,可视同法人单位处理:

(一)在当地工商行政管理机关领取《营业执照》,并有独立的场所;

(二)以该分支机构的名义独立开展生产经营活动一年或一年以上;

(三)该分支机构的生产经营活动依法向当地纳税;

(四)具有包括资产负债表在内的账户,或者能够根据统计调查的需要提供财务资料。

按照不重不漏的原则,凡视同法人单位独立报送统计数据的分支机构,其上级法人单位(总部)的统计数据不再包括该分支机构的统计数据。

第四章 统计单位的具体处理办法

第十一条 工业企业的法人单位,如经营地与工商登记住所不在同一县级行政区域,且经营地不能报送法人单位完整统计数据,按企业管理机构所在地统计。

第十二条 建筑企业的法人单位按照注册地统计。

第十三条　以下垂直管理单位的跨地区分支机构，视同法人单位处理：

（一）各商业银行省级（省、自治区、直辖市）、地级（地区、地级市、州、盟）分支机构，以及其他金融机构（如农村信用合作社等）的省、地级分支机构视同法人单位；县级支行及所属的分理处、储蓄所作为产业活动单位。

（二）保险公司垂直管理的省、地级保险机构视同法人单位；县级及以下分支机构作为产业活动单位；

（三）中国电信、中国移动、中国联通、中国卫星通信等通信公司的省、地级分支机构视同法人单位；县级分支机构及营业网点作为产业活动单位。为电信公司提供分销服务且不隶属于电信系统的经营代办网点，根据证照确定单位类型；

（四）中国石油天然气集团公司、中国石油天然气股份公司、中国石油化工集团公司、中国石油化工股份公司、中国海洋石油总公司的省、地级分支机构（分公司）视同法人单位；省、地级石油销售公司视同法人单位，县级及以下的石油销售单位作为产业活动单位。中国石油天然气集团公司、中国石油天然气股份公司、中国石油化工集团公司、中国石油化工股份公司、中国海洋石油总公司下属的加油站作为产业活动单位；不隶属于上述公司的加油站根据证照确定单位类型；

（五）铁路系统的铁路局一级单位，以及隶属于铁路系统的检察院、法院、公安局、疾病控制所、防疫站视同法人单位；铁路局下属的站段、铁路办事处一级单位为产业活动单位；

（六）隶属于国家邮政集团公司的省、地级邮政机构视同法人单位；县级及以下分支机构作为产业活动单位；

（七）隶属于国家烟草专卖局（中国烟草总公司）的地级及以上烟草专卖机构视同法人单位；

（八）国家电网公司、区域电网公司下属的非法人省级分公司视同法人单位；发电公司、供电公司下属的非独立核算电力生产企业视同法人单位；非独立核算的地、县级供电公司作为产业活动单位；

（九）其他另外规定的单位。

第十四条　领取多个法人执照的一户多证（照）机构，如果是相同的人员、在相同的场地、从事同种活动，则作为一个法人单位；如果从事多种活动，并分别核算收入和支出等业务，则分别作为不同的法人单位。

第十五条 统计单位的派出机构按照以下方法确定统计单位类型：

（一）企业法人和事业单位法人派驻各地的派出机构（办事处、联络处、办公室、销售部、售后服务部等），按照以下情况处理：

1. 对外从事经营活动的派出机构（如销售部、售后服务部等），在工商部门登记注册并具有法人资格的，作为法人单位，否则作为产业活动单位；

2. 不直接从事经营活动的派出机构（如办事处、联络处、办公室等），不单独作为统计单位。

（二）机关法人的派出机构，按照以下情况处理：

1．机关法人驻外地的办事处和在乡（镇）设立的派出机构（如法庭、检察分院、公安派出所、财税所、工商所、国土所等），作为产业活动单位；

2．城镇街道办事处视同法人单位；

3．机关法人驻外地的办事处开办的经营性机构（宾馆、招待所、培训中心等），在工商部门登记注册并具有法人资格的，作为法人单位的，否则作为产业活动单位。

（三）外国企业和港澳台企业在中国境内常驻的从事与该企业业务有关的非营利性活动的办事处、代表处等机构，不具有法人资格的，作为产业活动单位。

第十六条　统计单位的内设机构按照以下方法确定统计单位类型：

（一）住宿业单位（宾馆、饭店）的内设机构，如从事餐饮、娱乐、健身、洗浴、商务服务等活动，符合产业活动单位条件的，作为产业活动单位；否则不单独作为统计单位。住宿业单位（宾馆、饭店）将内设机构承包给外单位（含个人），从事餐饮、娱乐、健身、洗浴、商务服务等活动，作为承包方的产业活动单位处理。

（二）企事业单位、机关下属不具备法人单位条件，以为本单位提供住宿、餐饮、卫生、洗浴、托儿所、运输、建筑、农业（农场、牧场）等服务为主的机构，符合产业活动单位条件的，作为产业活动单位；否则不单独作为统计单位。

（三）购物中心（百货商场、超市、仓储会员店等）内经营单位的划分，按照以下情况处理：

1. 购物中心自营的商品销售或餐饮经营活动，符合产业活动单位条件的，作为产业活动单位，否则不单独作为统计单位。

2. 购物中心对外出租的店面或柜台，如果由购物中心统一核算收支，不单独作为统计单位；如果不由购物中心统一核算收支的，分三种情况处理：承租单位在工商部门登记注册且具有法人资格的，作为法人单位；承租单位符合本办法第七条规定的，作为个体经营户；否则不单独作为统计单位。

百货商场、超市、仓储会员店以及其他商品零售门店或场所对外出租店面或柜台，参照上述情况处理。

（四）商品交易市场（集贸市场）内的经营单位，经工商部门登记注册且具有法人资格的，作为法人单位；符合本办法第七条规定的，作为个体经营户；不符合上述规定，但有固定摊位，实际从事经营活动三个月以上的商户，视为个体经营户。

第五章　附　则

第十七条　本办法由国家统计局负责解释。

第十八条　本办法自印发之日起实施。

关于印发《统计上地方与兵团统计调查单位界定的规定》的　通　知

新统字〔2012〕51号

伊犁哈萨克自治州统计局，各地、州、市统计局，兵团各师统计局：

现将《统计上地方与兵团统计调查单位界定的规定》印发给你们，请各地认真遵照执行。

附件：统计上地方与兵团统计调查单位界定的规定。

自治区统计局

兵 团 统计局

二〇一二年五月三十日

附件：

统计上地方与兵团统计调查单位界定的规定

第一章　总　则

第一条 为科学界定地方与兵团的统计调查对象，保证统计基本单位名录库的完整、准确，特制定本规定。

第二条 本规定以国家统计局《统计单位划分及具体处理办法》为基础，以合作方合同、工商注册资本构成等为依据，以隶属关系、在地统计为原则，统计调查数据的可获得性、不重不漏、便于操作的原则和协商解决的原则。

第三条 本办法适用于各项普查、全面统计调查、抽样调查和专项统计调查。

第二章　地方与兵团统计单位类型及其界定

第四条 本规定统计单位包括地方与兵团法人单位、产业活动单位和个体经营户。

第五条 法人单位是指有权拥有资产、承担负债，并独立从事社会经济活动（或与其他单位进行交易）的组织。法人单位应同时具备以下条件：

（一）依法成立，有自己的名称、组织机构和场所，能够独立承担民事责任；

（二）独立拥有（或授权使用）资产或者经费，承担负债，有权与其他单位签订合同；

（三）具有包括资产负债表在内的账户，或者能够根据需要编制账户。

第六条 法人单位包括五种类型：企业法人、事业单位法人、机关法人、社会团体法人和其他法人。

第七条 法人单位的界定：

凡隶属关系明确属于地方的法人单位，由地方负责调查。凡隶属关系明确属于兵团的法人单位，由兵团负责调查。隶属关系不明确的法人单位，由地方各级统计局和兵团各师统计局协商，并出具相关具体证明材料，明确负责调查方。

（一）在兵团辖区范围内的法人单位，由兵团负责调查。

（二）地方与兵团合资、合作单位，按照控股情况，由绝对控股或相对控股一方负责调查。

（三）招商引资所建企业，根据招商引资合同，谁招商谁统计。联合招商引资所建企业，由招商引资额较大的一方负责调查。

（四）利用兵团破产企业厂址或设备，新组建的企业，根据实际情况，由兵地双方协商确定。

第八条 产业活动单位是指位于一个地点，从事一种或主要从事一种社会经济活动的组织或组织的一部分。产业活动单位应同时具备以下条件：

（一）在一个场所从事一种或主要从事一种社会经济活动；

（二）相对独立地组织生产活动或经营活动；

（三）能提供收入、支出等相关资料。

中国统计出版社最新图书简目

（仅供参考，以实际出版为准）

统计资料

中国统计年鉴　中国统计摘要　中国发展报告
中国经济普查年鉴　国际统计年鉴　金砖国家联合统计手册
中国-东盟国家统计手册　中国农村统计年鉴　中国县域统计年鉴
中国城市统计年鉴　中国对外直接投资统计公报　中国地区经济监测报告
中国贸易外经统计年鉴　中国零售和餐饮连锁企业统计年鉴　中国商品交易市场统计年鉴
大中型批发零售和住宿餐饮企业统计年鉴　中国农产品价格调查年鉴　中国住户调查年鉴
中国价格统计年鉴　中国能源统计年鉴　全国农产品成本收益资料汇编
中国环境统计年鉴　中国建筑业统计年鉴　国外资源、能源和环境统计资料汇编
中国工业统计年鉴　中国城乡建设统计年鉴　中国县城建设统计年鉴
中国城市建设统计年鉴　中国科技统计年鉴　中国房地产统计年鉴
中国证券期货统计年鉴　中国劳动统计年鉴　中国第三产业统计年鉴
工业企业科技活动资料　中国社会统计年鉴　中国高技术产业统计年鉴
中国人才资源统计报告　中国教育统计年鉴　中国人口和就业统计年鉴
文化及相关产业统计概览　中国文化及相关产业统计年鉴　中国教育经费统计年鉴
中国民族统计年鉴　中国残疾人事业统计年鉴　中国民政统计年鉴
中国乡镇街道行政区域简册　中国基本单位统计年鉴　中国妇女儿童状况统计资料(英)

省级综合统计年鉴系列

北京 天津 河北 山西 内蒙古 辽宁 吉林 黑龙江 上海 江苏 浙江 安徽 福建 江西 山东 河南 湖北 湖南
广东 广西 海南 重庆 四川 贵州 云南 西藏 陕西 甘肃 青海 宁夏 新疆 新疆生产建设兵团

市(县)级综合统计年鉴系列

滨海新区 石家庄 唐山 邯郸 保定 沧州 邢台 廊坊 承德 衡水 秦皇岛 张家口 太原 大同 阳泉 长治 晋城
朔州 晋中 运城 忻州 临汾 吕梁 呼和浩特 呼和浩特新城区 鄂尔多斯 包头 沈阳 大连 长春 吉林 延吉 四平
通化 松原 哈尔滨 齐齐哈尔 黑龙江垦区 上海浦东新区 南京 无锡 徐州 常州 苏州 南通 连云港 淮安 盐城
扬州 镇江 泰州 宿迁 江阴 丹阳 海门 杭州 宁波 温州 嘉兴 湖州 绍兴 金华 衢州 舟山 台州 丽水 合肥
安庆 马鞍山 福州 厦门 宁德 漳州 龙岩 南昌 九江 上饶 新余 抚州 萍乡 赣州 吉安 景德镇 济南 青岛 潍坊
枣庄 日照 滕州 郑州 洛阳 平顶山 三门峡 商丘 信阳 济源 汝州 武汉 十堰 荆州 宜昌 荆门 咸宁 长沙 广州
深圳 惠州 东莞 汕尾 南宁 柳州 桂林 来宾 河池 防城港 海口 三亚 成都 贵阳 黔南 毕节 昆明 西安 咸阳
延安 宝鸡 安康 铜川 汉中 榆林 兰州 庆阳 银川 乌鲁木齐 兵团一师 兵团十师

调查年鉴系列

天津 山西 内蒙古 辽宁 吉林 上海 福建 江西 河南 湖北 湖南 广西 重庆 四川 云南 甘肃 宁夏 新疆

统计方法应用/实用手册

实用SAS统计分析教程　马克威统计分析与数据挖掘应用案例　统计公文知识问答
乡镇统计人员岗位知识培训系列教材:辅助调查员岗位基础知识　乡镇统计人员岗位基础知识
县级统计人员岗位知识培训系列教材:Excel在统计工作中的应用　简明统计分析
地市级统计人员岗位知识培训系列教材:统计报告与演示　Excel在统计工作中的应用

统计通俗读物/统计科普图书

国家统计局核心统计指标变迁　货架上的统计　账本里的统计

重点图书

砥砺奋进的五年——从十八大到十九大　新编英汉汉英统计大词典　中华医学统计百科全书
新常态下的中国服务业:理论与实践　新动能新产业发展报告-2017
挑大学选专业2018—考研择校指南　挑大学选专业2018—高考志愿填报指南

中国统计出版社发行部电话:(010)63376907　63376908　同樨行书店电话:68783171　68783172
地址:北京市丰台区西三环南路甲6号　邮政编码:100073　网址:http://www.zgtjcbs.com

2017

新疆兵团第十师北屯市

XINJIANG BINGTUAN DISHISHI BEITUN SHI

统计年鉴

STATISTICAL YEARBOOK